Inhalt

Christel Bartz
Amselweg 14
5354 Weilerswist
Tel. 02254/7266

Emil Hierhold

Sicher präsentieren – wirksamer vortragen

UEBERREUTER

CIP-Titelaufnahme der Deutschen Bibliothek

Hierhold, Emil:
Sicher präsentieren, wirksamer vortragen:
bewährte Tips und Strategien zur Überzeugung
von Gruppen / Emil Hierhold. – Wien:
Ueberreuter, 1990
(Ueberreuter Sachbuch)
ISBN 3-8000-9073-2

Bildnachweis

Folgende Bilder wurden im Auftrag des Autors hergestellt von:
Günter Baca: 1, 6, 13, 24, 34, 58, 61, 62, 64, 65, 72, 77, 78, 83, 85, 87, 90, 92, 96, 97, 100, 105, 108.
Gerhard Reuter: 2, 3, 5, 7, 8, 9, 10, 19, 20, 22, 23, 25, 26, 27, 28, 29, 30, 31, 32, 35, 36, 37, 38, 39, 48, 49, 50, 51, 56, 59, 66, 69, 71, 73, 74, 75, 80, 81, 84, 88, 91, 94, 95, 102, 103, 104, 106.
Josef Krizanitz: 98. Firma 3M: 79a. ÖNORM-Institut: 33.
Fotostudio Fayer: Tafel 8b, Tafel 9, Tafel 10: oberes und mittleres Bild, Tafel 7: die 3 Bilder links und das Bild rechts unten, Tafel 12, Tafel 13, Tafel 15.
Gerhard Koppe: Tafel 1: die beiden unteren Bilder.
Foto Krebs: Tafel 10: das unterste Bild.
Fa. Hewlett Packard: Tafel 7: das mittlere Bild rechts.
Alle übrigen Bilder stammen aus dem Archiv des Autors.

AU 135/1

Umschlag von Beate Dorfinger

Printed in Austria

Warum dieses Vorwort für Sie wichtig ist

Geleitworte sind meist langweilig: Dank an den weisen Ratgeber, an die aufmerksame Korrekturleserin, an die verständnisvolle Familie usw. Eigentlich ist bereits dieser Satz zuviel: er enthält für Sie nichts Neues.

Sie wollen als Kommunikator erfolgreich sein – alles, was Ihnen dabei hilft, ist nützlich, alles andere Ballast. Genau das war die Richtschnur bei der Produktion dieses Buches. Es ist für Sie geschrieben, wenn Sie besser vortragen wollen als andere. Weniger falsch machen und interessanter wirken wollen. Und vor allem: Ihre Ziele in entscheidenden Konferenzen durchsetzen. Sofort – bei Ihrer nächsten Präsentation. Ohne dazu langatmige Theorien durchzukauen.

Mein »Danke schön« soll Ihnen zeigen, woher der Wind weht: Aus der Praxis des (internationalen) Managements und der professionellen Kommunikation. Ich bedanke mich daher bei all den Personen, die mir – bewußt und unbewußt – geholfen haben, die Basis für dieses Buch zu erarbeiten:

Dr. Erwin Bundschuh und Dkfm. Rudolf Schmutz (Unilever), von denen ich gelernt habe, wie ein erfolgreicher europäisch-multinationaler Konzern funktioniert und kommuniziert;

Peter Garvey (Communispond Inc.), dessen Seminar »Oral Business Communications« mir die Augen dafür geöffnet hat, wie rasch richtige Didaktik auch eingefahrene Kommunikationsfehler positiv verändern kann;

Dr. Leo Stieger (Gesellschaft für Personalentwicklung) für die Möglichkeit, im Rahmen seines Trainerteams ein eigenes Seminar zu entwickeln;

Peter Thompson (PepsiCo) – von ihm habe ich gelernt, wie ein typisch amerikanischer Multi punkto business communications operiert;

Die Bioenergetiker Rainer Frank, Wolfgang Maritsch und Waldefried Pechtl haben mir gezeigt, wie wichtig frei fließende Energie in der Vortragssituation ist;
Dr. Gerhard Ambrosz-Rechtenberg (IBM) hat mich nicht nur zur Spezialisierung der (traditionellen) Präsentationstechnik für den Einsatz im EDV-Bereich angeregt, sondern auch dazu, dem aktionsorientierten Abschluß besonderes Augenmerk zu schenken;

Prof. Günter Schweiger (Wirtschaftsuniversität Wien): mit ihm konnte ich im Rahmen meiner Lehrtätigkeit die Problemstellung des wissenschaftlichen Sachvortrages bearbeiten;
Dr. Werner Priklopil (Akademie der Wirtschaftstreuhänder, Wien) konfrontierte mich mit den abstrakten, trockenen Vortragsinhalten, die ein Fachmann für Rechts- und Steuerfragen zu bewältigen hat;

Alec Taylor (Communication Skills International) verdanke ich eine Fülle höchst praktischer Anregungen – aus seiner Erfahrung als TV-Journalist und Trainer internationaler Führungskräfte;
3M, Kodak und Polaroid haben mich mit Informationen und Material unterstützt: Was diese drei internationalen Konkurrenten gemeinsam haben, sind technologisch ausgereifte Produkte für den Vortragenden und das ehrliche Bestreben, die Präsentationskultur zu verbessern.

Aber Quellen und Prinzipien allein helfen Ihnen wenig – Sie brauchen einfache, praktische Rezepte. Vor Ihnen liegt die wahrscheinlich größte Sammlung solcher Rezepte: das Netto-Ergebnis von Firmenanalysen, von hunderten Seminaren und unzähligen Beratungsprojekten. Deshalb widme ich das Buch auch in Dankbarkeit allen meinen Seminarteilnehmern und Kunden.

Und weil ich gerade dabei bin, kommt jetzt noch der Dank an meine Helfer: Dr. Gerhard Scheibel (GfP, Wien) hat das Manuskript konstruktiv-kritisch durchgesehen. Meine Assistentin, Frau Waltraud Kratzer, hat mich zu diesem Buch motiviert und daher auch bei der x-ten Korrektur nicht gemurrt. Außerdem danke ich meinen Computergrafik-Helfern Michael Wimmer (Polaroid) und Alexander Kontrus (TGM Wien).

Wenn Sie dieses Vorwort bis hierher gelesen haben, obwohl Sie sonst solche Einleitungen nur überblättern, dann nehmen wir gleich drei Tatsachen mit auf unseren Weg:

- Der Titel Ihres Vortrages (Ihre »Überschrift«) entscheidet über Interesse und Aufmerksamkeit.
- Wer sich persönlich angesprochen fühlt, der wendet sich dem Präsentator zu (statt »wichtig« besser: »FÜR SIE wichtig«).
- Tricks können fehlende Information nicht ersetzen: wer sich als Vortragender durch bloße Gags Interesse erschleicht, ohne Inhalte zu bieten, dem sind die Zuhörer böse. Mit Recht.

Wien, im November 1989

Eine Einführung: Wozu der Aufwand?

Vorurteil 1: »Präsentation ist nichts anderes als ein laut vorgelesener Aufsatz, zu dem einige Bilder gezeigt werden.«

Vorurteil 2: »Wer Zeit mit Folienmalen vertut, ist offensichtlich in seiner richtigen Arbeit nicht ausgelastet.«

Die Informationslawine und der Zeitdruck

Die Menge der für uns wichtigen Informationen wächst ständig. Information wird heute neben Kapital, Arbeit und Boden als vierter Produktionsfaktor gehandelt. Wir nehmen diese Informationen äußerst wichtig, denn davon hängt immer stärker unser Überleben im Konkurrenzkampf ab. Punktuelle Informationshäufung ist unproduktiv, gefährlich und deshalb gilt:

»Kommunikation ist das Öl in der Maschine einer Organisation.«

Für viele bedeutet das, daß möglichst jeder in einem Betrieb, in einer Abteilung . . . möglichst alles wissen soll. Angesichts unserer Normal- und Fernkopierer, der elektronischen Post und verschiedener anderer Informationstechnologien ist das im Prinzip ganz einfach geworden: Sende eine Kopie an alle! Natürlich wissen wir, daß diese Über-Information das genaue Gegenteil von Kommunikation erzielt: Wir resignieren vor den Mengen, die auf unseren Schreibtischen und Bildschirmen landen.
Zusätzlich wird Zeit immer knapper. Unser Umfeld ist äußerst

komplex geworden, es gibt bei jeder Entscheidung viel mehr zu bedenken als früher. Und die Entscheidungen müssen schnell getroffen werden. Wir haben keine Zeit – schon gar nicht zum Lesen langatmiger Berichte. Damit werden die meisten Schriftstücke zu einem perversen Instrument degradiert: Sie sind eine Keule der Schuldzuweisung aus der Sicht des Senders (»Ich habe es schriftlich festgehalten!«) und erzeugen gleichzeitig schlechtes Gewissen beim Empfänger (»Was ich alles Wichtiges zu lesen hätte. . .«). Wen wundert's, daß »Kommunikationsfähigkeit« als Eigenschaft bei Führungskräften und Spezialisten aller Art immer gesuchter wird? Nicht der Wahn, in messianischem Perfektionismus allen alles haarklein zu erläutern, sondern die Fähigkeit, in sehr kurzer Zeit das Wesentliche so herauszuarbeiten, daß die anschließende Diskussion schnell zu einem Ergebnis führt. Unter welchen Bedingungen ist dieses Resultat wahrscheinlich?

Investition in Präsentation lohnt sich

Betrachten Sie eine Präsentation oder einen Vortrag als ein Geschäft:

> **Der Zuhörer kauft mit seiner (körperlichen) Anwesenheit und seiner (geistigen) Aufmerksamkeit Inhalte verschiedenster Art (Informationen, Entscheidungsgrundlagen . . .).**

Nun unterliegen viele Präsentatoren einem Trugschluß: Sie glauben, daß das Publikum gerne mit zusätzlicher Zeit »bezahlt«, wenn es dafür mehr oder bessere Inhalte erhält. Sicherlich ist der Inhalt, die sachliche Richtigkeit eines Vortrages wichtig. Ein profunder Inhalt, ein sachlich richtiger Vorschlag ist lediglich eine Grundvoraussetzung, aber nicht mehr – schon gar keine Legitimation für Langeweile. Entscheidend ist die Art, WIE Inhalte aufbereitet und dargestellt werden: Leicht faßlich, praxisnahe, amüsant, spannend – und vor allem: kurz.

Wer in diesem Sinne »erfolgreich« kommuniziert (also: zeitsparend für seine Zuhörer), der wird belohnt:

- Ihr Vorschlag wird angenommen.
- Sie »prägen sich ein«.
- Ein höheres Budget wird bewilligt.
- Sie werden eingeladen, den Vortrag vor einem größeren/wichtigeren Publikum zu wiederholen.
- Ihre Karrierechancen verbessern sich.

Betrachten Sie jeden Auftritt als eine Herausforderung, zu überzeugen: Auch wenn Sie meinen, daß Sie »nur« zu informieren hätten. In jedem Fall müssen Sie Ihr Publikum davon überzeugen, daß Sie selbst wert sind, daß man Ihnen zuhört. Das ist aber nur dann der Fall, wenn Ihr persönliches Preis-Leistungs-Verhältnis stimmt:
Der kombinierte Informations- und Lustgewinn der Zuhörer muß größer sein als der Aufwand an Zeit und Aufmerksamkeit!

Die Präsentation: Erfolgsrezept für neue Rahmenbedingungen

Zu den neuen Rahmenbedingungen gehört nicht nur die Informationslawine und der Zeitdruck. Auch unser Lernverhalten hat sich geändert: War früher das gedruckte Wort die wesentlichste Informationsquelle, so sind es heute die audiovisuellen Medien. Die mit Mickey-Mouse und TV aufgewachsenen Zuhörer sind audiovisuell orientiert: Sie wollen nicht lesen, sie wollen hören und – vor allem – sehen. Durch die immer schnellere Schnittechnik der Filme, durch die immer kürzeren Werbespots haben sie gelernt, visuelle Informationen rasch aufzunehmen. Andererseits sind sie verwöhnt: Durch kurze Sätze, synchrone Erklärungen von Bilderfolgen – und durch ein erhebliches Maß an Redundanz, also an Wiederholungen für den Fall, daß etwas beim ersten Mal nicht hängengeblieben ist.
Unsere Zuhörer erwarten durchaus auch Penetranz: Die Reizüberflutung hat unsere Schwellenwerte erhöht, nur prägnante und laute Botschaften haben eine Chance. Natürlich sind Ihr wissen-

schaftlicher Fachvortrag und Ihre Management-Präsentation keine Werbespots für Waschpulver. Aber möchten Sie nicht auch, daß gerade Ihr Vortrag, Ihre Präsentation unter den 20 anderen dieses Tages hervorsticht, im Gedächtnis bleibt?
Jetzt ist es an der Zeit, eine Arbeitsdefinition für »Präsentation« anzubieten:

Die Präsentation ist der persönliche Vortrag einer strukturierten Folge von Gedanken, unterstützt durch visuelle Hilfsmittel, an ein überschaubares Publikum.

Im folgenden verwende ich »Präsentation« und »Vortrag« als verschiedene Bezeichnungen für dieselbe Sache.

Präsentation ist mehr als Rhetorik!

Der klassische »Redner« hat heute nur mehr im Politbereich und bei Festansprachen eine Chance, im Geschäftsleben und bei Fachvorträgen wollen die Zuhörer mehr als klingende Worte: Sie wollen Fakten, Zusammenhänge und Beispiele SEHEN.
Nach wie vor ist das persönliche, körperliche Element wichtig: Haltung, Gestik, Blick, Stimme, Sprache... Wer Videobeam und Multimediashow bedienen kann, ist ein Operator, aber kein Präsentator. Sicheres Auftreten als Person ist eine notwendige, aber keine hinreichende Bedingung mehr.
Ein zweiter kritischer Bereich ist der der visuellen Hilfsmittel: Die Übersetzung komplexer Inhalte in sichtbare Zusammenhänge erfordert eine neue Art des Denkens und der Vorbereitung. Die Umsetzung dieser vorerst gedanklichen Bilder in Folien, Dias usw. verlangt vom Präsentator ein zumindest grundsätzliches Wissen über die heutigen Produktionstechnologien. Schon in der Vorbereitungsphase müssen Sie wissen, welche Ideen wie schnell und um welchen Preis realisierbar sind.
Und schließlich ein drittes Spannungsfeld: die Handhabung der

Bild ①: Die Zukunft gehört dem Vortrag mit visuellen Medien – der Nur-Redner hat ausgespielt.

Medien – von der Wandtafel bis zur Datenprojektion. Die besten Inhalte helfen genausowenig wie die überzeugendste Gestik und die schönsten Dias, wenn Sie mit der Technik nicht klarkommen, auf Erklärungen vergessen, sich mehr mit Ihren Hilfsmitteln beschäftigen als mit Ihren Zuhörern.

Der Vortrag – ein phantasievolles Gesamtkunstwerk

Wer auch nur eine dieser Komponenten außer acht läßt, vergibt große Chancen – und vergeudet Ressourcen. Was nützt die schönste Computergrafik, wenn sie vom Vortragenden verdeckt wird? Wem hilft die blendende Rhetorik und überzeugende Grafik, wenn der Raum zu finster ist und die Texte auf den Dias unlesbar bleiben?

Präsentation ist ein »Gesamtkunstwerk«, das von Ihrem Publikum aber nicht als »Kunstwerk« gewürdigt wird, sondern einfach Ihre Präsentationsziele erfüllen soll. Präsentation ist nicht Selbstzweck. Sie ist auch insofern kein Kunstwerk, als Sie selbst kein Künstler zu sein brauchen, sondern eher ein phantasievoller Handwerker. Das Handwerkliche der Präsentation ist Gegenstand dieses Buches, und Sie werden ausschließlich Strategien, Techniken und Rezepte finden, die Sie selbst im Alltag verwirklichen können. Sie brauchen dazu weder grafisches Talent noch technische Kenntnisse.

Das Wichtigste aus diesem Kapitel:

- Mehr Information und weniger verfügbare Zeit erfordern prägnante, komprimierte Kommunikation.
- Medien prägen den Informationsstil: Visuelle Botschaften sind notwendig.
- Präsentation als bildgestützter Vortrag erfüllt die Forderung nach Kürze und audiovisueller Darbietung.

Teil 1

Zeit- und geldsparende Vorentscheidungen

Kapitel 1

Von MEINER Idee zu DEINER Überzeugung – wie Sie Ihre Präsentation spannend vorbereiten

Vorurteil: »Mein Job ist die große Linie – um die Details sollen sich die anderen kümmern!«

Wer versucht, den zweiten Schritt vor dem ersten zu tun, fällt auf die Nase. In diesem Kapitel finden Sie

- die sieben Schritte zur Überzeugung;
- Überlegungen, die Ihnen Zeit und Geld sparen;
- Anhaltspunkte für die Vorbereitungszeit;
- Empfehlungen für (nicht-)delegierbare Arbeiten.

Die sieben Schritte zur Überzeugung

Sehen Sie sich diese Schrittfolge einmal an (Bild ②)! Auf unserem Weg zur Überzeugung werden wir diesen sieben Schritten folgen – aber nicht sklavisch, nur als Leitlinie. Schließlich ist die Präsentation auch ein kreativer Akt und sollte nicht völlig reglementiert werden. Zum Beispiel wird Ihnen bereits mit der Präsentationsidee das eine oder andere Bild einfallen, vielleicht sogar ein Gedanke zu einem wirkungsvollen Einstieg in den Vortrag. Halten Sie alles fest, aber vermeiden Sie, einen ganzen Vortrag um ein paar blitzende Gedankensplitter aufzubauen!

Von MEINER Präsentations-Idee . . .

Vorentscheidung

(Publikumsanalyse, Zielsetzung, Mediawahl . . .)

Konzeption

(Materialsammlung, „Visualisierung“ = Übersetzung in bildhafte Gestalt, „Strukturierung“ = Ordnung der Argumente und Informationen . . .)

Produktion

(Herstellung oder Auftragsvergabe/Delegation von Folien, Dias . . .)

Regie

(von der Agenda bis zur Zuhörersitzordnung, von der Technik bis zum Pausenkaffee . . .)

Persönliche Vorbereitung

(Optimierung der kritischen Phasen, insbesondere Einstieg und Abschluß, Umgang mit Lampenfieber . . .)

Handhabung der Medien

(Sicherstellen, daß die „Hilfsmittel“ keine Belastung werden – für Präsentator und Publikum)

Interaktionsstrategie

(Vorbereitung auf Fragen, Einwände, Störaktionen . . .)

. . . zu DEINER Überzeugung

Bild ②

Warum etwas Disziplin viel Zeit und Geld sparen kann

Nur unerfahrene Vortragende fürchten, »zu wenig Stoff« zu haben. Erfahrene Präsentatoren wissen aus leidvoller Erfahrung, daß die Zeit zu kurz wird. Was bedeutet das für die Vorbereitung? Angenommen, Sie wollen folgenden Gedanken bringen:

> »Die Nachfrage in unserer Branche korreliert zeitversetzt mit dem Brutto-Inlandsprodukt; da dieses gerade wieder steigt, sollten wir jetzt Investitionen tätigen.«

Ein wichtiger Gedanke. Wie könnten Sie sich eine Visualisierung vorstellen?
»Ich zeichne ein Liniendiagramm für die letzten zehn Jahre auf monatlicher Basis, das diese beiden Variablen in Abhängigkeit voneinander zeigt.«
Eine einleuchtende, wahrscheinlich überzeugende Darstellung eines wichtigen Argumentes. Fein, wenn Sie dieses Diagramm ohnedies monatlich erneuern und daher in Ihrem Bestand haben. Wenn nicht, haben Sie sich damit gerade selbst einen Auftrag zur Beschaffung und zur Abbildung von 240 Datenpunkten gegeben. Ist dieser Beweis entscheidend für Ihren Vortrag, dann müssen Sie ihn realisieren. Aber wenn nicht?
So weit sind wir aber erst, wenn Sie den Überblick über alle möglichen Informationen, Argumente usw. haben. Und wenn Sie dieses Material entsprechend geordnet haben. Wer zu früh Details recherchiert, Beweise ausarbeitet und Grafiken malt, verliert doppelt: Zeit und Geld in der Vorbereitung und in der Präsentation kommt der Bumerang. Denn wir können uns von unseren mühsam erstellten Grafiken nicht trennen, wir wollen sie auf jeden Fall zeigen. Zuerst kommt der Zeitdruck – wir sprechen schneller, wechseln Folien oder Dias rascher, verzichten auf wichtige Wiederholungen. Einziges Ziel: ALLES zu sagen. Das Ergebnis für die Zuschauer: Informationslawine, Zeitüberschreitung, Langeweile, Verärgerung.

Wieviel Vorbereitungszeit brauchen Sie?

Von Voltaire ist dieses Zitat überliefert: »Verzeiht, daß ich Euch einen langen Brief schreibe, aber für einen kurzen habe ich keine Zeit.« Für uns bedeutet das: Je kürzer der Auftritt, desto gründlicher die Vorbereitung. Natürlich spielen Routine und Stellenwert der Veranstaltung eine große Rolle. Hier eine Faustregel für Vortragende, die zwar ihre Materie gut beherrschen, aber eine komplett neue Präsentation vorbereiten:

Für jede Vortragsminute 30 Minuten Vorbereitung.

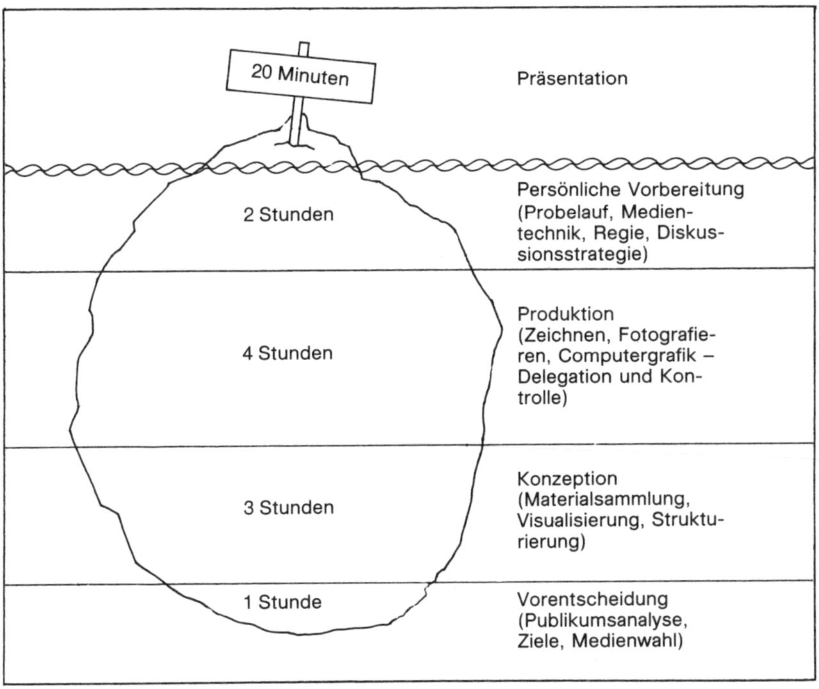

Bild ③: Rechnen Sie mit 30 Minuten pro 1 Minute Vortragszeit – dabei nehmen wir an, daß Sie das Thema beherrschen, aber noch keine Präsentation darüber gehalten haben.

Für einen 20minütigen Fachvortrag oder eine kritische Präsentation sollten Sie sich also 10 Stunden reservieren. Dieses Zeitbudget verteilt sich dann laut unserer Grafik (Bild ③) auf die verschiedenen Schritte Ihrer Vorbereitung.
Natürlich können Sie ganze Blöcke weglassen, die Sie vielleicht schon früher erledigt haben: Die Publikumsanalyse zum Beispiel, wenn Sie Ihre Zuhörer schon kennen. Oder den Vorbereitungszeitraum für die Interaktionsstrategie – wenn keine Fragen zu erwarten sind.
Richtig einsparen können Sie bei den beiden großen Blöcken: Informationsaufbereitung und Produktion. Hier gewinnen Sie durch Übung, durch Disziplin und durch gezielten Einsatz der modernen technischen Hilfsmittel. Wie, das sehen wir später.
Die größte Reserve liegt aber in einem ganz einfachen Rezept: dem Weglassen. Denken Sie an den letzten ausgezeichneten Vortrag, bei dem Sie Zuhörer waren. Woran können Sie sich noch erinnern? . . . Eigentlich schlimm, wieviel wir vergessen, nicht wahr? Aber sehen Sie es positiv: Alles andere war eigentlich zu viel. Für Sie folgt daraus: Je früher Sie sich von Inhalten trennen, die Sie ohnedies nicht ordentlich transportieren oder im Gedächtnis verankern können, desto besser.

Wo Sie durch Delegation an gute Mitarbeiter Zeit sparen können:

- Bei der Materialsammlung und -aufbereitung;
- in der Produktion der visuellen Hilfsmittel;
- bei der Regie;
- bei der Ausarbeitung von Einleitung und Abschluß.

Praktisch keine Delegation ist möglich:

- Im Bereich der strategischen Vorentscheidungen (Publikumsanalyse, Zielsetzung . . .);
- bei Ihrer persönlichen Vorbereitung (Probelauf);
- bei der Ausarbeitung der Interaktionsstrategie (Fragen, Einwände usw.).

Die Präsentation ist ein höchstpersönliches Ereignis, noch viel persönlicher als eine Rede. Wer überzeugen und beeindrucken will, muß seine visuellen Hilfsmittel wirklich gut kennen und mit ihrer Reihenfolge vertraut sein. Da helfen die besten Ghostwriter und Computergrafiker nichts. Aus diesem Blickwinkel können Sie übrigens auch die Qualität von Dienstleistung im Bereich Präsentation gut beurteilen: Will der hilfreiche Geist nur eine Diaserie oder einen Foliensatz um gutes Geld abliefern – oder ist in seinem Vorschlag Raum für die »Adoption«? Dafür, daß Sie sich mit den Dingen vertraut machen, die Sie zeigen sollen?

Das Wichtigste aus diesem Kapitel:

- PLANEN Sie Ihre Präsentation – zu frühe Ausarbeitung von Details kostet Zeit und Geld.
- Die größte Einsparungsmöglichkeit liegt im Weglassen von Inhalten.
- Bei der Delegation Zeit für »Adoption« einplanen.

Kapitel 2

Präsentation und Präsentation ist nicht dasselbe – und was das für Ihre Vortragstechnik bedeutet

Vorurteil: »Alle Präsentationen sind Vorbereitungsinstrumente für rationale Entscheidungen.«

Facharzt vor Kollegen, Manager an Konzernleitung, Verkäufer an Kunden – vieles segelt unter der Flagge »Präsentation«. In diesem Kapitel finden Sie die für Sie besonders wichtigen Vortragssituationen und ein paar Ratschläge für die Wahrung der emotional-rationalen Balance.

Die zehn Typen der Präsentation

Sie selbst werden wahrscheinlich regelmäßig nur zwei oder drei dieser grundverschiedenen Präsentationssituationen zu bewältigen haben. Suchen Sie sich diese aus dieser Aufstellung heraus, und achten Sie auf Hinweise, die genau für Sie zutreffen!
Kataloge und Typologien bringen Ihnen in der Praxis nur dann etwas, wenn sie Ihre Arbeit erleichtern oder Zeit und Geld sparen. Genau das bezweckt die folgende Einteilung: Sie sollen möglichst früh entscheiden, an welcher Art von Präsentation Sie jetzt arbeiten. Daraus folgen Empfehlungen für die Länge des Vortrages, für den Perfektionsgrad, für das verwendete Medium, für den Emotionalitätsgrad usw. (siehe Bilder ④ und ⑤). In einem Punkt sind Sie frei: KÜRZER darf Ihr Vortrag IMMER sein!

Die 10 Typen der Präsentation

	Länge in Min. ideal	max.	Zuhörer-kreis	Visuelle Medien 1. Wahl	2. Wahl	Minuten[1]) pro Bild	Perfektions-grad[2])
1. Arbeitssitzung	30	60	5—10	OHP	Flip	5	+
2. Projektbesprechung	20	40	5—15	OHP	Dia	2	+ +
3. Vorstandspräsentation	15	45	5—10	OHP	Dia Video	3	+ + +
4. Fachvortrag	30	45	10—50	Dia	OHP	1	+ +
5. Motivationskonferenz	20	30	15—50	Dia	OHP Video	1	+ + +
6. Verkaufspräsentation	20	30	5—15	OHP	Dia	2	+ +
7. Standpunkt	5	15	10—15	OHP	Flip Tafel	3	+ — + + +
8. Informationsveranstaltung	30	45	10—50	Dia	Video	2	+ +
9. Posterpräsentation	5	15	5—15	Pin-wand	Flip	—	+ +
10. Schulung	—	—	10—30	OHP	Flip	5	+ +

[1]) Eine Folie mit Überlegern zählt als 1 Bild, ebenso eine Diasequenz, mit der ein Bild aufgebaut wird.
[2]) »+« = sehr einfach, »+ + +« = perfekt

Bild ④

1. Die (informelle) Arbeitssitzung:

Teilnehmerkreis ist eine Reihe gleichgestellter, miteinander bekannter Personen. Gegenstand ist ein Sachproblem, für das einer der Teilnehmer seinen Lösungsansatz mitbringt.

2. Die (interne oder externe) Projektbesprechung:

Teilnehmer sind der Projektleiter und seine Mitarbeiter sowie mehrere Hierarchiestufen des Auftraggebers oder die entsprechenden Vorgesetzten. Gegenstand ist der Status eines laufenden Projektes (Forschung, Produktentwicklung, Marketing ...) mit der Zielsetzung, über den Fortgang zu informieren und Zwischenentscheidungen zu treffen.

3. Die (formelle) Vorstandspräsentation:

Teilnehmerkreis sind hochrangige Führungskräfte, eventuell von der (ausländischen) Konzernleitung. Der Bereichs- oder Geschäftsverantwortliche berichtet über die Situation und über die Pläne des Unternehmens. Zielsetzung einer typischen internen Vorstandspräsentation ist, die Zustimmung zu den laufenden Aktivitäten und zum Plan des nächsten Geschäftsjahres zu erhalten; eine typische externe Vorstandspräsentation ist der Abschlußbericht eines Unternehmensberaters.

4. Der (externe) Fachvortrag:

Teilnehmer sind im wesentlichen gleichgestellte Fachkollegen, z. B. im Rahmen eines Symposiums. Zielsetzung ist die Vermittlung von aktuellen, wissenschaftlichen Ergebnissen.

5. Die (interne) Motivationskonferenz:

Für eine Abteilung, einen Bereich, eine ganze Firma wird die aktuelle Situation dieser Organisation oder ein Problem dargestellt. Präsentator ist der für diesen Bereich Verantwortliche, und seine

Zielsetzung ist: Alle sollen mit vollen Kräften am selben Strang ziehen. Typische Motivationskonferenzen sind die Verkaufskonferenz anläßlich der Einführung eines neuen Produktes, das »Kick-off Meeting« am Beginn eines Geschäftsjahres, die Information der Mitarbeiter bei Einführung neuer organisatorischer Maßnahmen.

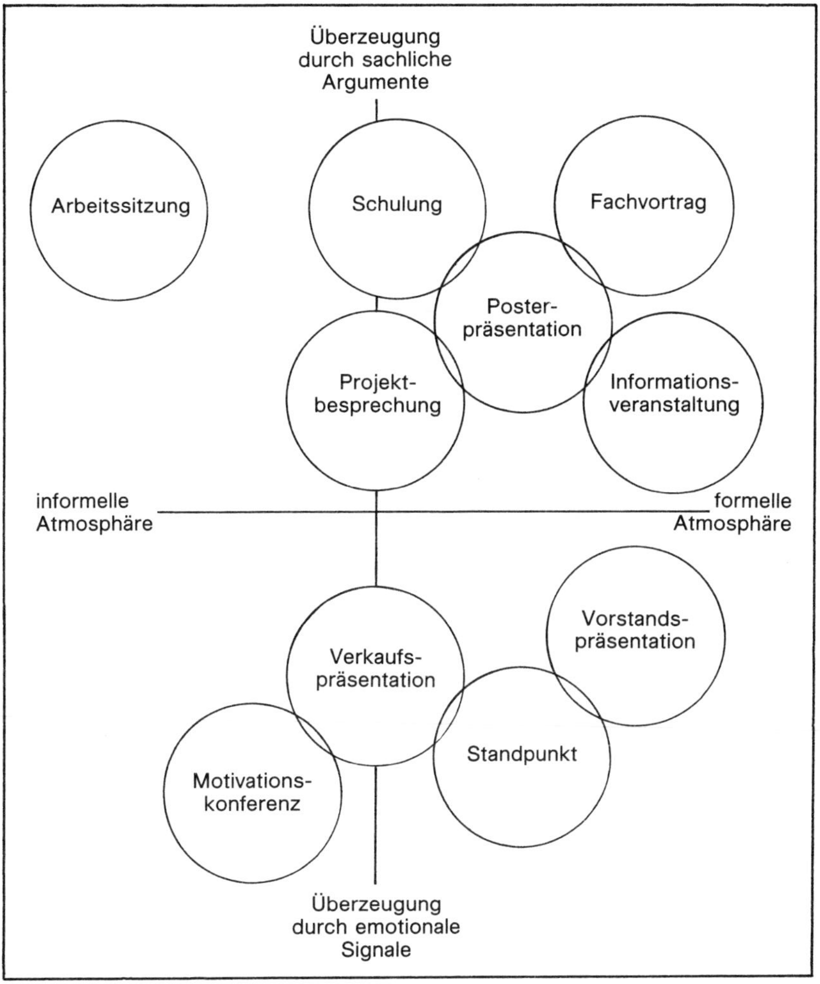

Bild ⑤: Die 10 Typen der Präsentation unterscheiden sich auch sehr hinsichtlich Emotionalität und Formalität.

6. Die (externe) Verkaufspräsentation:

Den Entscheidungsträgern eines potentiellen Kunden, Abnehmers, Sponsors . . . wird ein Produkt oder eine Organisation attraktiv und leistungsfähig dargestellt. Das präsentierte Objekt soll aus der Sicht der Zuhörer besonders interessant erscheinen.

7. Der (öffentliche) Standpunkt:

Journalisten, Mitglieder einer Bürgerinitiative oder Werksbesucher werden über den Standpunkt des Unternehmens oder einer Institution im allgemeinen oder zu einer bestimmten Problemstellung informiert. Präsentator ist ein hochrangiger Repräsentant der Organisation. Zielsetzung ist realistischerweise nicht unbedingt die Überzeugung, aber zumindest die Akzeptanz des eigenen Standpunktes durch die Zuhörer.

8. Die Informationsveranstaltung:

Der Vortragende ist Fachmann auf seinem Gebiet, die Zuhörer interessierte Laien: Mögliche Anwender einer neuen Technologie (z. B. im Bereich EDV) oder Betroffene (bei einem Vortrag über Gewichtsprobleme, Unfallgefahren oder Rauschgift). Zielsetzung ist jeweils, eine komplexe Materie so einfach aufzubereiten, daß sie für die aktuelle Situation der Zuhörer relevant wird.

9. Die Posterpräsentation:

Im Rahmen eines Kongresses werden Themen auf Plakaten so aufbereitet, daß die Vorbeigehenden sich kurz eine Meinung darüber bilden können, ob sie dieses Thema interessiert. Zu einem angekündigten Zeitpunkt führt der Autor die Interessenten durch den Poster und steht für eine bestimmte Zeitspanne zur Diskussion zur Verfügung. Der Poster als freistehendes Medium soll Aufmerksamkeit erwecken und prinzipiell über die dargestellte Thematik informieren; während der Präsentationsphase unterstützt er die verbalen Ausführungen.

Bild ⑥: »Präsentation« oder »Vortrag« kann vieles bedeuten – klären Sie rechtzeitig, was von Ihnen erwartet wird!

10. (Erwachsenen-)Schulung:

Gegenstand ist der Wissenstransfer an direkt oder indirekt motivierte Erwachsene, und zwar über einen längeren Zeitraum (ab etwa einem halben Tag).

Sprint oder Marathon?

Bei allen Präsentationstypen ist der Zeitfaktor kritisch: Haben Sie 15 Minuten Sprechzeit – oder 45 Minuten? Die schärfste Form des Fachvortrages ist das Kurzreferat, das mit 10 bis 20 Minuten begrenzt ist. Wer da 5 Minuten mit der Einleitung vertut, darf sich über Verärgerung im Publikum nicht wundern. Umgekehrt sollten Sie durch entsprechendes »Aufwärmen« eine Beziehung etablieren, wenn Sie die Absicht haben, 45 Minuten vorzutragen. Alles, was länger dauert, ist sowieso ein Problem: Hier müssen Sie sich mit Doppelconférence, Pausen, Demonstrationsphasen usw. helfen – die Schulung führe ich hier nur deshalb unter den Präsentationstypen an, weil viele der Techniken auf sie anwendbar sind.

»Zahlenheinis« und »Fachidioten«

Zwei besondere Präsentationssituationen müssen wir mit etwas Gewalt in unseren Raster pressen: die Präsentation des Statistikers oder Finanzexperten an Entscheidungsträger (Politiker oder Vorstandsgmitglieder) und die fachlichen Ausführungen eines hochqualifizierten Experten an ein interessiertes Laienpublikum.
Wenn Sie selbst zu einer dieser beiden Präsentatorengruppen zählen, dann stehen Sie vor einem Dilemma: Sie selbst wissen, daß eine Vereinfachung ein Abweichen vom Pfad der Wahrheit darstellt und daß Simplifizierungen wissenschaftlich nicht haltbar sind. Andererseits haben Sie aber oft genug erlebt, wie Ihnen Ihre Zuhörer trotz intensivsten Bemühens einfach entglitten sind.
Die objektive Wahrheit (oder das, was wir dafür halten) nützt niemandem, wenn er sie nicht begreift. Ein Vorschlag: Schreiben Sie die präzisen Daten und vollständigen Erklärungen in die schriftlichen Unterlagen, die Sie nach Ihrem Vortrag austeilen. In der Präsentation selbst überwinden Sie sich zu groben Vereinfachungen, zwingen sich zu populären Vergleichen und arbeiten mit ganz einfachen grafischen Darstellungen. Wie – das sehen wir ein bißchen später.

Was heißt »emotional überzeugen«?

Viele Vortragende schätzen den rationalen Gehalt ihrer Informationen viel zu hoch ein. Betriebsberater wissen, daß etwa 90% aller Entscheidungen in Wahrheit emotional begründet und nur rational geschminkt sind. Was bedeutet das für Ihre Präsentation? Selbstverständlich bringen Sie Fakten, Zahlen und logische Schlüsse. Aber vergessen Sie nicht den Menschen in Ihrem Zuhörer. Natürlich müssen Sie den Vorstandsvorsitzenden davon über-

zeugen, daß das vorgeschlagene Projekt profitabel ist. Aber er möchte auch das Gefühl haben, daß es bei Ihnen gut aufgehoben ist. Dieses Gefühl fließt nicht aus der schlüssigsten Kalkulation – aber sehr wohl aus Ihnen selbst und der Art Ihrer Präsentation. Das erreichen Sie zum Beispiel im Stehen eher als im Sitzen, durch Bewegung eher als durch Statik, durch ein einfaches, buntes Diagramm eher als durch eine schwarzweiße Zahlenkolonne.
Bild ⑤ verdeutlicht das: Die 10 Präsentationstypen unterscheiden sich sowohl in ihrer Formalität als auch durch die eher emotionale oder eher rationale Argumentationsebene.

Das Wichtigste aus diesem Kapitel:

- Die Ausdrücke »Präsentation« oder »Vortrag« sind unscharf – vergewissern Sie sich rechtzeitig, was gemeint ist!
- Ihre Entscheidung für einen bestimmten Präsentationstyp hilft Ihnen bei der Planung.
- Mut zur Vereinfachung und zum emotionalen Engagement!

Kapitel 3

Inhalt oder Verpackung? – Die sachliche Richtigkeit Ihrer Information ist zu wenig!

Vorurteil 1: »Es kommt nur auf den Inhalt an – meine Zuhörer wollen harte Facts und keine bunten Bilder!«

Vorurteil 2: »Ich bin kein Alleinunterhalter – meine Verantwortung ist der einwandfreie Inhalt des Vortrags!«

Dieses Kapitel ist für Sie nur dann wichtig, wenn Sie (noch) nicht so ganz davon überzeugt sind, daß sich der Aufwand für eine Präsentation wirklich lohnt; sonst können Sie dieses Kapitel ruhig überspringen.

Idee pur – oder: Wie kommt die Milch in den Topf?

Das beste Produkt der Welt nützt nichts, solange es nicht dort ist, wo es gebraucht wird, und solange der, der es braucht, es nicht anzuwenden weiß. Die Milch am Bauernhof hilft dem nicht, der in der Stadt Kakao trinken möchte. Was wir daher brauchen, sind Transportmittel und eine Form der Verpackung.
Genauso ist es mit Ihren brillanten Ideen, solange sie nur in Ihrem eigenen Gehirn stecken. Die Verpackungs- und Transportmittel für Ideen und Informationen aller Art kennen Sie längst: vom einfachen, gesprochenen Wort über das Telefon, den Brief bis hin zu den Massenkommunikationsmitteln. Bleiben wir hier bei einem überschaubaren Zuhörerkreis als Publikum für Ihre Ideen.

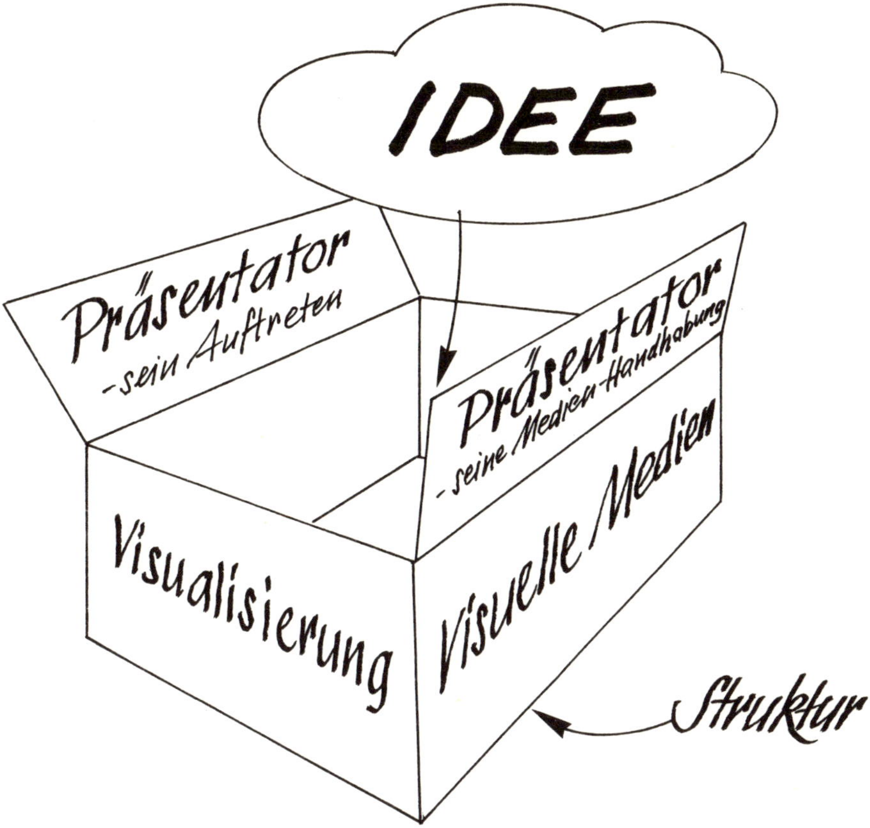

Bild ⑦: Präsentation als Verpackung für Ideen – lassen Sie nicht zu, daß Ihre wichtigen gezeigten Produkte mangels attraktiver Verpackung keine Abnehmer finden!

Die Ideenkäufer sind Personen, die Ihnen zuhören – Sie erinnern sich: Ihre Zuhörer sind bereit, für Informationsgewinn mit Zeit und Aufmerksamkeit zu bezahlen. Der innere Wert einer Idee ist aber oft genauso schwer zu erkennen wie der Wert eines neuen Produktes, über das uns Informationen noch fehlen. So ein Hilfsmittel zur Einschätzung ist die Verpackung. Wir haben gelernt, daß wertvollere Dinge schöner, aufwendiger verpackt sind als einfachere. Und wir erleben es täglich in den Medien, daß wichtige Neuigkeiten Schlagzeilen machen. Unsere ganze Gesellschaft und

genauso wir selbst erwarten, daß Wichtiges auch in erkennbarer Form als wichtig präsentiert wird.
Sie selbst würden natürlich niemals auf die Ideen kommen, einen wirklich wichtigen Vorschlag auf die Rückseite eines Kuverts zu schreiben und um den Konferenztisch herumzureichen. Tatsächlich sind aber viele Präsentationen im Standard nicht sehr weit davon entfernt – und die Vortragenden fühlen sich tief gekränkt, wenn mangels entsprechender Form ihr Inhalt mit dem Kuvert unter den Tisch fällt.

Der Präsentator als Chefkoch

In einem exklusiven Restaurant setzen Sie ausgezeichnete Rohmaterialien und bewährte Rezepte voraus – möchten Sie das Ergebnis auf einem Pappteller aus der Küche holen? Die Präsentation schließt diese Lücke: Sie stellt sicher, daß die Ergebnisse Ihrer Denkprozesse nicht achtlos beiseite geschoben, sondern in das rechte Licht gerückt werden. Wenn wir beim Vergleich mit der Verpackung bleiben, dann besteht die Präsentation als Verpakkungsmittel für Ideen aus vier Teilen, die einander ergänzen (Bild ⑦):

Die Visualisierung:

Darunter verstehen wir die Übersetzung komplexer Inhalte in leicht faßliche, anschauliche Bilder. Dabei ist vorläufig einmal unerheblich, ob Sie diese Bilder später nur sprachlich ausführen oder irgendwo aufzeichnen.

Die Medien: Jedes körperliche Bild muß irgendwie in Erscheinung treten, um als »visuelles Hilfsmittel« seinen Dienst zu tun. Dazu brauchen wir Tafeln, Dias, Folien und die notwendigen Projektoren.

Der Präsentator: Bilder und Medien alleine ergeben vielleicht eine Diaserie oder einen Videofilm, aber keine Präsentation. Das zentrale Element jeder Präsentation ist der Vortragende selbst, der seine Hilfsmittel richtig einsetzt.

Die Struktur: Das solide Fundament der Verpackung ist der Aufbau Ihres Vortrages, die Reihenfolge der Argumente, der richtige

Einsatz der richtigen Hilfsmittel: Ohne logische Struktur wird aus der Präsentation ein bunter Bilderreigen, eine vielleicht amüsante Show, aber kein überzeugendes Informationsereignis.

Welchen Stellenwert hat die Verpackung?

Der große Kommunikationsforscher Paul Watzlawick definiert ein Grundgesetz menschlicher Kommunikation so:

Jede Kommunikation hat einen Inhalts- und einen Beziehungsaspekt, derart, das letzterer den ersteren bestimmt.

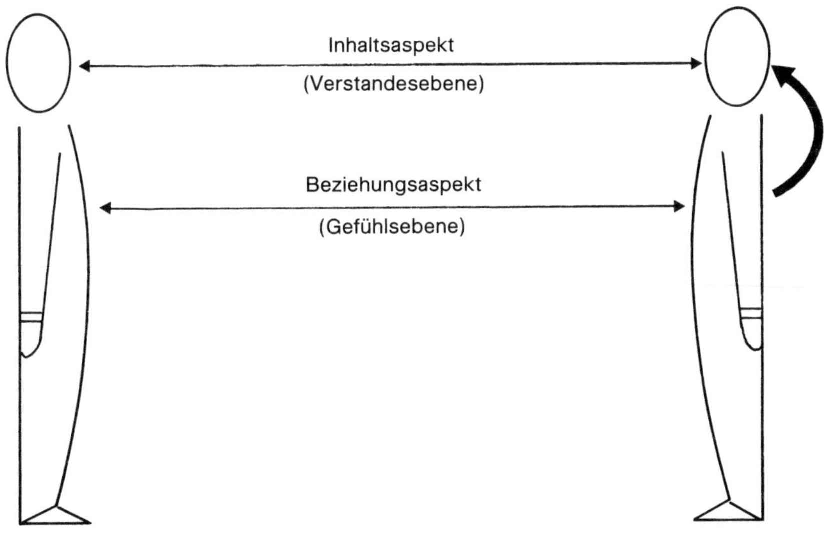

Bild ⑧: Ein Grundgesetz: Die beiden Aspekte menschlicher Kommunikation sind untrennbar miteinander verbunden.

Das klingt ein bißchen merkwürdig, aber das Entscheidende dabei ist, daß jede zwischenmenschliche Beziehung gleichzeitig auf zwei Ebenen stattfindet: auf der Verstandesebene und auf der Gefühlsebene (Bild ⑧). Auf der Verstandesebene werden alle jene Informationen ausgetauscht, die wir in unserem Berufsleben wichtig nehmen: Preise, Leistungen, Eigenschaften, Forschungsergebnisse usw. Auf der Gefühlsebene dagegen wird die Beziehung zwischen den Kommunikationspartnern definiert – also auch die Einstellung der Zuhörer zum Vortragenden.

Nun könnten Sie vielleicht einwerfen, daß Sie die Einstellung Ihrer Zuhörer nicht sonderlich interessiert, Hauptsache, man nimmt Ihren Inhalt entgegen. Und zwar gefälligst wertfrei. Das Teuflische (oder Menschliche?) an der Angelegenheit ist dabei nur, daß die Gefühlsebene die wichtigere der beiden Ebenen ist: Sie beeinflußt nämlich den Empfang und die Interpretation der Inhalte auf der Verstandesebene. Das bedeutet: Zuhörer, die auf der Gefühlsebene die Botschaft empfangen »Der Vortragende nimmt uns wichtig«, fühlen sich angenommen und locker. Sie sind motiviert, die servierten Inhalte interessiert und positiv aufzunehmen.

Anders ein Publikum, dem Sie signalisieren, daß Sie es bestenfalls für eine Ansammlung von Gartenzwergen halten. Diese Zuhörer werden die Beziehung kaum genießen, sondern eher offene oder versteckte Aggression zeigen oder in die innere Emigration ausweichen. Gemeinsam mit Ihrer Person werden Ihre Inhalte abgelehnt, ausgefiltert, negativ besetzt. Nur wenig Information bleibt hängen.

Die Art Ihrer Verpackung ist ein ganz hervorragendes Mittel, diese Beziehungsebene bewußt zu gestalten: durch sorgsame oder hingeschluderte Vorbereitung. Durch saubere (nicht unbedingt perfekte!) Folien oder kaum lesbare, schäbige Kopien. Durch einen sterilen Vortrag nach Schema F oder durch unkonventionelles Eingehen auf die Interessen gerade dieser Zuhörer.

Das berühmte Zitat von Marshall McLuhan können wir für die Präsentation durchaus verwenden:

»The medium IS the message!«
(Das Medium IST die Botschaft!)

In der Art Ihrer Präsentation signalisieren Sie bereits, wie wichtig Ihnen die Angelegenheit ist und ob Sie selbst überzeugt davon sind. Diese Erkenntnis ist weder neu noch ein Geheimnis: Immer mehr Präsentatoren und Vortragende berücksichtigen diese Tatsache.
Das bedeutet für Sie, lieber (noch) skeptischer Leser, daß Ihre internen und externen Konkurrenten langsam, aber sicher besser präsentieren lernen. Nicht nur lesbare, sondern bunte Diagramme projizieren werden. Womöglich sogar bildhaftes Material verwenden. Computer bei der Präsentation einsetzen. Und dafür mehr Interesse ernten, dann überzeugender wirken und schließlich Zustimmung, Ruhm und Ehre auf ihr Haupt häufen. Wollen Sie dabei zusehen?

Wann wird es zu viel?

Übertreiben können Sie natürlich alles. Wenn bisher Ihre Sitzungen überhaupt ohne visuelle Hilfsmittel stattgefunden haben und Sie bringen plötzlich zwei Diaprojektoren mit Überblendautomatik mit, dann schockieren Sie bloß. Denken Sie sich ein Qualitäts-

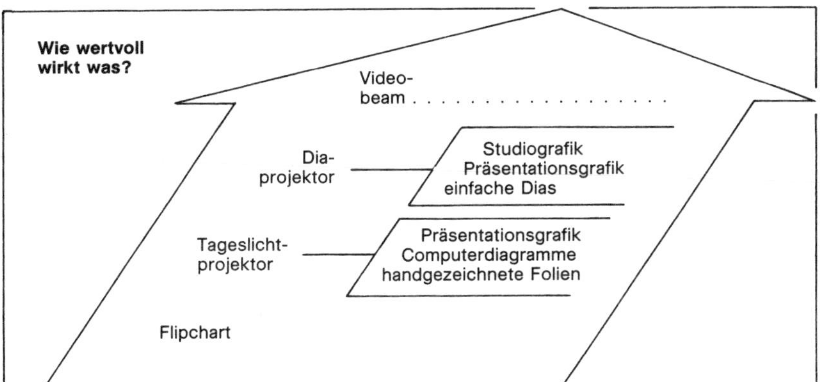

Bild ⑨: Anmutungsskala eines fachunkundigen Publikums.

spektrum, an dessen unterstem Ende die Wandtafel, an dessen obersten Ende Multivision mit Überblendtechnik rangiert (Bild ⑨). In dieser Bandbreite können Sie gefahrlos das jeweils nächsthöhere Medium oder zwei Qualitätsschritte vorwärts wagen. Bedenken Sie dabei aber noch eines: Entscheidend für den Verpakkungseindruck (und damit für das Signal auf der Gefühlsebene) ist nicht der tatsächliche Aufwand, den Ihre Präsentationsvorbereitung erfordert. Entscheidend ist vielmehr der vermutete oder wahrgenommene Aufwand. Das ist deshalb wichtig, weil Sie heute schon mit relativ geringen finanziellen und zeitlichen Mitteln sehr perfekte Präsentationsunterlagen erstellen können, andererseits auch eine wirklich teure Produktion sehr preiswert ist, wenn sie oft genug gehalten wird. Der durchschnittliche Zuschauer kennt aber Ihre Kalkulation und Ihre Kosten nicht, er mißt Ihren Vortrag am Umfeld. Es kann dann tatsächlich der (perverse) Fall eintreten, daß Sie – um einen zu aufwendigen Eindruck zu vermeiden – eine bereits vorhandene, perfekte Präsentation nicht einsetzen und statt dessen eine vereinfachte Form um immer noch einiges Geld neu produzieren.

Was das für Ihre persönliche Arbeitstechnik bedeutet:

1. Arbeiten Sie Ihre Präsentation oder Ihren Vortrag niemals als (schriftlichen) Bericht aus! Versuchen Sie schon im Konzeptstadium, in Sequenzen von Bildern zu denken, lassen Sie aber die Medienfrage (z. B. Folie oder Dia?) möglichst lange offen.

2. Berücksichtigen Sie bei der Medienentscheidung Ihre Publikumsanalyse: Welche Medien, welcher Qualitätsstandard wird erwartet?

3. Planen Sie ausreichend Zeit und Geld für die Gestaltung der Form! Es gehört zu den schlimmsten Momenten des Vortragenden, wenn er feststellen muß, daß eine wirklich wertvolle Idee mangels Umsetzung nicht ankommt.

Achtung, Verpackungskünstler!

Verpackung kann nicht nur in bester Absicht übertrieben, sondern in schlimmer Absicht mißbraucht werden: Dann sind Verpakkungskünstler am Werk, die inhaltlich nichts zu bieten haben, es aber in dreidimensionale Computergrafiken und spektakuläre Diashows umsetzen. Hüten wir uns, mit diesen verwechselt zu werden – aber nicht um den Preis der tödlichen Langeweile.

Das Wichtigste aus diesem Kapitel:

- Präsentation ist Verpackung für Ihre Ideen, damit diese besser ankommen.
- Die Art Ihres Vortrages beeinflußt die Beziehungsebene zum Publikum – und steuert dadurch die Informationsaufnahme.
- Entscheidend ist nicht, was ein Vortrag wirklich kostet, sondern wie »teuer« oder »billig« er wirkt.

Teil 2

Das strategische Konzept – Analyse, Zielsetzung, Struktur

Kapitel 4

Was interessiert wen? – Zuhörer analysieren und den Vortrag auf das Publikum abstimmen

Vorurteil 1: »Ich weiß genau, was interessant ist.«

Vorurteil 2: »Möglichst viel bedeutet für jeden etwas.«

Vorurteil 3: »Fachleute interessieren sich immer für alle Fachinformationen.«

Wenn Sie an dieser Stelle ungeduldig werden und schon »zur Sache kommen« wollen – dann ist dieses Kapitel genau für Sie geschrieben:

- Was passieren kann, wenn Sie vorher nicht genug über Ihre Zielgruppe nachdenken.
- Warum Ihre Informationen uninteressant sein können.
- Was Ihnen das Denken in »Schnittstellen« bringt.
- Wie Sie in letzter Minute Ihr Publikum analysieren.

Wenn Sie weder analysieren noch abstimmen . . .

Eine völlig frei erfundene Szene: »Jetzt möchte ich Ihnen gerne unsere Umsatzentwicklung zeigen.« Der Geschäftsführer schaltet den Projektor ein. Vor den Augen der ausländischen Geschäfts-

partner erscheinen die Umsatzzahlen der letzten fünf Jahre in den sieben Sparten des Unternehmens.
»Auf den Schilling genau!« wie der anwesende Oberbuchhalter stolz vermerkt – er hat das Material selbst zusammengestellt. Dazwischen geben Prozentzahlen Auskunft über Wachstum und Spartenanteile. Insgesamt befinden sich an die 130 Informationen auf der Projektionsfläche.
Das weitere Szenarium hängt von verschiedenen Faktoren ab. Friedfertige Gäste schlafen einfach ein – insbesondere nach einem guten Mittagessen.
Natürlich hätten SIE das ganz anders gemacht: Sie hätten die vier oder fünf wichtigsten Ereignisse in Schlagworten aufgelistet und die Entwicklungen in einem übersichtlichen Diagramm dargestellt. Sie hätten sich nämlich vor der Präsentation genau gefragt, was Ihre Zuhörer interessiert – und was ganz sicher nicht.

Vergessen Sie, was Sie anzubieten haben!

Sie erwarten, daß sich das Publikum Ihren Ideen wohlwollend öffnet, ausgestattet mit viel Zeit, Geduld und Interesse? Das ist realistisch, wenn Sie in einem Pensionistenheim als beliebter Volksschauspieler einen Vortrag über ein Verjüngungsmittel halten. Ansonsten können Sie davon ausgehen, daß Ihre Zuhörer vorwiegend von einer einzigen Frage bewegt werden: »Was bedeutet das Ganze für mich?«
In erster Linie interessieren wir uns dafür, ob und in welcher Weise sich eine Nachricht für uns persönlich auswirkt. Das charakterisiert nicht nur uns Menschen, es sichert auch allen anderen Lebewesen das Überleben. Sie sollten in der Präsentationsvorbereitung daher eher MIT diesem Egoismus arbeiten als DAGEGEN.
Vorteile (oder Nachteile!) sind oft in Geld meßbar, z. B. mehr Umsatz oder Kostensenkungen oder ein höheres Gehalt. Aber das Feld der Bedürfnisse, das Sie ansprechen können, ist viel weiter:

- Was bedeutet es für das Prestige meiner Abteilung, wenn ich ein zusätzliches Telefax kaufe?

- Wie wirkt sich die Installation eines integrierten Datennetzes auf meine Macht aus?
- Was bedeutet dieses Forschungsergebnis für meine nächste Publikation?
- Kann ich diesen Unternehmensbereich beruhigt für eine Weile aus den Augen lassen und mich auf etwas anderes konzentrieren?
- Werden mich meine Sekretärin/Ehefrau, meine Kollegen/Parteifreunde für diese Entscheidung loben oder kritisieren?

In jedem Psychologielehrbuch finden Sie Bedürfnisse, die Sie ansprechen, mobilisieren und nützen können. Die Voraussetzung: Vergessen Sie, was Sie selbst für wichtig halten, stellen Sie auch das zurück, »was unbedingt gesagt werden muß«. Streichen Sie vor allem einmal vorläufig alles, auf das Sie selbst so stolz sind: die Schwierigkeiten, die Sie überwunden haben, die wissenschaftliche Kühnheit Ihres Gedankens, die vergangenen Erfolge und das Leistungsprofil Ihrer Anlagen.

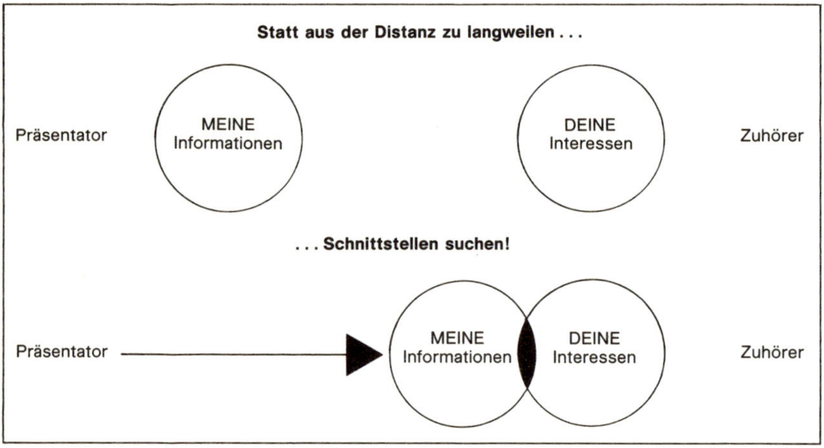

Bild ⑩: IHRE Informationen werden für Ihren Zuhörer erst dann interessant, wenn Sie ihm zeigen, wie ER/SIE davon betroffen ist. Dazu müssen Sie sich ihm nähern!

Schnittstellen – der Schlüssel zum Erfolg

Ihre Informationen sind IHRE Welt – interessant ist alles nur, wenn der Zuhörer einen Bezug zu sich und seiner Bedürfnissphäre sieht. Nur jener Teil Ihrer Informationen ist interessant, der sich aus der Sicht des Zuhörers als für ihn selbst und seine Interessen als nützlich, wichtig – oder gefährlich! – zeigt. Diese Bereiche der Deckung zwischen Ihrem (Informations-)Angebot und dem (Informations-)Bedürfnis Ihres Zuhörers nennen wir Schnittstellen. Je mehr und je größere Schnittstellen, desto besser (Bild ⑩).

Wer über sich selbst spricht, langweilt die anderen;
wer über seine Zuhörer spricht, fasziniert sie. (H. Rückle)

Die Tatsache, daß ein Auto einen Vierradantrieb besitzt, ist – ausgenommen für einen Techniker – an sich völlig uninteressant. Interessant wird der Vierradantrieb erst durch seine Eigenschaften wie z. B. die bessere Verteilung der Antriebskräfte. Aber auch diese Eigenschaft ist einem Normalverbraucher so lange gleichgültig, solange er nicht »gelernt« hat, was das wiederum bedeutet: nämlich bessere Kontrolle über das Fahrzeug in kritischen Situationen.
Aber auch das genügt noch nicht. Wir haben nämlich leider kein »Bedürfnis nach Kontrolle«. Unsere »Schnittstellen« liegen tiefer: vielleicht bei dem Bedürfnis nach Sicherheit (Fahrzeugkontrolle bei nasser Straßenoberfläche) oder beim Bedürfnis nach Prestige oder Status (rasantere Kurventechnik).
Jeder gute Verkäufer schildert sein Angebot erst dann in leuchtenden Farben, sobald er weiß, auf welche »Farbreize« sein Kunde positiv reagieren wird. Aber die Präsentation ist ja kein Verkaufsgespräch. Wo liegen die Schnittstellen zu den Zuhörern, wenn es um fachliche, um geschäftliche Themen geht?
Die Aufstellung »Wie Sie Zuhörer über Schnittstellen ansprechen« (Bild ⑪) gibt Ihnen einige Anregungen dafür.

Wie Sie Zuhörer über »Schnittstellen« ansprechen

Präsentationstyp	Präsentator, Vortragender	Thema	Zuhörer (-Kreis)	Identifizierte Bedürfnisse	Schnittstellen (was den Zuhörer interessiert)
Arbeitssitzung Vorstandspräsentation	Controller	Quartalsergebnis	Vorstand	a) kurzfristige Gewinnmaximierung	Welche Auswirkungen ergeben sich auf das zu veröffentlichende Quartalsresultat?
				b) verfügbare Gelder sofort in Marketingmaßnahmen investieren	Wo ergeben sich Überschüsse, die kurzfristig disponierbar sind?
Fachvortrag Posterpräsentation	Facharzt für Zahnheilkunde	neue Behandlungsmethoden bei Zahnfleischentzündung	Fachkollegen	a) in der eigenen Praxis erfolgreiche Therapieentscheidungen treffen b) die eigene Meinung nicht ändern müssen	Unter welchen Bedingungen können Behandlungsergebnisse verbessert werden? Wieweit stimmen Elemente der neuen Methode mit meinem Weltbild überein?
Fachvortrag Informationsveranstaltung Schulung	Dozent für Steuerrecht	das neue Einkommensteuergesetz	a) Steuerberater	Klienten richtig beraten, Haftungsfälle vermeiden	Wo gibt es Zweifelsfälle, auf die der Berater besonders aufpassen muß?
			b) Student	bei der Prüfung durchkommen	Welche Bereiche muß ich für die Prüfung unbedingt beherrschen?
			c) Gewerbetreibende	weniger Steuer zahlen	Bei welchen unternehmerischen Entscheidungen ist eine genaue Überlegung wichtig?
Motivationskonferenz	Marketingleiter Verkaufsleiter	die neue Werbekampagne für Produkt X	Mitarbeiter im Außendienst	a) am Prestige einer erfolgreichen Firma beteiligt sein b) mehr Provision verdienen	Warum wir auf den gemeinsamen Erfolg stolz sein können. Wie ich argumentieren muß, um rascher zu einem Abschluß zu kommen.

Bild ⑪

Wie Sie Ihr Publikum analysieren

Wenn Sie wenig Zeit haben und an einen bestimmten Zuhörerkreis nur ein einziges Mal präsentieren oder nur einen Vortrag halten, dann versuchen Sie wenigstens, die folgenden drei Fragen für sich zu beantworten:

- Was kann ich bei meinen Zuhörern an Wissen voraussetzen?
- Warum genau sind meine Informationen für dieses Publikum wichtig?
- Welche Informationen braucht der Zuhörerkreis, um die Relevanz meiner Ausführungen zu verstehen?

Mit etwas Einfühlungsvermögen müßten Sie in der Lage sein, diese Fragen so zu beantworten, daß Sie eine interessante Präsentation schaffen. Können Sie diese Fragen nicht einigermaßen zufriedenstellend beantworten, dann sollten Sie unbedingt jemand um Hilfe bitten, der diese Zuhörer in irgendeiner Form bereits kennt. Wenn auch das nicht möglich ist, dann bedenken Sie: Eine Absage schadet Ihrem Ansehen weniger als eine verpatzte Präsentation!
Ist ein Vortrag sehr wichtig für Sie oder werden Sie an einen bestimmten Zuhörerkreis noch öfters präsentieren, dann zahlt sich eine genauere Analyse aus. Dazu verwenden Sie die beiden Checklisten »Publikumsanalyse 1« und »Publikumsanalyse 2« im Anhang des Buches.

Ein Sonderfall: Die inhomogene Gruppe

Eine Situation, die gerade bei Informationsveranstaltungen, aber auch bei Fachvorträgen besonders häufig auftritt: Sie kennen die Teilnehmer nicht. Was wissen sie bereits? Wofür interessieren sie sich?
Bereiten Sie eine Informationsabfrage vor, die Ihnen noch in letzter Minute Hinweise und Warnungen geben kann. Dazu eignen sich am besten Pinwände mit vorbereiteten Fragen, die von den

eintreffenden Teilnehmern mit Klebepunkten beantwortet werden (Farbtafel ①). Wichtig ist dabei, daß Sie bei jeder Frage eine Bandbreite für die Antworten vorgeben.
Diese Technik bietet noch einen weiteren, unschätzbaren Vorteil für Sie: Nicht nur Sie selbst wissen anhand der Punkteverteilung, welcher Wissensstand oder welche Interessenlage im Publikum gegeben ist. Auch die Teilnehmer verstehen nun den Grund dafür, warum Sie einen einfachen Punkt ausführlich erklären – es kleben nämlich viele Punkte in der Spalte »ahnungsloser Anfänger«. Umgekehrt akzeptieren diese Anfänger einen fachchinesischen Hinweis: Sie sehen die Klebepunkte in der Spalte »Experte«.
Sollten Sie immer noch nicht überzeugt sein, daß Publikumsanalyse ein wichtiger Schritt in Ihrer Vorbereitung ist, dann denken Sie an das Ende Ihrer Präsentation: Wenn die Fragen kommen ... Spätestens dann sind Sie heilfroh, daß Sie sich vorher den Kopf etwas darüber zerbrochen haben, wer sich wofür interessiert – und warum. Die meisten Fragen sind aus Ihrer Analyse logisch abzuleiten – es ist dann lediglich Ihre Entscheidung, die Fragen im Vortrag selbst vorwegzunehmen oder in der Diskussion darauf zu warten.

Das Wichtigste aus diesem Kapitel:

- Niemand interessiert sich für Ihre Informationen – aber jeder dafür, was etwas für ihn persönlich bedeutet.
- Schnittstellen sind der gemeinsame Nenner Ihrer Informationen und der Bedürfnisse Ihrer Zuhörer – dort müssen Sie ansetzen.
- Publikumsanalyse hilft Schnittstellen optimieren und bereitet Sie auf Fragen vor.

Kapitel 5

Ziele setzen! – Machiavelli für Präsentatoren

Vorurteil 1: »In einem Vortrag muß man sich auf das Gefühl für den Augenblick verlassen – Ziele engen viel zu stark ein!«

Vorurteil 2: »Ziele sind etwas für Verkäufer. Der Fachvortragende hat lediglich eine Informationsaufgabe.«

In diesem Kapitel erfahren Sie,

- warum Ziele für Sie wichtig sind;
- wie Sie Ziele für Ihren Vortrag formulieren;
- was Ihnen höchstpersönliche Zielsetzungen bringen;
- welche Auswirkung Ihre Zielsetzung auf Ihre Präsentation hat.

Ist Zielformulierung unnötiger Arbeitsaufwand?

Überall werden Ziele diskutiert, formuliert, vereinbart, überprüft – nur bei Präsentationen heißt es oft: »Ich weiß genau, was ich zu sagen habe!« Hier hat sich die klare Unterscheidung zwischen »Ziel« und »Aufgabe« noch nicht durchgesetzt. Zur Klarstellung: »Ziel« ist eine geplante und überprüfbare Veränderung in der Außenwelt, »Aufgabe« hingegen der (an mich selbst erteilte) Auftrag, eine bestimmte Tätigkeit durchzuführen. Beachten Sie den Unterschied für Ihre Präsentation »Ich werde meine Zuhörer über A, B und C informieren« (=Aufgabe) oder ob Sie sagen »Ich möchte, daß das Komitee dem Projekt X zustimmt« (=Ziel).

Dieses Konzept akzeptieren üblicherweise alle Vortragenden aus dem Geschäftsleben; Fachvortragende, Professoren und Marktforscher sagen sehr oft: »Das gilt alles nur für Verkäufer im weitesten Sinn – diese müssen überzeugen. ICH habe lediglich objektive Informationen weiterzugeben.« Wir werden das gleich überprüfen.

Wie Sie ergebnisorientierte Ziele formulieren

Die Zielformulierung ist kein aufwendiger Prozeß. Beantworten Sie eine einzige Frage:

Was soll das Ergebnis meines Vortrages/meiner Präsentation sein?

Damit es aber nicht ganz so leicht für Sie wird, diese Frage mit einem Nicken geistig abzuhaken, eine kleine Formvorschrift: Denken Sie an Ihren nächsten Vortrag, und ergänzen Sie dazu den folgenden Satz:

Ich will mit meinem Vortrag/mit meiner Präsentation erreichen, daß . . .

Mit dieser Formulierung zwingen Sie sich weg vom Aufgabendenken zu einer ergebnisorientierten Zielsetzung.
Nehmen Sie an, Sie sind Geschäftsführer eines Unternehmens und wollen dieses einem Interessenten vorstellen – einem möglichen Partner, einem Kunden, einem politischen Mandatar.

Zielformulierung 1: »Ich will unsere Firma, ihre Entwicklung und ihre Leistungen darstellen.«

Zielformulierung 2: »Ich will den Interessenten überzeugen, daß unser Erfolg vor allem auf bester Produktqualität beruht.«

Zielformulierung 3: »Der Interessent soll sich bereit erklären, an einer Betriebsbesichtigung – Schwerpunkt Qualitätskontrolle – teilzunehmen.«

Vorschlag 1 ist unbrauchbar: Es handelt sich um eine reine Aufgabenstellung an sich selbst, ohne überprüfbare Auswirkungen auf die Realität. – Vorschlag 2 ist besser, da Sie etwas Konkretes anstreben: eine Veränderung der Einstellung bei Ihrem Zuhörer. Der Nachteil: Dieses Ziel ist nicht so ohne weiteres überprüfbar; wie erkennen Sie, ob Sie jemanden überzeugt haben? – Vorschlag 3 ist einwandfrei: Sie können unmittelbar nach der Präsentation feststellen, ob Sie dieses Ziel erreicht haben oder nicht. Weitere Beispiele finden Sie in Bild ⑫.

Offizielle Ziele sind nicht alles!

Sie brauchen Ihre Ziele, um selbst disziplinierter zu arbeiten, um von Ihren Mitarbeitern konstruktive Beiträge zu erhalten und um Ihrem Vorgesetzten den notwendigen Aufwand für eine Präsentation zu erklären. Diese offiziellen Ziele reichen aber nicht aus.
In der Vortragssituation sind Sie selbst im Mittelpunkt des Interesses, und die Informationen, die Sie aussenden, sind nur zum Teil sachlicher Natur. Mit jeder Bewegung, mit jedem Wort, mit jedem Bild, das Sie zeigen, und auch mit Äußerlichkeiten wie mit Ihrer Kleidung senden Sie unentwegt Signale über sich selbst und über Ihre Beziehung zu den Zuhörern. Watzlawick formuliert das als eines seiner Grundgesetze so:

»Man kann nicht NICHT kommunizieren!«

Das bedeutet, daß jeder Aspekt unseres Verhaltens Signalcharakter hat und auch als Signal aufgenommen wird. In diesem Sinn ist Schweigen ein ebenso wichtiges Signal wie Sprechen – und Aufstehen ebenso wie Sitzenbleiben.
Auch wenn Sie sich noch so fest vornehmen, sich nur auf den In-

Offizielle Präsentationsziele

Sinnvolle Zielformulierungen	Überprüfungskriterien vor/nach der Präsentation	Konsequenzen für die Vortragsvorbereitung
Geschäftsleitung von der Rentabilität der Investition X überzeugen	Rentabilität wird ausdrücklich akzeptiert	Konzentration auf finanzielle Aspekte (nicht: technischer Vorsprung, Qualitätssicherung . . .)
(Präsentation von Marktforschungsergebnissen) Aufmerksamkeit auf Schwachstellen lenken, Zuhörer nicht frustrieren.	Fragen der Teilnehmer konzentrieren sich auf die identifizierten Schwachstellen, ohne die Informationen »wegzuschieben« oder zu verniedlichen.	Problematik der »bad news« einkalkulieren (abpuffern, Gesichtsverlust vermeiden); objektive Feststellungen, keine Werturteile. Durch positive Zusammenfassung eine konstruktive Diskussionsatmosphäre schaffen.
(Fachvortrag: Erfahrungen mit neuer Diagnosetechnik im Vergleich zu traditioneller Methode) Kollegen sollen die neue Technik verstehen und die Testanordnung akzeptieren. Keine »Antagonisierung« der Traditionalisten.	Fragen konzentrieren sich auf neue Technik und deren Konsequenzen; keine kritischen Fragen zur Testanordnung und der Validität der Ergebnisse.	Wertaussagen über neue Technik vermeiden (»besser«, »zuverlässiger« . . .) Vergleich nicht als »Urteil« darstellen, sondern als Hilfsmittel zum Verständnis; durch Punktabfrage erheben, wieviel Erfahrung Zuhörer mit traditioneller Methode haben.

Bild ⑫

halt zu konzentrieren – Ihre Zuhörer bilden sich über Sie eine Meinung, die weit über den Inhalt Ihres Vortrages hinausgeht. Sie können natürlich sagen: »Ich will überhaupt keinen Eindruck machen – mein Eindruck steht hier nicht zur Debatte, es geht schließlich um Sachfragen!« Das hilft Ihnen allerdings nichts, Sie machen auf jeden Fall irgendeinen Eindruck. Mein Rat: Treffen Sie eine bewußte Entscheidung, WELCHEN Eindruck Sie machen wollen. Damit sind wir beim ersten und wichtigsten inoffiziellen Ziel, das Sie sich in jeder Kommunikationssituation setzen sollten:

Welchen Eindruck will ich machen?

Denken Sie an eine bestimmte Vortragssituation, und überlegen Sie, welchen Eindruck Sie in dieser Situation gerne machen möchten:

> Entscheidungsfreudig, innovativ, humorvoll, entschlossen, verständnisvoll, kompetent, diszipliniert, originell, pragmatisch, überzeugend, genau, gründlich, erfinderisch, weitblickend, erfahren, objektiv, vertrauenswürdig, kreativ, streitbar, intellektuell ...

Viele dieser Eigenschaften werden auf Sie zutreffen. Eigenschaften, die nicht in Ihre Persönlichkeit passen, sollten Sie gleich vergessen: Wer ein ernsthafter Typ ist, sollte gar nicht versuchen, um jeden Preis humorvoll zu wirken, damit würde er nur peinlichen Schiffbruch erleiden.
Konzentrieren Sie sich auf jene Eigenschaften, die bereits auf Sie zutreffen: Nehmen Sie sich vor, diese oder jene Facette Ihrer Persönlichkeit bewußt einzusetzen. Natürlich nicht alle auf einmal und nicht bei jeder Präsentation. Wahrscheinlich fällt es Ihnen gar nicht schwer, sich für eine konkrete Vortragssituation jene Eigenschaft auszusuchen, die Ihnen besonders nützen kann. Maximal drei solcher Eigenschaften (je weniger, desto wirkungsvoller) notieren Sie sich als Antwort auf die Frage: Welchen Eindruck will ich machen?

Bild ⑬: Ihr Präsentationsziel bestimmt den Einsatz Ihrer Mittel – welche Reaktion wollen Sie erreichen?

Der zweite Teil Ihrer inoffiziellen Ziele ist abermals eine Antwort, nämlich auf die Frage:

Was will ich AUSSERDEM NOCH in dieser Präsentation für mich persönlich erreichen?

Erfahrene Verhandler wissen, daß es bei Konferenzen nicht nur die offizielle Tagesordnung gibt. Vieles steht auf der »versteckten Tagesordnung« (hidden agenda) und ist zumindest genauso wichtig. Dort findet sich z. B. der Machtkampf zwischen Herrn Mayer und Herrn Müller, die Revanche für eine vergangene Niederlage, der Vorschlag einer Allianz usw.

Persönliche Präsentationsziele (Die »Hidden Agenda« — 1)

Welchen Eindruck wollen Sie machen?	Mögliche Konsequenzen für Ihre Präsentationsvorbereitung
»kompetent«	Eigene einschlägige Erfahrungen möglichst früh bekannt machen: Sich vorstellen oder entsprechend vorstellen lassen. Beispiele wählen, in denen Sie als Problemlöser vorkommen. Exakte Daten zitieren, verfügbar haben. Verständnisfragen ausdrücklich jederzeit zulassen. Komplexe Zusammenhänge mittels Spontanmedien (Tafel) skizzieren.
»gründlich«	Sitzordnung mit Namensschildern oder nach sichtbarem Konzept.
»gut organisiert«	Weniger Punkte, aber diese vollständig behandeln, »abhaken«.
»gut vorbereitet«	Reservefolien nicht überblättern, sondern in zweiter Schachtel aufbewahren. Alle Medien voll einsatzbereit, störungsfreier Wechsel.
»dynamisch«	Das Gesprächsthema im ersten Satz ansprechen. Verstärkt Fragen und Aufforderungen einsetzen (weniger Behauptungen). Ideen, Fragen und Anregungen aufgreifen und festhalten, aber nicht ablenken lassen. Verschiedene Medien einsetzen, aber keine selbst bewegten (Film, Video). (Vorbereitete) Skizzen an Tafel, Flipchart entwerfen, mit großen, dicken Strichen.
»glaubwürdig«	Informationsdichte reduzieren. Eindruck der Transparenz verstärken: Zwischendurch zusammenfassen. Geplanten Vortragsinhalt bekanntgeben und demonstrativ abhaken. Exakte Daten und genaue Quellenangaben. Tatsachen und Interpretation (Ihre Meinung!) säuberlich trennen.

Bild ⑭: Überlegen Sie genau, welcher Eindruck in dieser bestimmten Präsentationssituation der richtige ist – und bleiben Sie im Rahmen Ihrer Persönlichkeit! – Mehr als 2 Eigenschaften sind unzweckmäßig.

In einer Präsentationssituation wird zwar nicht primär verhandelt, trotzdem aber werden Dinge in Bewegung gesetzt, die mit dem eigentlichen Thema des Vortrages nichts zu tun haben. Was Sie dabei für sich persönlich erreichen können, ist beispielsweise:

> Einen größeren Aufgabenbereich erhalten; eine Gehaltsverhandlung günstig beeinflussen; als Vortragender zu einer renommierten Veranstaltung eingeladen werden; als Partner/Mitarbeiter akzeptiert werden; in einen anderen, interessanten Bereich versetzt werden; einem (Fach)Kollegen eins auswischen; ein Stellenangebot von außerhalb der Organisation erhalten; mehr Mitarbeiter/ein größeres Budget zugeteilt bekommen ...

Diese höchst persönlichen Ziele unterscheiden sich in zwei Punkten von den offiziellen Zielen: Erstens sind sie Ihre Privatsache und gehen niemanden etwas an; zweitens ist üblicherweise ihre Erreichung unmittelbar nach der Präsentation nicht oder nur schwer überprüfbar, und damit sind es keine eigentlichen Ziele. Trotzdem sollten Sie sie sehr wichtig nehmen, denn von diesen Zielen kann eine ungeheure Schubkraft für Sie selbst in der Vorbereitungsarbeit ausgehen.

Ihre Ziele: Kompaß und Entscheidungshilfe

Die Arbeit der Zielformulierung rechnet sich für Sie nur, wenn Ihnen dieses Ziel hilft, eine »bessere« Präsentation vorzubereiten. Deshalb sind nur jene Ziele sinnvoll, aus denen Sie eine konkrete Maßnahme ableiten können, eine Entscheidung über Ihr Auftreten, über die eingesetzten visuellen Hilfsmittel, über die Art, wie Sie den Vortrag beginnen oder schließen, über die Atmosphäre im Vortragsraum usw. (Bild ⑭ und ⑮).
Wie wichtig dieser Vorbereitungsschritt ist, sehen Sie am besten aus einem Beispiel, in dem es um eine Präsentation »Aktueller Stand des Projektes Z« geht. Es mag nun für Sie wichtig sein, daß

Persönliche Präsentationsziele (Die »Hidden Agenda« — 2)

Was wollen Sie sonst noch erreichen?	Konsequenzen für Ihre Präsentationsvorbereitung (Verdeckte Botschaften an den/die Entscheidungsträger)
»einen zusätzlichen Mitarbeiter bewilligt erhalten«	»Was ich von Deinen Lieblingsideen noch verwirklichen könnte, wenn ich von administrativer Arbeit entlastet wäre . . .« »Welche imagefördernden Untersuchungen wir anstellen könnten, wenn wir jemanden für die Auswertung hätten« »Welche Gefahren Deiner(m) Sicherheit/Prestige/Macht drohen, wenn wir auf diesem Gebiet nicht mehr tun«
»meine Position für die nächste Gehaltsrunde verbessern«	»Welche finanzielle Bedeutung meine (erfolgreiche) Tätigkeit hat« »Was meine Abteilung (im Vergleich zu anderen) netto erwirtschaftet, einspart, produziert . . .« »Wie viele persönliche Probleme Du bei mir gut aufgehoben weißt« »Wie ich Dir helfe, die Mitarbeiter in Deinem Sinn zu Höchstleistungen zu motivieren«
»als Vortragender eingeladen zu werden«	»Ich bin ein Vortragender, mit dem der Veranstalter keine Probleme hat: Gut vorbereitet, kompetent, gut organisiert, pünktlich« »Durch mich gewinnst Du selber an Ansehen: Ich beziehe Dich nach Kräften in meinen Vortrag ein« »Ich sorge für eine angenehme Atmosphäre: Du brauchst keine Sorge betreffend unerfreulicher Konfrontationen zu haben.«

Bild (15)

am Ende Ihrer Präsentation möglichst viele Fragen gestellt werden. Dafür gibt es verschiedene Gründe: Sie wollen, daß sich alle Teilnehmer besonders gründlich mit dem Thema auseinandersetzen und es auf diese Weise besser erarbeiten. Oder Sie wollen demonstrieren, wie souverän Sie mit Fragen umgehen können, oder Sie wollen das Chaos demonstrieren, in dem sich dieses Projekt (ohne Ihr Zutun) derzeit befindet.

Wollen Sie Fragen verhindern ...

Eine diametral entgegengesetzte Zielsetzung wäre, möglichst keine Fragen nach der Präsentation beantworten zu müssen. Vielleicht aus Zeitgründen oder um den Eindruck zu erwecken, daß alles vollkommen klar ist. Oder weil Sie befürchten müssen, daß einige sehr unangenehme Dinge auftauchen.
Sobald Sie sich über Ihre Zielsetzung klar geworden sind, können Sie das tun, was Sie sonst vielleicht intuitiv, aber nicht so konsequent berücksichtigen: den Aufbau der Präsentation mit diesem Ziel vor Augen. Wenn Sie keine Fragen wollen, werden Sie z. B. mögliche Einwände bereits im Vortrag vorwegnehmen. Oder den Zeitplan so gestalten, daß am Ende Ihres Vortrages das Mittagessen bereits serviert wird. Oder Sie signalisieren, daß ein Fragesteller sich entweder disqualifiziert oder außerhalb der Gruppe stellt ...

... oder herausfordern?

Ganz andere Maßnahmen werden Sie dann setzen, wenn Sie eine lebhafte Diskussion provozieren wollen: Sie werden nicht nur ausreichend Zeit für die Diskussion lassen und eine oder zwei Fragen vorbereiten, die Sie an sich selbst richten, um die Diskussion in Gang zu bringen. Sie werden bewußt unklare Formulierungen wählen, wenn Sie eine Aufgabe an einen der Anwesenden skizzieren – das zwingt geradezu zur Fragestellung. Sie werden bei jeder einzelnen Frage signalisieren, daß Sie diesen positiven Beitrag schätzen.

Die Rückseite geht niemand etwas an

Meine persönliche Arbeitstechnik bei der Zielformulierung ist sehr einfach: Mein »offizielles Ziel« liegt als oberstes Blatt bei meiner Materialsammlung. Jedesmal, wenn ich die Mappe zur Hand nehme, bin ich mit meiner eigenen Zielformulierung konfrontiert: »Ich will mit diesem Vortrag erreichen, daß ...« Die Rückseite habe ich in zwei Hälften geteilt: für die beiden Fragen zu meinem persönlichen Präsentationsziel. Die obere Hälfte gehört der Frage nach dem Eindruck, den ich machen will; hier schreibe ich ein oder zwei positive Eigenschaftswörter auf und notiere mir jeweils rechts daneben, mit welchen Mitteln ich diesen Eindruck erzeugen will; auf der unteren Hälfte notiere ich mir dementsprechend ein oder zwei Ziele »was ich sonst noch erreichen will«, ebenfalls mit den entsprechenden Strategien.
Die persönlichen Präsentationsziele schreibe ich nur dann nicht auf die Rückseite der offiziellen Ziele, wenn ich an einer Teampräsentation mitarbeite – da verwahre ich diesen Teil separat auf. Schließlich handelt es sich ja um meine Privatangelegenheit!

Das Wichtigste aus diesem Kapitel:

- Klare, überprüfbare Ziele helfen Ihnen bei der Vorbereitung.
- Neben Ihrer Sachinformation liefern Sie stets auch einen »persönlichen Eindruck« ab – planen Sie diesen!
- Ihr Präsentationsziel bestimmt auch den Mitteleinsatz.

Kapitel 6

Inhalt strukturieren – Informationen und Argumente richtig reihen und damit die Wirksamkeit steigern

Vorurteil 1: »Möglichst schnell zur Sache kommen!«

Vorurteil 2: »Bei interessanten Informationen ist die Reihenfolge nicht so wichtig.«

In diesem Kapitel konzentrieren wir uns auf den Aufbau des Hauptteiles Ihrer Präsentation. Sie erfahren,

- welchen Unterschied es zwischen geschäftlichen, überzeugungsorientierten Präsentationen und Fachvorträgen gibt;
- welche Möglichkeiten Sie jeweils für den Aufbau haben;
- wie Sie innerhalb eines einmal gewählten Strukturtyps Ihre Informationen und Argumente übersichtlich anordnen können;
- wie Sie arbeitstechnisch vorgehen, um Probleme zu vermeiden.

Überzeugen oder informieren?

Wenn Sie diese Frage mit »Beides!« beantworten, dann haben Sie völlig recht: Ohne Informationen können Sie nicht überzeugen, und auch die objektivsten Informationen beinhalten überzeugende Botschaften (z. B. über Ihre Glaubwürdigkeit und Kompetenz). Trotzdem wollen wir zwischen zwei Extremen so klar wie möglich unterscheiden:

Wie Sie einen Fachvortrag aufbauen

Linearer Fünfsatz

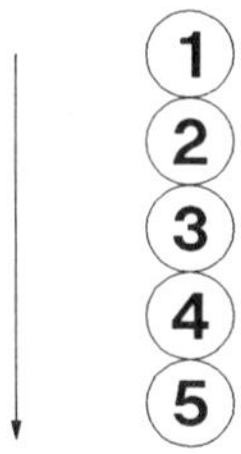

1: Der allgemeine Hintergrund

2: Die spezielle Problematik

3: Unsere Vorgangsweise ...

4: ... führte zu folgenden Daten:

5: Unsere Interpretation/Konsequenzen

Paralleler Fünfsatz

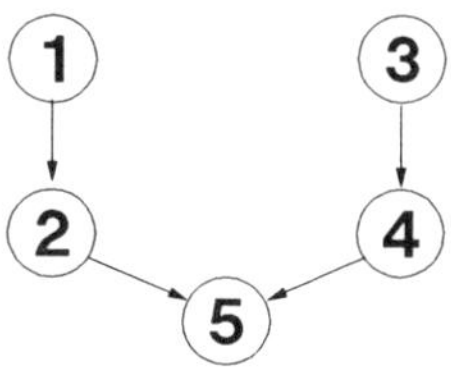

1: Schneider hat festgestellt...

2: ... und so interpretiert.

3: Bauer dagegen stellt fest ...

4: ... und interpretiert anders.

5: Unsere neue Interpretation erklärt beide Ergebnisse

Diskrepanz-Fünfsatz

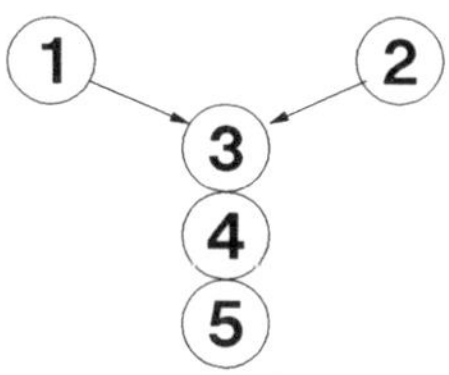

1: Schneider stellt fest

2: Bauer stellt fest

3: Das ergibt folgende Diskrepanz:

4: Was wir untersucht haben ...

5: ... weist in folgende Richtung.

Divergierender Fünfsatz

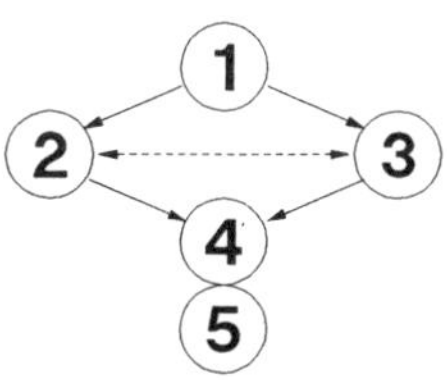

1: Problemstellung

2: Bisher unerklärbare Daten ...

3: ... dagegen unsere Resultate ...

4: das ergibt eine neue Interpretation

5: Die Konsequenzen daraus...

FUNFSATZ.DRW

Bild ⑯: Diese Fünfsatz-Strukturen lassen sich auch gut miteinander kombinieren. Helfen Sie Ihren Zuhörern aber dabei, Ihrer Systematik zu folgen!

der »typische« Fachvortrag des Spezialisten: objektiv, informativ, sachlich, wissenschaftlich (aber trotzdem interessant und schwungvoll!), und
die Überzeugungspräsentation des Managers, die Mitarbeiter, Vorgesetzte, Kunden oder Journalisten nicht nur rational, sondern auch emotional überzeugen, mitreißen, gewinnen will (aber trotzdem seriös und fachlich fundiert sein soll!).
Gelegentlich wünsche ich mir, daß die einen von den anderen mehr lernen ...

1. Der Fachvortrag

Der Kern der meisten Fachvorträge ist ein Dreischritt:

Ausgangslage – Vorgangsweise – Ergebnis
Problem – traditionelle Lösung – neuer Ansatz
These – Antithese – Synthese

Durch Aufbrechen der Elemente erweitern wir die Struktur zum Fünfsatz, dessen vier grundlegende Ausformungen Sie in Bild ⑯ finden. Sehen Sie sich aber auch die Struktur »Bericht/Report« an, die ebenfalls für Fachvorträge geeignet ist!

2. Die Überzeugungspräsentation

Bevor Sie hier eine Entscheidung treffen, nehmen Sie sich Ihr Ziel zur Hand: Was wollen Sie in dieser Präsentation erreichen? Die hier vorgeschlagenen Aufbaumöglichkeiten richten sich nämlich danach, was Sie beabsichtigen – wir bezeichnen sie deshalb auch als »finale (zweckgerichtete) Strukturen«.
So unterschiedliche Dinge wir uns auch unter »geschäftlicher Präsentation« vorstellen, sie fallen doch immer wieder in eine der vier folgenden Kategorien:

– Problemdarstellung
– Lösungsvorschlag
– Bericht/Report
– Standpunkt

Geschäftliche Präsentationen (1)

Problemdarstellung

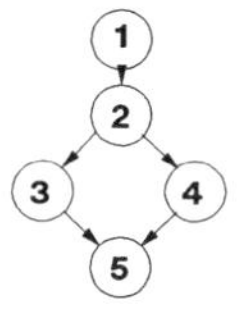

1: Das Problem / die Soll-Ist-Abweichung ...
2: ... bedeutet folgende negative Konsequenzen:
3: Erster Beweis (emotional, aufrüttelnd)
4: Zweiter Beweis (sachlich, informativ)
5: Zusammenfassung: Wir müssen eine Lösung finden!

Lösungsvorschlag

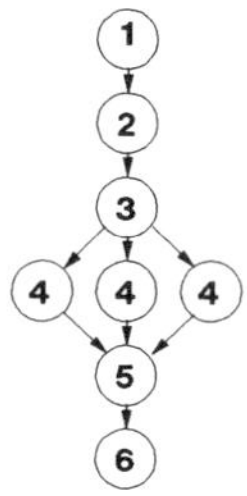

1: Das Problem (Zusammenfassung von oben!)
2: Unser Vorschlag ist daher...
3: ... und bringt folgende positive Ergebnisse:
4: Unsere Argumente für die Richtigkeit unserer Überlegungen (1.,2.,3.,...)
5: Zusammenfassung (Problem, Vorschlag, Ergebnisse)
6: Aktionsvorschlag / nächste Schritte

Kernpunkte / Business Plan

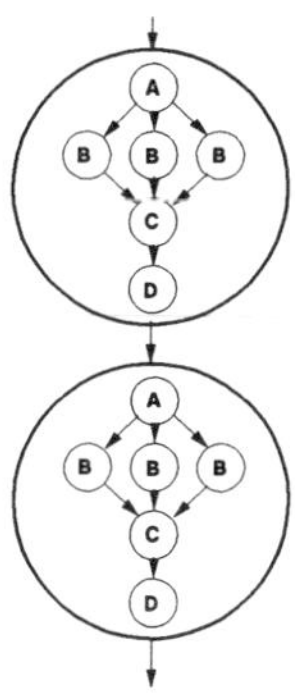

Jeder Kernpunkt ("Issue") hat dieselbe Struktur:

A: Worum geht es? (Frage, Problem, Chance)

B: Welche Informationen liegen dazu vor?

C: Was bedeutet das für uns?

D: Zusammenfassung mit Aktionsplan

Nach Diskussion und Beschlußfassung wird der nächste Kernpunkt präsentiert.

Bild ⑰: Manager erwarten, daß Sie rasch zur Sache kommen – eine »business presentation« ist kein Ratespiel! Problemdarstellung und Lösungsvorschlag werden meist kombiniert, da heute niemand an Problemen interessiert ist – nur an Lösungen.

Geschäftliche Präsentationen (2)

Bericht / Report

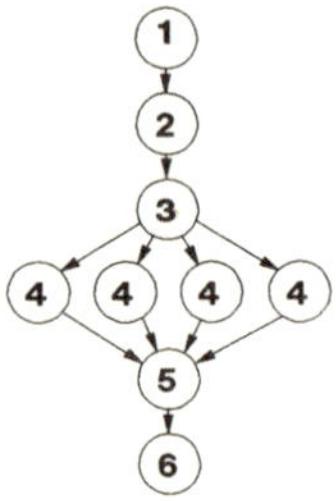

1: Thema, Hintergrund, Auftraggeber ...

2: Konkrete Fragestellung

3: Informationsübersicht

4: die einzelnen Informationen

5: Zusammenfassung, Rückblick

6: Ergebnis, Bedeutung, Konsequenz

Standpunkt

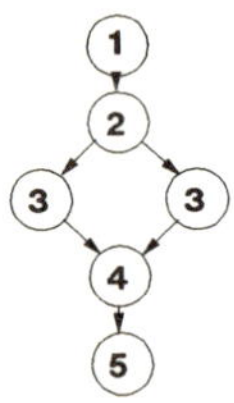

1: Thema, Bedeutung, Bezug (warum heute, hier – – mit Ihnen?)

2: Unser Standpunkt ist: "______" (klar und deutlich!)

3: Warum das logisch, angemessen, vertretbar ist

4: Zusammenfassung der Standpunkt im Lichte der Argumente

5: Ergebnis und Handlungs- (Denk-)aufforderung

Bild ⑱: Der Bericht ist eine betont objektive, der Standpunkt eine bewußt engagierte Präsentation. Zeigen Sie aber auch im Bericht Bewegung – und beim Standpunkt Objektivität!

Diese Strukturen können Sie natürlich aneinanderhängen – eine besondere Kombination stellt dann der Typ »Kernpunkte/Businessplan« dar. (Die Bilder ⑰ und ⑱ zeigen die Arten der geschäftlichen Präsentation.)
Unabhängig von der gewählten Struktur besteht die Notwendigkeit für objektive, sachliche Informationen. Dafür verwenden Sie drei Arten von Argumenten:

die Zusammenhangsdarstellung: Sie zeigen logische, kausale, zeitliche, räumliche oder strukturelle Beziehungen (Organigramme,

Ablaufschemata, Pläne, Schaltskizzen, Molekularstrukturen, Versuchsanordnungen ...). Hierher gehört auch das Experiment oder die Demonstration.

die Tatsachenfeststellung: Dabei präsentieren Sie (Material-) Eigenschaften, (Produkt-) Leistungen, (Entscheidungs-) Kriterien, Vor- und Nachteile, (Forschungs-) Ergebnisse aber auch allgemein bekannte Tatsachen. Reales Anschauungsmaterial (Muster) gehört ebenfalls zu diesem Argumenttyp.

der Zahlenbeweis: Eine Sonderform der Tatsachen sind quantifizierbare Daten – Ziffern. Zahlen besitzen die Aura der Wahrheit, nur weil sie präzise sind. Sie verwenden Sie z. B. für Anteilsvergleiche, Entwicklungen von Umsätzen, Temperaturen oder Preisen, für Leistungsvergleiche, Korrelationen aber auch für einzelne (beeindruckende) Daten: »Nur 0,4% der Österreicher sind auf dauernde Sozialhilfe angewiesen« – »Mehr als 30 000 Österreicher sind auf dauernde Sozialhilfe angewiesen.«
Für eine Überzeugungsaufgabe verwenden Sie zum Teil andere Argumente als bei einer reinen Information. Ihre Argumente brauchen mehr mobilisierende Stoßkraft, Sie müssen sie stärker emotional aufladen. Dafür eignen sich besonders gut folgende Sonderformen der Argumentation:

das persönliche Erlebnis: Sie schildern in lebhaften Farben, wie Sie beeindruckt waren, was Ihnen nahegegangen ist ...;

das Gleichnis (die Analogie): Seit dem Neuen Testament unverändert wirksam;

das Beispiel: Sie beweisen damit zwar rein logisch sehr wenig, geben aber viel Vertrauen, insbesondere in Ihre eigene Kompetenz;

Expertengutachten und Garantie: Damit sprechen Sie z. B. das Sicherheitsbedürfnis Ihrer Zuhörer an.

Auch die Reihenfolge Ihrer Argumente ist bei einer Überzeugungspräsentation kritisch: Besonders, wenn Ihre Argumente unterschiedlich stark sind. Wo Emotionen bewegt werden sollen, spielt die Dramaturgie eine wichtige Rolle:

Wie Sie die einzelnen Informationen und Argumente anordnen

Wir befinden uns jetzt in der Situation, in der Sie innerhalb Ihrer Struktur die Reihenfolge Ihrer Informationen bestimmen müssen. Oft ergibt sich diese Reihenfolge zwangsläufig oder automatisch, wenn nicht, verwenden Sie die folgenden, bewährten Muster:

- **Analytisch:** Problem – Ursache 1, Ursache 2 – Ursachen für Ursache 1 ...
- **Final:** vorgeschlagene Maßnahmen – geplante Wirkung 1, geplante Wirkung 2 – Auswirkungen von Wirkung 1 ...
- **Chronologisch:** 1966 war die Lage so, 1972 hat sich folgendes geändert, 1988 passierte dann, heute stehen wir bei ...
- **Geografisch:** Das Bild der Gesamtregion; in den einzelnen Gebieten/Ländern ist die Lage so; dabei sehen wir Unterschiede im Norden, im Süden ...
- **Strategisch:** Unsere Ausgangslage ist ..., wo wir hinwollen und wie wir das zu realisieren planen, welche Widerstände wir dabei erwarten ...
- **Gruppenweise:** Die Auswirkungen auf die verschiedenen Personenkreise, wie Patienten, Betreuungspersonal, Ärzte, Verwaltung. Die Geschäftsergebnisse bei Zahncreme, Hautpflege, Haarpflege ...
- **Nach Phasen:** Der erste Schritt war ..., unsere nächste Maßnahme betraf ..., und schließlich beschlossen wir ...
- **Nach der Bedeutung:** Das Wichtigste, Zweit-, Drittwichtigste ... Die größte finanzielle Auswirkung zeigt sich in diesem Bereich, dann folgt jener ...
- **Varianten/Alternativen:** Eine Möglichkeit ist ..., eine andere Möglichkeit wäre ..., und schließlich könnten wir noch ...

Dramaturgie für Vortragende

Ein anderer Gesichtspunkt, unter dem Sie Ihre Argumente reihen, ist die dramaturgische Wirkung (Bild ⑲).

Wie Sie Argumente dramaturgisch einsetzen

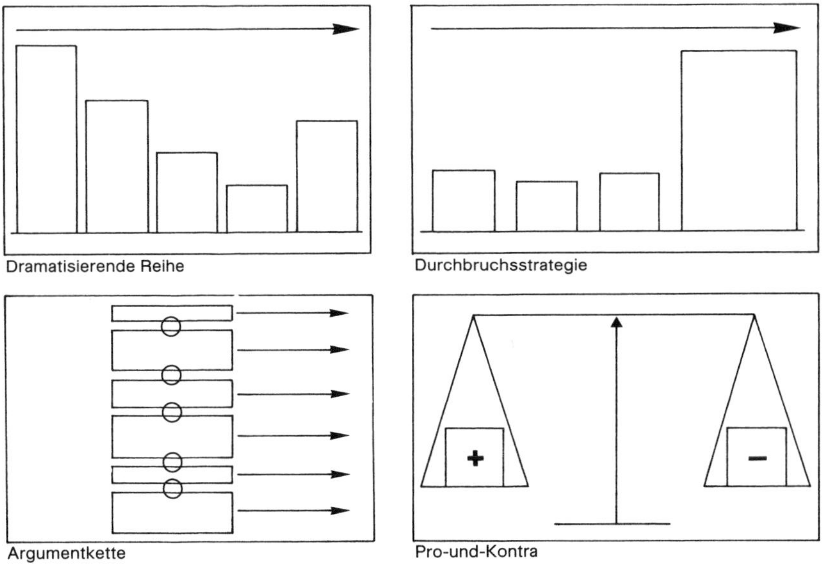

Bild ⑲: Die Reihenfolge Ihrer Argumente kann über Ihren Erfolg entscheiden – besonders dann, wenn sie unterschiedlich stark sind.

Dramatisierende Reihe:

Sie beginnen mit einem mittelgewichtigen Argument, folgen mit einem schwächeren und steigern bis zum stärksten Beweis. Das ist die gebräuchlichste Struktur in geschäftlichen Präsentationen: Das »Mittelgewicht« am Anfang sichert Ihnen Interesse und ist nicht so einfach beiseite zu schieben. Die schwächeren Argumente sind gut eingebettet und fallen in den Bereich der nach dem Einstieg absinkenden Aufmerksamkeitskurve. Mit dem stärksten Argument gestalten Sie einen eindrucksvollen, in Erinnerung bleibenden Abschluß.

Durchbruchstrategie:

Sie verfügen nur über ein einziges, wirklich überzeugendes Argument, die restlichen Beweise sind eher schwach. Beginnen Sie mit dem stärksten Argument, behandeln Sie es ausführlich, und listen Sie danach die restlichen Beweise kurz auf. Dadurch wirken auch die schwachen Beweise stärker, weil sie in einem neuen Licht gesehen werden. Der Nachteil: Sie setzen alles auf eine Karte – wenn Sie nicht durchdringen, besteht Ihr Schluß aus »schwachen« Argumenten, die das negative Urteil der Zuhörer nur verstärken; Ihr Pulver haben Sie schon verschossen.

Argumentkette:

Sie haben zwar viele Argumente, aber keines ist für sich alleine wirklich überzeugend. Lassen Sie die Menge wirken! Bauen Sie die Beweisübersicht (die Liste der Punkte, die Sie behandeln werden) eindrucksvoll auf, und handeln Sie dann die einzelnen Elemente ab.

Pro und Kontra:

Nach jeder Behauptung stellen Sie Beweise und Gegenbeweise einander gegenüber – für einen Vorschlag bringen Sie Vorteile und Nachteile. Diese Strategie ist dann zielführend, wenn Sie ohnedies mit starken Gegenargumenten rechnen müssen. Packen Sie also den Stier bei den Hörnern, und setzen Sie sich damit gleich in der Präsentation auseinander. Dadurch bestimmen Sie selbst, wie und wann Sie ein Gegenargument bringen; Sie vermeiden so unangenehme Fragen in der anschließenden Diskussion oder können diese zumindest entschärfen.

Worauf Sie auf jeden Fall achten sollten

- Tip: **Geben Sie Ihren Präsentationsfahrplan bekannt!** Die Struktur ist nicht nur für Sie eine Arbeitstechnik, sie ist auch für die Zuhörer zur Orientierung interessant. Damit signalisieren Sie gute Vorbereitung und Souveränität.
- Tip: **Sichern Sie die leichte Verdaulichkeit Ihres Inhaltes!** Formen Sie kleine Informationsbissen, und fassen Sie immer abschnittsweise die bisherigen Ergebnisse zusammen. Beim Übergang zwischen zwei Themen bauen Sie eine Brücke, auf der Ihnen Ihre Zuhörer folgen können. Diese Maßnahmen sind auch »Wiedereinstiegshilfen« für jene Zuhörer, die zwischendurch kurz abgeschaltet haben (wem ist das noch nicht passiert – sogar im interessantesten Vortrag?).
- Tip: **Kontrollieren Sie die Relevanz Ihrer Informationen!** Fragen Sie sich immer wieder: Warum ist diese Information für die Zuhörer wichtig? Brauche ich diese Information wirklich unbedingt? Zielsetzung und Publikumsanalyse bieten Ihnen Anhaltspunkte: Nur jene Daten sind für den ICH-orientierten Zuhörer interessant, die MICH, MEINE Organisation, MEIN Wissensgebiet, MEINE persönliche Stellung betreffen!
- Tip: **Sprechen Sie Herz und Hirn parallel an!** Ohne Emotion wird der geistvollste Fachvortrag, die weittragendste Geschäftspräsentation steril und langweilig. Garnieren Sie »schwere Kost« mit leichtverständlichen, farbigen Beispielen und Details!
- Tip: **Kontrollieren Sie Ihren Zeitplan!** Zwei Faustregeln:
  - Der Hauptteil einer Präsentation sollte keinesfalls mehr als 85% der geplanten Sprechzeit ausmachen.
  - Jede Präsentation dauert um 20% länger als in der Vorbereitung berechnet.

Das Wichtigste aus diesem Kapitel:

- Ihr Ziel bestimmt den Aufbau des Vortrages.
- Eine verständliche Struktur hilft den Zuhörern, den Inhalt leichter auf- und anzunehmen.
- (Wissenschaftlicher) Fachvortrag und (geschäftliche) Präsentation erfordern unterschiedliche Strukturen.

Teil 3

Das visuelle Konzept – der Weg zur Bild-Idee

Kapitel 7

»Visualisieren« – warum die Kommunikation mit Bildern besser funktioniert

Vorurteil 1: »Meine Worte müssen genügen – wer nur einen Strich zusätzlich zum Verständnis braucht, ist ein Dummkopf!«

Vorurteil 2: »Als visuelle Hilfsmittel genügen Texte und Diagramme vollständig.«

Vorurteil 3: »Bilder gehören in Bilderbücher, nicht in ernsthafte Vorträge. Sie sind kindisch und führen zu Analphabetentum.«

In diesem Kapitel erfahren Sie,

- was »Visualisierung« bedeutet und welchen Effekt visuelle Hilfsmittel auf Ihre Präsentation haben;
- welche Arten von »Bildern« es gibt und wie Sie diese einsetzen können;
- wie Sie beim Erstellen von visuellen Hilfsmitteln vorgehen;
- worauf Sie achten müssen, wenn Sie solche Hilfsmittel verwenden, und
- was Sie tun können, wenn Ihnen das »Erfinden« von Bildern schwerfällt.

»Präsentatoren mit visuellen Hilfsmitteln wirken überzeugender«

Bevor wir dieses Resümee aller einschlägigen Kommunikationsstudien hinterfragen, eine Definition:

> Unter »Visualisierung« verstehen wir hier die Übersetzung eines Gedankens in ein sichtbares Hilfsmittel (Flipchart, Folie, Dia...), das den Informationsfluß fördern soll.

Der Vorbereitungsprozeß dafür ist zweistufig: Zuerst brauchen Sie eine visuelle Idee (eine Liste, ein Diagramm, ein Organigramm, eine Zeichnung ...) – das ist die kreative Phase. Dann folgt die Umsetzung: die eigentliche Produktion einer Folie, eines Dias usw. oder der Auftrag dazu. In diesem Abschnitt beschäftigen wir uns mit der ersten Phase, der Bildidee.
Warum wirkt nun ein Vortragender überzeugender, bloß weil er irgendwelche Folien oder dergleichen verwendet? Einer der Gründe ist sicherlich, daß unsere Augen unser wichtigster Informationskanal sind. Man schätzt, daß durch den visuellen Kanal etwa dreimal so viel Informationen an uns herankommen wie durch alle anderen Sinne zusammen. Wenn Sie an Musiker oder Gourmets präsentieren, mag das vielleicht etwas anders sein, aber Ihre übliche Zuhörerschar ist visuell orientiert. Wer daher über das Auge kommuniziert, hat mehr Erfolg.
Eine Studie, die am Wharton Institute for Applied Research der University of Pennsylvania durchgeführt wurde, beweist in eindringlicher Weise, wie wichtig der Einsatz visueller Hilfsmittel ist – bei gleichem sachlichem Inhalt!

- Bei Einzelentscheidungen siegt der Präsentator in 66% der Fälle,
- bei Gruppenentscheidungen in 72% der Fälle.
- Der Einsatz visueller Hilfsmittel erhöht die Wahrscheinlichkeit einer Entscheidung von 58% auf 79%.

- Visuelle Hilfsmittel verkürzen die durchschnittliche Länge der Konferenz um 28%.

Zusätzlich wirkt der Präsentator nicht nur überzeugender, sondern – laut Befragungsergebnis – glaubwürdiger, sicherer und besser vorbereitet. Alles gute Gründe, sich nicht nur auf das Wort zu verlassen.
Diese Ergebnisse wurden durch eine weitere Studie der University of Minnesota erhärtet und erweitert:

> Die Überzeugungskraft ein- und derselben Präsentation erhöht sich bei Einsatz visueller Hilfsmittel um 43%!

Das Arsenal des Präsentators – die visuellen Elemente

Alles, was Sie in Ihrem Vortrag den Augen Ihres Publikums bieten, ist ein visuelles Hilfsmittel. Aber nicht alles ist gleich hilfreich, und die Bandbreite ist enorm, aus der Sie auswählen (Bild ⑳). Sie beginnt im abstrakten Bereich bei den ganz leicht zu produzierenden, aber völlig freudlosen Textbildern und Tabellen und endet bei der dreidimensionalen Realität: einem Produktmuster, einer Demonstration oder einem Modell.
Der erfahrungsgemäß schwierigste Schritt ist der von der obersten Abstraktionsebene zur darunterliegenden Stufe. Auf dieser Stufe werden abstrakte Zusammenhänge, Verhältnisse, Kausalitäten, Korrelationen räumlich bzw. zweidimensional sichtbar gemacht. Das ist ein einigermaßen vertrauter Vorgang, solange es um die Umwandlung von Zahlenkolonnen in Liniendiagramme, Kartenbilder oder Säulendarstellungen geht.
Die Übersetzung von nicht-quantitativen Informationen in anschauliches Material fällt wesentlich schwerer. Aber es geht: Das Ergebnis nennen wir »Strukturbild«. Solche Strukturbilder kennen Sie aus den verschiedensten Bereichen: Organigramme für die Darstellung der Firmenhierarchie, Molekulardarstellungen, Ab-

Die Bandbreite der visuellen Elemente

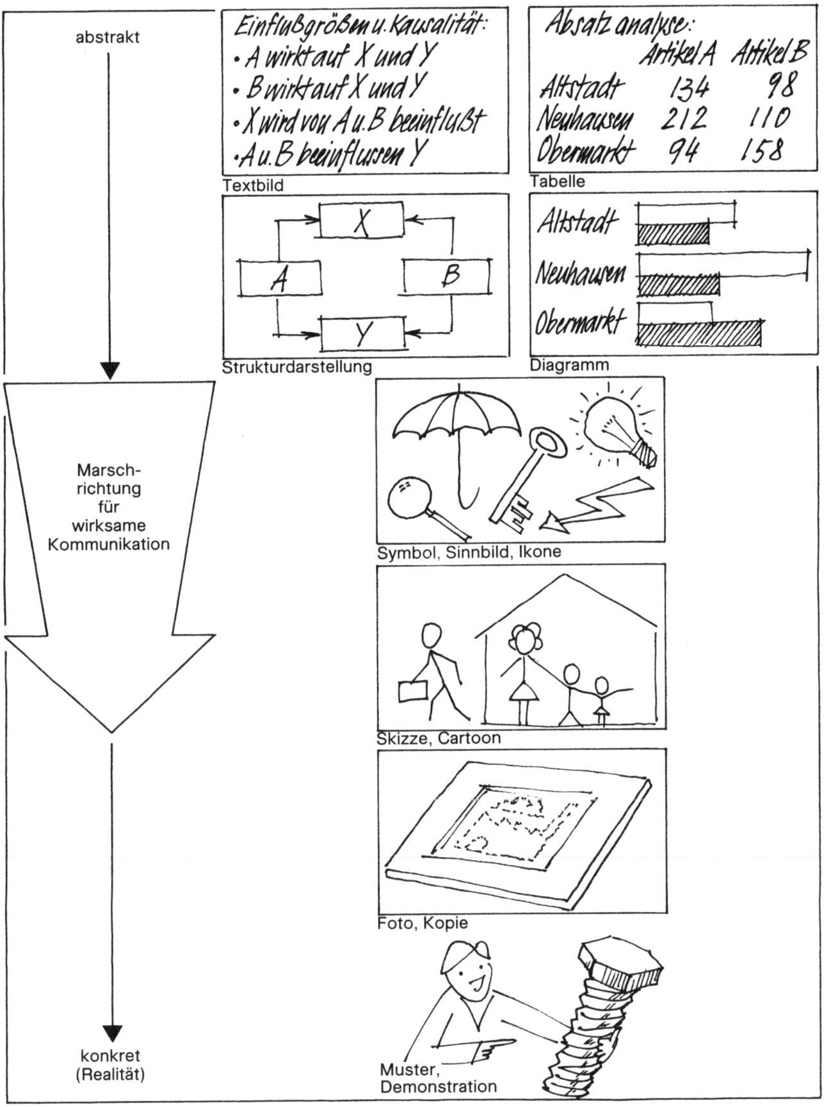

Bild ⑳: Versuchen Sie, sich so oft und so weit als möglich von den freudlosen, abstrakten und schwer verdaulichen Textbildern und Tabellen zu entfernen! Das erfordert etwas Mut, aber es lohnt sich.

laufdiagramme für die Projektplanung, Flußdiagramme für die Darstellung von Geld-, Waren- oder Energieströmen, Entscheidungsbäume, EDV-Abläufe und vieles mehr.

Neben den eigentlichen visuellen Elementen brauchen Sie auch noch visuelle Signale: Sie wollen ja den Blick der Zuseher schnell auf wesentliche Einzelheiten richten (Bild ㉑). Auch dabei haben Sie eine Bandbreite von abstrakten (Schrift-)Zeichen bis zur konkreten Realität Ihrer eigenen Hand, mit der Sie den Blick führen. Die meisten Gedanken oder Informationen lassen sich auf mehrere Arten in Bilder übersetzen; welche Möglichkeit Sie wählen, hängt von verschiedenen Faktoren ab:

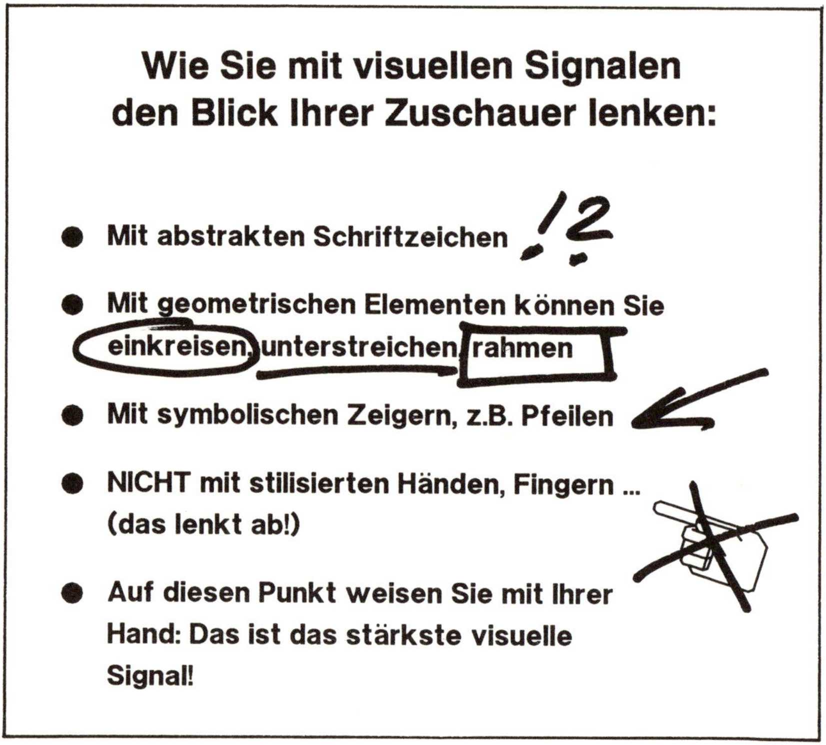

Bild ㉑: Solche Signale können Sie auf einer Overheadfolie während des Vortrages ergänzen – das wirkt interessant und lebendig. Vorbereitete Signale müssen dem Standard des Bildes entsprechen.

- ob Sie streng sachlich bleiben oder emotionalisieren wollen;
- ob Sie sich eine grobe Vereinfachung leisten können (der anerkannte Fachmann tut sich dabei leichter!);
- welche Aussagerichtung Sie beabsichtigen (verniedlichen oder dramatisieren);
- zu welchem Ergebnis Sie bei Ihrer Publikumsanalyse gekommen sind;
- welchen Eindruck Sie selbst machen wollen;
- wieviel Geld und Zeit Sie zur Realisierung haben;
- wie groß Ihre persönlichen grafischen oder Ihre technischen Möglichkeiten sind.

Nehmen wir an, Sie seien Ernährungsfachmann und wollten folgende Aussage einem interessierten Laienpublikum vermitteln:

»Colalimonaden enthalten etwa 12% Zucker.«

Wieviel ist »12% Zucker«? Welche Umsetzung wählen Sie?

- Eine alphabetische Liste der Inhaltsstoffe mit Prozentangabe (Zucker an letzter Stelle)?
- Ein Tortenbild mit Zucker als der zweitgrößten Komponente nach Wasser?
- Die Zeichnung eines pyramidenförmigen, weißen Haufens auf einer Waage mit einem darin steckenden Schild »Zucker 12%«?
- Das Foto einer Hand, gehäuft voll mit 2 Dutzend Stück Würfelzucker neben einer 1-Liter-Flasche Cola?

Ihre Antwort kann nur sein: Es kommt darauf an, was ich wem und unter welchen Umständen mitteilen möchte!

Wie Ihre beiden Gehirnhälften funktionieren

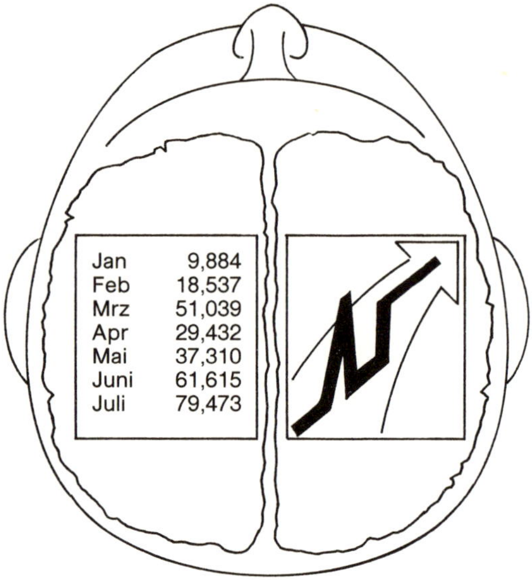

Bild ㉒: »Linkes Gehirn«: verbal, digital, logisch-exakt, analytisch; »Rechtes Gehirn«: Non-verbal, analog, ganzheitlich-kreativ, intuitiv.

Bunt ist die Welt und langweilig die Präsentation.

Natürlich kennen Sie den Unterschied zwischen unseren beiden Gehirnhälften – aber was hat das mit Ihrem Vortrag zu tun (Bild ㉒)?

Die linke Gehirnhälfte ist verbal organisiert: Sie arbeitet mit Worten, Ziffern und abstrakten Symbolen wie z. B. den Rechenzeichen plus und mal. Unser linkes Gehirn arbeitet systematisch und zeitorientiert, bei der Lösung von Problemen untersucht es Details und verwendet logische Schlußfolgerungen.

Das rechte Gehirn funktioniert non-verbal: Es nimmt Gegenstände, Ideen und Zusammenhänge ganzheitlich wahr und bringt sie miteinander in Beziehung, ohne Worte zu verwenden. Es kann Muster erkennen, aber hat kein Zeitgefühl. Die rechte Gehirnhälfte entscheidet intuitiv nach Gefühl, nach Ahnungen, nach Ein-

drücken – und nach Bildern. Diese Entscheidungen sind oft unlogisch und nicht nachvollziehbar.
Nutzanwendung für den Vortragenden: Die linke Gehirnhälfte entspricht den abstrakten visuellen Elementen, insbesondere den Texten und Tabellen. Sie ist »digital« organisiert – ähnlich einem Computer. Diese Darstellungsformen verwenden Sie daher, wenn Ihre Zuhörer Ziffern erinnern oder analysieren sollen oder aus Einzelheiten Schlüsse ziehen müssen. Die rechte Gehirnhälfte dagegen denkt in Bildern – von der Strukturdarstellung bis zum Abbild der Realität. Sie arbeitet »analog«. Damit sind Schlußfolgerungen »auf einen Blick« möglich: Man erkennt Zusammenhänge, Trends usw. Die für Sie wichtigste Erkenntnis:

Effektive Kommunikation braucht Bild UND Text!

Worüber sich heute Kommunikationsforscher einig sind: Wir sind in der abendländischen Kultur viel zu stark logisch-abstrakt/digital/linkshirnig orientiert und müssen lernen, unsere rechte Gehirnhälfte verstärkt einzusetzen. Damit wir unser kreatives, emotionales und spontanes Potential besser nützen können! Die professionelle Kommunikation, die Werbung und die Massenmedien, haben das längst begriffen: Oder könnten Sie sich Werbung und Fernsehen nur mit Text, ohne Bilder vorstellen?
Die Präsentatoren hinken da etwas nach, viele akzeptieren immer noch nicht, was als abgesichertes Wissen feststeht: Unser Gehirn kann visuell aufbereitetes Material etwa 60 000mal schneller aufnehmen als geschriebenen Text! Wer heute rasch und sicher informieren, motivieren und überzeugen will, für den gibt es nur eines: Gewichtsverlagerung vom Text zum Bild.

Bilder sind mühsam und riskant – aber es zahlt sich aus!

Ein paar Schlagworte sind schnell getippt und fotografiert oder auf Folie kopiert. Passieren kann auch wenig: Wenn der Inhalt stimmt, wird kaum jemand an der Gestaltung der Buchstaben herumnörgeln (vorausgesetzt, er kann sie überhaupt lesen!). Bilder dagegen sind mühsam – und riskant. Insbesondere im Bereich des Cartoons, der selbstgezeichneten Skizze, taucht immer wieder die Frage auf: Mache ich mich damit vielleicht lächerlich? Kommt sich mein Publikum auf den Arm genommen vor? – Stellen wir diese Fragen noch zurück, und bleiben wir bei Ihrem – in jedem Fall mühseligen – Visualisierungsprozeß. Der erste Vorteil der Visualisierung liegt genau darin, daß sie mühsam, arbeitsaufwendig ist. Das klingt verrückt, aber Sie können es ganz leicht überprüfen: Nehmen Sie nur Ihren nächsten Vortrag her, und entschließen Sie sich, jeden Gedanken, den Sie präsentieren wollen, durch ein visuelles Hilfsmittel zu unterstützen. Was passiert? Ein großer Teil Ihrer geplanten Inhalte ist plötzlich gar nicht mehr so wichtig, daß Sie sich wirklich die Mühe einer visuellen Umsetzung machen wollen. Lassen Sie alle diese Gedanken weg – sie verwirren ohnedies nur Ihr Publikum und bewirken gar nichts!

Der »Visualisierungsfilter« – Unwichtiges wird ausgeschieden

Ein anderer Teil Ihrer geplanten Inhalte ist Ihnen zwar wichtig, aber es fällt Ihnen kein Bild dazu ein (ausgenommen Schlagworte auf eine Liste zu schreiben). Das sollte ein Warnsignal für Sie sein: Wenn nicht einmal Sie selbst, als Fachmann und Sender der Nachricht, sich ein Bild machen können, wie wird es dann Ihren Zuhörern ergehen? Bedenken Sie: Wer sich von Ihrem Vortragsinhalt kein Bild machen kann, kann daher auch nichts »sehen«. Und wer nichts »sehen« kann, wie soll der dann etwas »ein-sehen«?
Diese Disziplin ermutigt Sie also zu einem Durchforsten Ihrer sicherlich ohnedies zu dichten Informationsmenge. Die solcherart gesparte Arbeitszeit verwenden Sie darauf, die wirklich wichtigen Gedanken ordentlich und bildhaft umzusetzen. Damit kommen Sie zum zweiten Vorteil dieses Prozesses.
Die Umsetzung eines vielleicht sehr abstrakten Gedankens in ein konkretes Bild ist ein wichtiger, schöpferischer Prozeß. Egal ob

Vorteile des Visualisierungsprozesses

Diese Tabelle wäre nur dann ein Hilfsmittel, wenn Sie die Ziffern gemeinsam mit Ihren Zuhörern genau analysieren wollen.

Die wichtigste Erkenntnis bei der Vorbereitung: Interessant sind gar nicht Werte und von A nicht einmal der absolute Betrag. Die zu transportierende Idee lautet: »Auf A entfällt ein Drittel«.

In der Präsentation bringt das zwei Vorteile: Die Zuhörer (1) werden zu Zusehern (2), denn Ihre visuellen Hilfsmittel mobilisieren den wichtigen Empfangskanal »Auge«. Zusätzlich bewirkt das vorbereitete Bild (3) einen Blitzladeprozeß bei Ihnen selbst: Alle Überlegungen aus der Vorbereitungsphase sind sofort präsent – niemals wieder »Mattscheibe«!

Bild ㉓

dieses Bild drei mit Pfeilen verbundene Kästchen sind, mit denen Sie einen Zusammenhang darstellen wollen, oder ob es sich um ein Diagramm handelt oder um das Foto geschädigter Bäume in einem Vortrag über Umweltschutz. In diesem Prozeß beantworten Sie für sich selbst und für Ihre Zuschauer die Frage: »Welches Bild transportiert diese Idee am besten?«
Dieser Prozeß bewirkt nicht nur eine sehr gründliche Beschäftigung mit den einzelnen Inhalten, er hilft Ihnen auch dabei, einen komplexen Inhalt auf ein einziges Bild zu reduzieren. In der Präsentationssituation, während Ihres Vortrages, ernten Sie dann die Früchte:

Nie mehr Angst vor der »Mattscheibe«!

Sobald Sie dieses von Ihnen für diesen speziellen Zweck geschaffene oder ausgewählte Bild zeigen, schlagen beide Gehirnhälften blitzartig zu: Ihr »rechtes Hirn« erfaßt analog und ganzheitlich die gesamte Situation, und damit wissen Sie ganz genau, welche Aussage Sie bringen wollen. Über die verschiedenen Bildelemente rufen Sie in Ihrem »linken Hirn« dann jene exakten Informationen ab, die Sie geben möchten.
Der Horror des Vergessens von wichtigen Aussagen, die Angst vor der »Mattscheibe« – all das gehört mit bildhaften Hilfsmitteln der Vergangenheit an! Ihr eigenes Bild mobilisiert Sie, trägt Sie, macht Sie frei für die Konzentration auf den Inhalt und vor allem für die Konzentration auf Ihr Publikum: Stimmt es zu? Ist es kritisch? Ist es verwirrt oder gelangweilt?
Hier liegt auch der Schlüssel zu den überraschenden Forschungsergebnissen: Mit visuellen Hilfsmitteln wirken Sie nicht nur sicherer – Sie sind es! Und je bildhafter, je analoger, desto mehr.
Bild ㉓ zeigt Ihnen den typischen Ablauf vom abstrakten zum detaillierten Inhalt – und bis zu dem positiven Erlebnis, das Ihnen Ihre vereinfachte bildhafte Darstellung ermöglicht.

Die Grenzen der Visualisierung

Visualisieren wird Ihnen anfangs schwerfallen – wie eine Sprache, die Sie neu erlernen. Gehen Sie mit offenen Augen durch die Welt, und Sie werden eine Fülle von Anregungen finden! Fundgruben sind Wirtschaftsmagazine, Bedienungsanleitungen, Plakatwände, Informationsschilder – und das Werbefernsehen. Zusätzliche Bildideen finden Sie in den Bibliotheken aller Computerprogramme für Präsentationsgrafik (Farbtafel ②).
Trotzdem werden Sie Inhalte finden, die sich Ihren Visualisierungsversuchen standhaft widersetzen. Zwei Auswege:
Suchen Sie ein Beispiel – und visualisieren Sie dieses! Den Paragrafen aus einem Steuergesetz können Sie nur als wörtliches Zitat abbilden. Aber einen Fall, auf den dieser Paragraf zutrifft, können Sie sehr wohl skizzieren oder die Folgen einer Nichtbeachtung der Vorschrift . . .

Wer nicht visualisieren kann, muß illustrieren!

Wenn Sie nicht den gesamten Gedanken in ein treffendes Bild übersetzen können, dann greifen Sie einen Aspekt heraus und zeigen diesen. Den Kapitalverkehr zwischen mehreren Staaten können wir uns kaum vorstellen und daher auch nicht abbilden. Wir könnten aber damit verbundene Warenströme verwenden, indem wir einzelne Produkte als Teil fürs Ganze zeigen. Oder eine Landkarte, auf der wir mit Pfeilen die Ströme darstellen. Im extremsten Fall zeichnen Sie eine (Erdöl-)Tonne und listen daneben jene Punkte auf, die Sie zum Thema »fossile Energie« behandeln werden.
Aber Achtung: Nicht jedes bildhafte Element ist produktiv – ein Bild nur um des Bildes willen wirkt überflüssig, störend oder peinlich. Negative Beispiele ergeben sich durch den Mißbrauch von Symbolbibliotheken bei Grafikprogrammen: Neben einem einfallslosen Textbild steht dann ein Männchen mit einem Zeigestab und weist auf die Überschrift hin. So etwas ist beim erstenmal vielleicht amüsant, in keinem Fall aber verstärkt es die Kommunikation.

Bild ㉔: Eine ausschließlich verbale Beschreibung kann zu Mißverständnissen führen.

Wie Sie bei der Visualisierung Zeit und Geld sparen

Am Anfang Ihrer »Übersetzungsarbeit« (vom abstrakten Gedanken zum anschaulichen Bild) beantworten Sie zwei Fragen:

1. Welche Idee (genau!) soll transportiert werden?
2. Welches Bild ist dafür am besten geeignet?

Wenn Ihnen mehrere Bildvarianten möglich erscheinen, prüfen Sie diese anhand der folgenden Checkliste:

- Unterstützt das Bild eine wirklich wichtige Idee – oder ist es Selbstzweck?
- Läßt es Raum für Sie als Vortragender? – Ein vollständig selbst-

erklärendes Bild ist ein schlechtes Hilfsmittel, da es die Story zu schnell verrät und Sie selbst an die Wand spielt.

- Ist das Bild (mit Ihrer Hilfe und Erklärung) für die Zuschauer klar verständlich?
- Ist es im Rahmen Ihrer technischen, finanziellen und zeitlichen Möglichkeiten realisierbar?

Wenn Sie diese Fragen positiv beantworten können, ist nicht nur die Produktion sinnvoll. Das entstehende Bild – Folie, Dia – wird auch im Vortrag ein echtes Hilfs-Mittel sein: Für Sie selbst eine unbezahlbare Unterstützung und ein Garant für die Erreichung Ihrer Präsentationsziele.

Das Wichtigste aus diesem Kapitel:

- Die Bandbreite visueller Übersetzungen reicht vom (abstrakten) Text bis zum (konkreten) Bild. Darin finden Sie für jede Kommunikationssituation die richtige visuelle Idee.
- Vortragende mit visuellen Hilfsmitteln sind nachweislich effektiver.
- Das visuelle Hilfsmittel ist der beste Stichwortbringer: Sie selbst wirken sicher, und Ihr Publikum folgt interessiert Ihren Gedanken.

Kapitel 8

Symbole und visuelle Kürzel – nützen Sie die Kraft einfacher Elemente!

Vorurteil 1: »Zeichnungen sind wie Mickey-Mouse: vielleicht komisch, jedenfalls aber unseriös!«

Vorurteil 2: »Ich kann nicht zeichnen.«

Dieses Kapitel erklärt,

- was wir bei der Präsentation unter »Symbol« verstehen;
- zeigt Ihnen, wie Sie Symbole wirkungsvoll einsetzen können;
- hilft Ihnen auf Ihrer Suche nach geeigneten Symbolen mit Anregungen und Hinweisen.

Symbole, Sinnbilder, Piktogramme, Ikonen . . .

Was ist der Unterschied zwischen einer Staatsflagge und dem Flammenzeichen auf einem Tankwagen? Für Logiker ist es der Abstraktionsgrad, für Mystiker der Unterschied im emotionalen Appell – für uns sind beides Symbole. Wir verwenden den Ausdruck hier für alles, was Sie selbst bei Bedarf einfach auf ein Flipchart oder auf eine Folie zeichnen können: Und was auch dann noch gute Chancen auf Erkennbarkeit hat, wenn Sie kein direkter Nachkomme Albrecht Dürers sind.
Sie werden auch feststellen, daß wir die Grenzen vom Symbol zum (auch abstrakteren) Strukturbild einerseits und zur (konkreteren) Skizze andererseits jetzt etwas vernachlässigen.

Symbole – ein kritisches Element jeder Präsentation

»Kritisch« bedeutet immer das Zusammentreffen von Gefahr und Chance, von Sieg oder Niederlage. In diesem Sinn müssen Sie Symbole tatsächlich als kritische Elemente behandeln. Warum? Symbole gehören in die Welt der Analogie – sie kommunizieren blitzartig, wenn sie richtig eingesetzt werden, und sprechen mitunter sehr tiefe, emotionale Schichten an. Denken Sie nur an die Millionen Menschen, die sich unter dem Symbol verschiedener Formen des Kreuzes oder des Halbmondes begeistert ins Verderben schicken ließen.
Als analoge Elemente sind Symbole aber auch unpräzis, mehrdeutig und bedürfen der Ergänzung durch exakte Informationen. Das sind in der Regel Worte oder Ziffern, die im Bild selbst untergebracht sind oder die Sie als Präsentator dazuliefern.

Was sind »gute« Symbole?

Es gibt weder gute noch schlechte Symbole, es gibt gefährliche, mehrdeutige, internationale, komplizierte usw. Für Ihren Vortrag ist ein Symbol oder eine einfache visuelle Darstellung dann brauchbar, wenn drei Bedingungen erfüllt sind:

1. Einfach zu produzieren

Als Vortragender werden Sie in der Regel nicht dafür bezahlt, Bilder zu gestalten und dafür viele Stunden am Zeichenbrett oder am Computer zu verbringen. Sie brauchen entweder Symbole, die mit wenigen Strichen ganz einfach zu skizzieren sind, oder vorfabrizierte Bildelemente: Solche finden Sie in Schnippelbüchern und in elektronischen Bildbibliotheken verschiedener Computerprogramme (Farbtafel ②).

Bild ㉕: Beispiel »Berufstätige Frau«. Dieses Bild könnten Sie im Vortrag etwa so erklären und dabei den Blick entsprechend der numerierten Folge führen:

(1) Viele Frauen sind an ihrem Arbeitsplatz nicht so recht glücklich.

(2) Besonders, wenn sich der Arbeitstag dem Ende zuneigt, wird ein Dilemma sichtbar:

(3) Der Chef möchte, daß seine Arbeit beendet wird, auch wenn das Überstunden bedeutet.

(4) Andererseits warten der Haushalt und die Familie auf unsere Arbeitnehmerin. Die Reaktionen darauf sind von Mensch zu Mensch unterschiedlich.

(5) Manche werden depressiv,

(6) bei anderen macht sich die Frustration in häufigen Wutausbrüchen Luft. Oft sind organische Beschwerden die Folge:

(7) Herz- oder Kreislaufbeschwerden,

(8) Gastritis und Magengeschwüre. Und was ist das Ende vom Lied?

(9) Die Arbeitnehmerin wird krank, landet im Spital, und das ist weder für ihre Familie (Verbindung zu Punkt (4) zeigen) erstrebenswert noch für den Arbeitgeber:

(10) Krankenstände kosten nicht nur Geld, sie belasten auch die Organisation.

(11) Das ist heute die Problematik der berufstätigen Frau. Jetzt wollen wir sehen, wo es Lösungsansätze dafür gibt ...

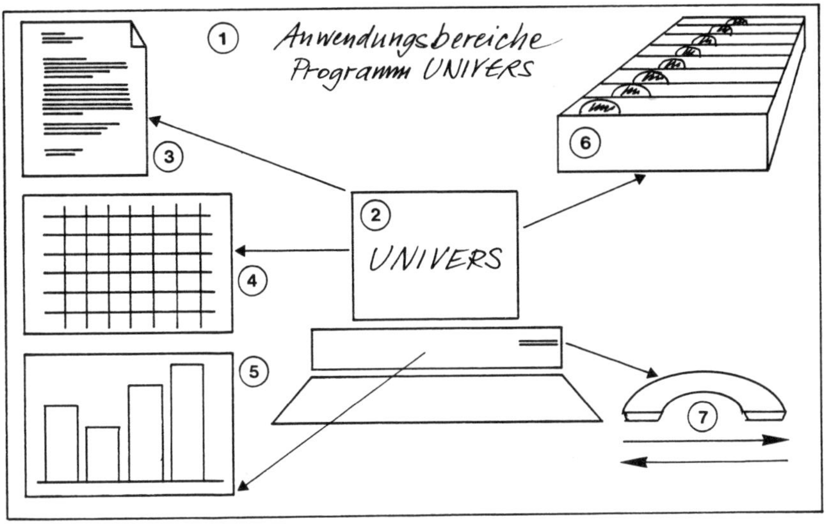

Bild ㉖: Beispiel »Programm UNIVERS«. Mein Erklärungsvorschlag mit Blickführungspunkten 1–7:

(1) Welche Anwendungsbereiche bietet Ihnen nun das Programm UNIVERS?

(2) UNIVERS ist ein Programm, das auf Ihrem Personalcomputer läuft und verschiedene wichtige Bereiche für Sie abdecken kann.

(3) Als Textprogramm können Sie damit alles das tun, wozu Sie bisher eine Schreibmaschine gebraucht haben: z. B. Briefe schreiben.

(4) Sie müssen aber auch kalkulieren, Budgets erstellen, Kosten erfassen, Zahlen analysieren. Das bietet die Tabellenfunktion von UNIVERS. Oft sind auch die saubersten Tabellen unübersichtlich, und für diesen Fall brauchen Sie ein weiteres Hilfsmittel:

(5) den Grafikteil des Programmes. Damit wandeln Sie Ihre Zahlen blitzschnell in alle Arten von Diagrammen um. Schließlich können Sie UNIVERS auch wie einen Karteikasten einsetzen.

(6) In der Datenbank von UNIVERS können Sie Ihre Kundenadressen, Testergebnisse und auch Ihre persönlichen Stichworte unterbringen und schnell wieder finden. Vielleicht denken Sie aber auch schon an die Zukunft, Sie haben vielleicht davon gehört, daß sich Computer zu Netzen zusammenschließen.

(7) Auch dafür sind Sie mit UNIVERS gerüstet: Über jedes Telefon nehmen Sie ganz einfach Kontakt zu anderen Computern auf und tauschen mit diesen Daten aus.

2. Nicht selbsterklärend

Viele Vortragende schießen da übers Ziel und suchen den »Witz ohne Worte«. Ein Bild, das Ihre Geschichte erzählt, bevor Sie selbst noch die erste Silbe sagen konnten, ist schlecht. Als Präsentator suchen Sie Unterstützung bei Ihrer Überzeugungsaufgabe, keinen Bauchredner, der Pointen, Schlußfolgerungen, Beweise vorwegnimmt. In der Präsentation ist dasjenige ein wertvolles Symbol, das ohne Ihre Erklärung ziemlich unklar ist, gemeinsam mit Ihrer Erklärung aber eine unmißverständliche Bedeutung erhält. Dann bleibt die Spannung, mit der Ihr Publikum gerne Ihren Worten folgt.

3. Nachhaltiges »Aha-Erlebnis« möglich

Das Zusammentreffen von Bild und Ton, von Symbol und Erklärung im Vortrag, bewirkt, daß sich ein Haufen Mosaiksteinchen plötzlich zu einer klaren Botschaft formt. Bilder, die auf diese Weise Sinn erhalten, bleiben lange im Gedächtnis. Überprüfen Sie das anhand zweier Beispiele (Bild ㉕ und ㉖). In beiden Fällen signalisieren die Ziffern die Reihenfolge der Besprechung und den Punkt auf dem visuellen Hilfsmittel, den Sie in Ihrem Vortrag mit Ihrer Hand oder einem Zeiger markieren.
Machen Sie nun folgendes Experiment: Nehmen Sie eines dieser beiden Beispiele, und erklären Sie – mit verdecktem Begleittext! – den Inhalt einem Kollegen oder einem Freund. Achten Sie dabei aber auf die konsequente Blickführung in der angegebenen Reihenfolge! Sie werden feststellen, daß Sie erstens selbst in der Lage sind, das Bild zu erklären, ohne den Text genau einstudieren zu müssen. Sie werden außerdem feststellen, wie interessiert Ihr Gesprächspartner Ihrer Erklärung folgt, und schließlich wird er ebenso in der Lage sein, den Inhalt des Bildes zu reproduzieren – auch noch etliche Zeit später.

Wie Sie mit Symbolen arbeiten

Der erste Schritt ist eine Voraussetzung für schnelles und zügiges Arbeiten: Erweitern Sie Ihr visuelles Repertoire! Lassen Sie sich nicht nur von den vielen hundert Informationen berieseln, denen wir täglich ausgesetzt sind – passen Sie auf all die vereinfachten, verkürzten Mitteilungen auf. Im morgendlichen Verkehr, im Lift, in Ihrer Tageszeitung, auf den Briefköpfen Ihrer Geschäftskorrespondenz ... Symbole und visuelle Kürzel überall.
Der zweite Schritt passiert dann in der eigentlichen Präsentationsvorbereitung: Im Zuge des Visualisierungsprozesses werden Sie auf Gedanken stoßen, die weder eine exakte Tabelle noch ein Diagramm brauchen – auch ein Foto wird es nicht tun. Sie wollen aber etwas ganz einfach darstellen: das ist der Moment für den Symboleinsatz. Reduzieren Sie diesen Gedanken, strippen Sie ihn von allen Attributen, bis etwas sehr Einfaches vor Ihrem inneren Auge steht.
Für den Fall, daß das noch nicht ganz klappt, oder falls Sie zwar das innere Bild sehen, aber vor der grafischen Umsetzung zurückschrecken: In den Bildern ㉗ bis ㉝ finden Sie einfache Anregungen und Vorlagen. Allen diesen Vorlagen ist eines gemeinsam: sie sind leicht zu realisieren – und sie funktionieren!
Blättern Sie diese Seiten ruhig kopfschüttelnd durch – »so etwas könnte ich unserem Vorstand/meinem Klinikchef/unserem Auftraggeber/meinem Kunden niemals zumuten!« – Ihre Scheu ist verständlich. Zu lange haben Sie mit freudlosen Textbildern und Tabellen zugebracht, nicht einmal Farbe gab es in den Präsentationen, die Sie kennen, und jetzt DAS!
Keine Sorge – Sie sollen ja nicht Ihre gesamte Präsentation mit Symbolen gestalten, ohne Text, ohne exakte Information! Wir heben uns den Symboleinsatz für besonders wichtige Passagen auf, wo wir wirklich etwas bewegen wollen oder müssen. Dazwischen ist noch genügend Raum für saubere, kühle, exakte Information.
Aber andererseits sollten Sie überlegen: Ihr Publikum ist bis zum Beginn Ihres Vortrages den bunten, vielfältigen Eindrücken unserer Welt ausgesetzt. Bis zu dem Moment, an dem Sie Ihren Overheadprojektor einschalten, beherrscht bildhafte Information Ihre

Zuhörer: der Raum, Ihre Person, Embleme, Produkte, Dinge rundherum. . . Und dagegen wollen Sie schwarzweiß antreten, mit ein paar Zeilen Schreibmaschinenschrift???

Das Wichtigste aus diesem Kapitel:

- Symbole sind visuelle Kurzformen, die durch den Vortragenden einprägsame Bedeutung erhalten.

- Ihre Zuhörer sind an symbolische, bildhafte Information gewohnt und nehmen sie gerne an.
- Mit einfachen Handzeichnungen können Sie Ihre Ideen prägnant unterstützen - auch ohne grafisches Talent.

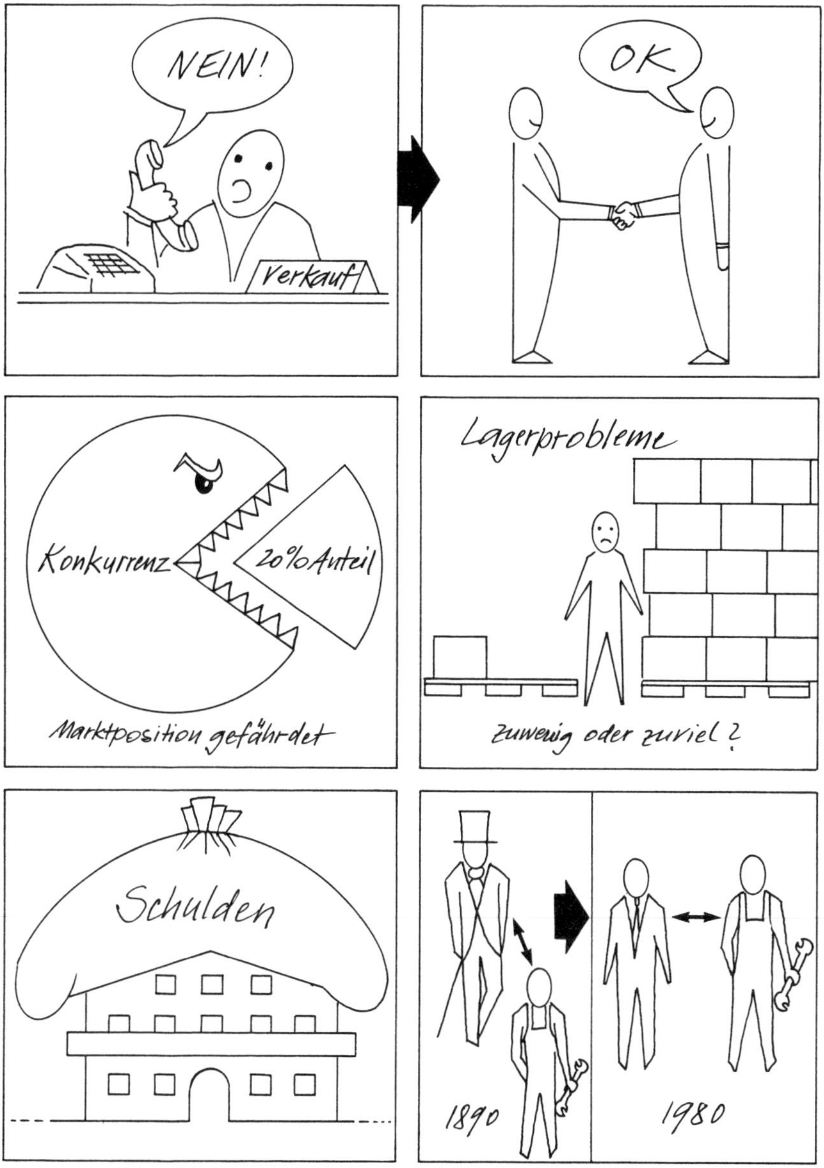

Bild ㉗: Visualisierte Ideen (1)

Bild ㉘: Visualisierte Ideen (2)

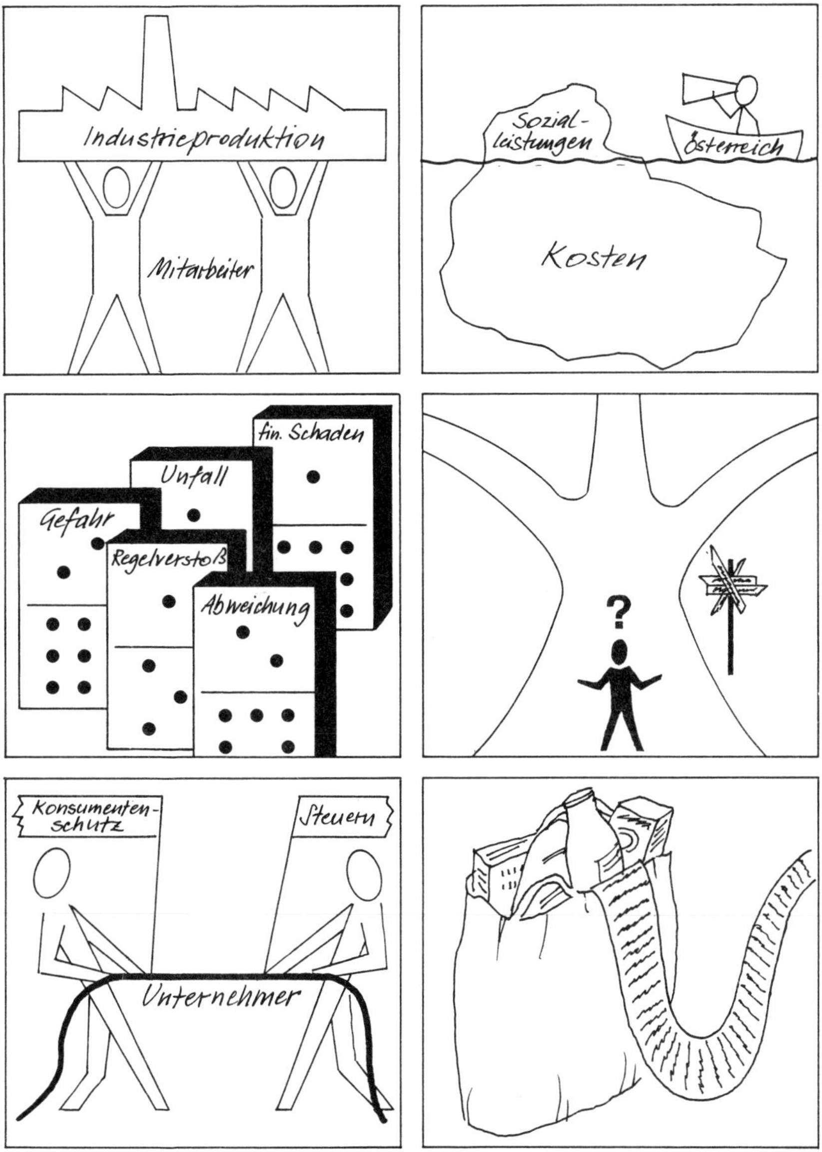

Bild ㉙: Visualisierte Ideen (3)

Bild ㉚: Skizzenvorlagen (1). Wie zeichnen Sie die ganz einfachen Dinge – auf ganz einfache Weise?

Bild ㉛: Skizzenvorlagen (2)

Bild ㉜: Skizzenvorlagen (3)

Bild ㉝: Normsymbole. Veröffentlichung aus ÖNORM A3011, in der insgesamt 116 grafische Symbole enthalten sind. Abdruck mit Genehmigung des Österreichischen Normungsinstituts, 1020 Wien.

Kapitel 9

Texte und Tabellen – wie Sie »freudlose« Hilfsmittel attraktiver machen

Vorurteil 1: »Die Gestaltung von Texten und Tabellen überlasse ich meiner Sekretärin – schließlich kann sie mit ihrer Schreibmaschine gut umgehen.«

Vorurteil 2: »Wenn schon Zahlen, dann exakt!«

Dieses Kapitel ist besonders den »amerikanischen Präsentatoren« und den Finanzfachleuten gewidmet. Aber auch alle anderen erfahren, wie man aus diesen abstrakten, digitalen Hilfsmitteln mehr herausholt.

Drei Gebote: Lesbarkeit, Übersichtlichkeit, Attraktivität

1. Lesbarkeit:

Eigentlich sollte ich darüber kein Wort verlieren müssen, aber bittere Erfahrungen zwingen mich dazu. Schreibmaschinenschrift ist schlicht unbrauchbar!!! Jedenfalls nicht ohne zweimalige Vergrößerung, und auch da sollten Sie von fetten Buchstaben ausgehen. Richtwerte sind immer heikel, aber unter 5 mm auf einer Folie ist sicherlich zu klein. Näheres erfahren Sie noch bei den einzelnen Medien.

Bild ㉞: Wie Sie sicher schlechte Textbilder erzeugen können.

2. Übersichtlichkeit:

Unübersichtliche Mengen von Text und Zahlen können nur verwirren – nicht nur das Publikum, sondern auch Sie selbst. Die größten Feinde der Übersichtlichkeit sind einerseits die Menge, andererseits die Präzision. Vollständige und exakte Informationen (»13,604.457,13«) gehören in schriftliche Unterlagen, nicht auf die Projektionsfläche!

3. Attraktivität:

Buchstaben und Ziffern sind nun einmal weniger interessant als Bilder. Wir brauchen diese digitalen Zeichen aber unbedingt, um wichtige, vielleicht abstrakte Informationen zu vermitteln. Je angenehmer, sympathischer die dargebotenen Schriftzeichen wirken, desto leichter fällt es dem Auge und dem Sinn des Zuschauers, sich in die Inhalte zu vertiefen.

Text, Text, Text, Text, Text – Wann Textbilder nützlich und sinnvoll sind:

Titel oder Zwischentitel: Besonders in der Diaprojektion eine bewährte Form der Inhaltsgliederung.

Matrix: Ordnen Sie Eigenschaften, Meßgrößen, Vor- und Nachteile in tabellarischer Form.

Zitat: Eine Formulierung, die Wort für Wort wichtig ist. Auch das Schlußresümee eines wissenschaftlichen Vortrages bringen Sie im Volltext.

Liste: Inventare, Komponenten, Besprechungspunkte, Analyseergebnisse ...

Schlagworte (Highlights, Bulletchart): Mit dieser weitverbreiteten Technik beschäftigen wir uns ausführlich.

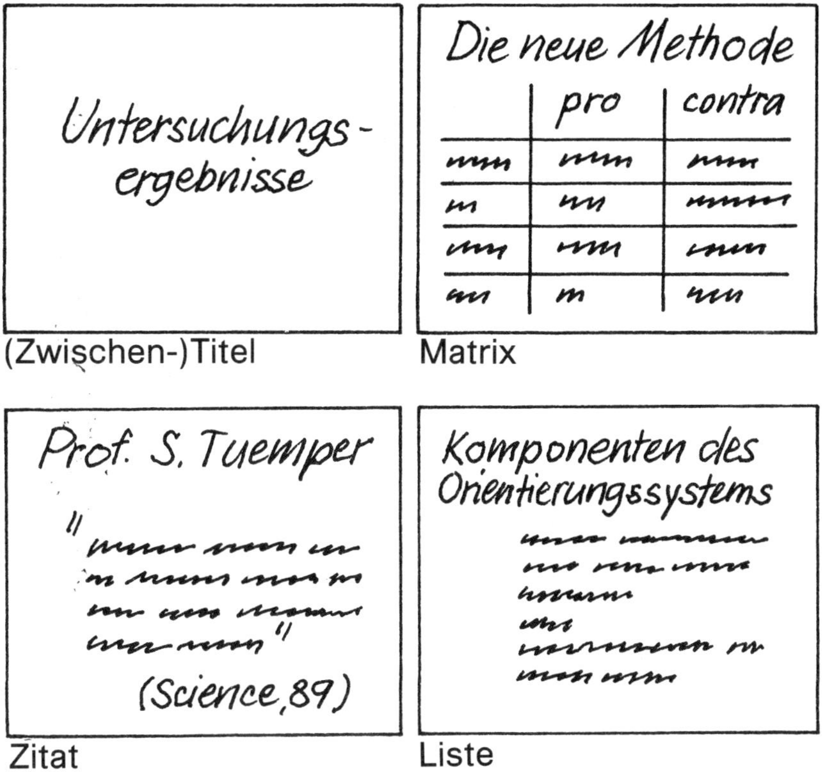

Bild ㉟: Sinnvolle Einsatzgebiete für Textbilder.

Das Bulletchart – Einschußlöcher auf der Leinwand?

»Bullet« heißt »Geschoß, Kugel« und bezeichnet jene kreisrunden Knöpfe, die am Zeilenbeginn jener Textbilder stehen, die insbesondere mit der Präsentationskultur amerikanischer Konzerne die Konferenzräume erobert haben. Nennen wir diese Art der Textbilder »Schlagwortcharts«.

Schlagwortcharts haben eine Reihe von Vorteilen: sie sind (wie alle Textbilder) schnell und billig erzeugt, sie strukturieren einen Vortrag als Stichwortbringer und fordern Disziplin, da man präzise formulieren muß.

Die Rezepte zur richtigen Erstellung

- Tip: **Richtwert 25 Worte.** Diese geringe Wortanzahl ist nicht nur eine Garantie dafür, daß Ihr Text von überall lesbar ist, sie zwingt Sie auch, Ihre Inhalte in verdaulichen Bissen anzubieten. Je mehr Worte, desto länger brauchen Sie, desto langweiliger wird die Angelegenheit. Außerdem wollen Ihre Zuschauer dann vorauslesen – wenn Sie das durch Abdecken verhindern, werden sie ungeduldig und frustriert. – Ein Zusatzrezept zur Textreduktion heißt deshalb:

- Tip: **Telegrammstil verwenden.** Daß Sie Ihre Sprache beherrschen, hören die Zuschauer ohnedies – versuchen Sie nicht, komplette Sätze zu SCHREIBEN! (Das würde Sie selbst außerdem dazu verführen, Ihren Text von der Leinwand abzulesen, statt sich dem Publikum zuzuwenden!)

- Tip: **Ein Gedanke pro Punkt.** Das Wesen des Schlagwortcharts liegt ja gerade darin, daß jeder einzelne Gedanke als eigener Punkt dargestellt ist.

- Tip: **Mit Farbe gliedern und hervorheben.** Damit haben Sie den Schlüssel zur Übersichtlichkeit und vor allem zur Attraktivität. Wenn schon Ihre Originalfolie nur schwarzweiß ist, dann verwenden Sie wenigstens dicke Folienschreiber und lockern Ihren Text während des Vortrages auf!

Ein Beispiel für ein Schlagwortchart finden Sie auf Farbtafel ③. – Doch Texte sind ja nur die eine Hälfte der freudlosen, aber unvermeidlichen abstrakten Hilfsmittel:

Wozu wir überhaupt Tabellen brauchen

Viele unserer wichtigsten Informationen sind quantitativer, digitaler Art: Finanzzahlen, Meßergebnisse, Statistiken. Wo Genauigkeit verlangt ist, hat die Analogie nichts verloren, wir brauchen Ziffern und Zahlen. Der Preis, den Sie als Vortragender für diese Hilfsmittel einkalkulieren müssen, ist die größere Mühe beim Präsentieren und das langsamere Verständnis beim Zuschauer.

Bild ㊱: Auch Schrift kann bildhaft sein!

Tabellen stellen eine Möglichkeit dar, die Bedeutung von Zahlen transparent zu machen. Schließlich sind viele Zahlen für Ihre Zuhörer überhaupt nicht mehr faßbar – besonders, wenn es sich nicht um Fachkollegen handelt. Diese Verständnislosigkeit beginnt bei der gewählten Einheit (was soll sich der Normalverbraucher unter Megahertz, Nanosekunden, Barrel, Mikron oder Lichtjahren vorstellen?) und endet bei der Größenordnung (alles, was jenseits von »1000« liegt, ist für viele Menschen »sehr viel« oder »sehr groß«; alles unterhalb eines Tausendstels ist dem gegenüber »sehr wenig« oder »sehr klein«).

Die Tabelle ist der Trick, mit dem Sie diese Problematik lösen, wie Alexander den Gordischen Knoten: Es kommt plötzlich überhaupt nicht mehr auf das Verständnis der Einheiten oder Größenordnungen an, sondern nur auf relative Unterschiede oder auf Veränderungen in der Zeit. 25 Millionen Barrel sind mehr als 22 Millionen Barrel, egal, ob ich mir ein Barrel vorstellen kann oder nicht.

Horizontal oder vertikal – das ist hier die Frage!

Die erste Entscheidung, die Sie treffen müssen, ist: Welche Zahlen sollen miteinander verglichen werden (Bild ㊲)?
Von Ihrer Antwort hängt die Gestaltung Ihrer Tabelle in drei ganz wichtigen Punkten ab:

Horizontal oder vertikal?

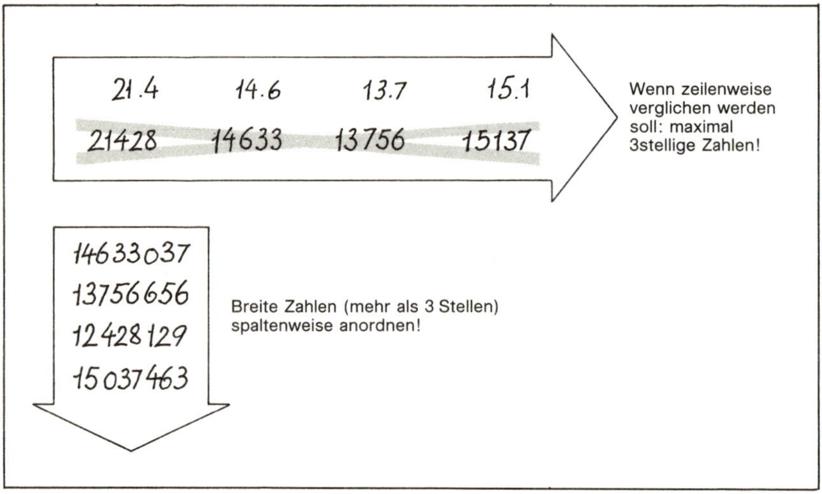

Bild ㊲: Bevor Sie eine Tabelle anlegen: Entscheiden Sie, WAS verglichen werden soll!

Spaltentitel als Problemlöser

Flaschen à 0,25 l	Liter	Kisten à 24 Fl.	1000 Flaschen	1000 Liter	1000 Kisten
912	228	38	0.91	0.23	0.04
9129	2282	380	9.13	2.28	0.38
91296	22824	3804	91.3	22.8	3.80
912967	228242	38040	913	228	38.0
9129675	2282419	380403	9130	2282	380

Bild ㊳: Wählen Sie Einheiten, die Ihnen 3stellige Zahlen ermöglichen!

1. Größenordnungen und Einheiten

- Tip: **Bleiben Sie bei »menschlichen Mengen«!** Beschränken Sie sich auf den Bereich von Tausendstel bis Tausend. Weichen Sie auf Endziffern aus, die für Ihr Publikum verständlich sind (das Bruttoinlandsprodukt kann man in Milliarden angeben oder in 100 000 pro Kopf). Leichter faßbar = leichter vergleichbar (Bild ㊳).

- Tip: **Verwenden Sie schmale Zahlen!** Bei Wörtern beginnen Lesbarkeitsprobleme erst bei etwa 10 Buchstaben, Zahlen sind nur bis drei Stellen wirklich sicher (die Buchstaben eines Wortes ergeben einen Sinn, der uns das Erfassen erleichtert, Ziffern nicht). Beschränken Sie sich daher möglichst auf dreistellige Zahlen!

- Tip: **Entlasten Sie Ihre Zahlenkolonnen!** Größenordnungen (1000, Millionen) und Einheiten (Tonnen, Joule, Patienten) gehören in den Spalten- oder Zeilentitel – nicht zu jedem Wert.

2. Anordnung/Struktur der Tabelle

- Tip: **Vertikale Anordnung erleichtert den Vergleich.** Die Felder einer Tabelle sind immer breiter als die Zeilen hoch – der horizontale Vergleich ist nur bei sehr kleinen Zahlen möglich.
- Tip: **Dezimalpunkt beachten!** Richten Sie Spalten grundsätzlich am Dezimalpunkt aus, egal ob spaltenweise oder zeilenweise verglichen werden soll.
- Tip: **Verwenden Sie horizontale Gliederungslinien,** wenn Sie mehr als drei Spalten haben – vertikale Linien sollten Sie gar nicht brauchen; wenn doch, ist das wahrscheinlich ein Zeichen für eine zu vollgestopfte Tabelle.
- Tip: **Erwartungshaltung berücksichtigen!** Manche Zuhörer sind an eine bestimmte Form der Tabelle gewöhnt, sie haben gelernt, sich darin rasch zurechtzufinden. Wichtig ist der Effekt, nicht das Mittel – behalten Sie bewährte Muster bei, auch wenn sie an sich falsch sind! Hauptsache, Ihre Botschaft kommt an.

3. Hervorhebungen

- Tip: **Was ist die entscheidende Beziehung?** Diese Spalte oder Zeile müssen Sie hervorheben.
- Tip: **Hervorhebungstechniken:** Unterstreichen, Einrahmen, mit Farbe unterlegen, Ziffern in anderer Farbe (Achtung vor »roten« Finanzzahlen!)
- Tip: **Wann heben Sie hervor?** In der Vorbereitung dann, wenn der Blick sofort auf den kritischen Zusammenhang gerichtet werden soll. In der Präsentation, wenn Sie zuerst die Systematik der Tabelle erklären und dann erst den überraschenden oder kritischen Zusammenhang aufdecken wollen.

Der Weg zur Kommunikations-Tabelle

Tabelle 1

	Januar	Februar	März
Verkäufe	38854 Stk	40020 Stk	41 221 Stk
Umsatz	$ 9 594 522.72	$ 9 775 739.44	$ 9 763 933.21
Gewinn	21.73 %	22.61 %	24.45 %

so

Tabelle 2

	Januar	Februar	März
Verkäufe (1000 Stk)	38.9	40.0	41.2
Umsatz (Mio $)	9.60	9.78	9.76
Gewinn (%)	21.7	22.6	24.5

oder so

Tabelle 3

	Verkäufe (Stück)	Umsatz ($)	Gewinn (%)
Januar	83 854	9 594 522.72	21.73
Februar	40 020	9 775 739.44	22.61
März	41 221	9 763 933.21	24.45

Bild ㊴: Alternativen zur unübersichtlichen, verwirrenden Tabelle 1: Für horizontale Vergleichbarkeit auf maximal 3 Stellen runden (Tabelle 2), für exakte Vergleichbarkeit großer Zahlen diese spaltenweise anordnen. In jedem Fall: Einheiten in Zeilen- oder Spaltentitel setzen und wichtige Zusammenhänge optisch hervorheben! (Tabelle 3)

Sonderfall: der sinnvolle Zahlenfriedhof

Tabellen aus statistischen Handbüchern, Computerausdrucke usw. sind naturgemäß keine visuellen Hilfsmittel. Wer so etwas mittels Dias oder Folien projiziert, sollte es nur in zwei Fällen tun:

1. **um das Publikum zu frustrieren;**
2. **um die Unübersichtlichkeit oder Fülle der Rohdaten zu demonstrieren,** aus denen die folgenden Zusammenhänge herausgearbeitet werden . . . (und dann sofort eine saubere, übersichtliche Tabelle bringen).

Das Wichtigste aus diesem Kapitel:

- Texte und Tabellen sind ein notwendiges Übel – erleichtern Sie dem Zuschauer seine Erfassungsarbeit durch Lesbarkeit, Übersichtlichkeit und Attraktivität!
- Texte sind gute Stichwortbringer – MEHR sollte auch nicht draufstehen!
- Halten Sie Tabellen einfach: mit »schmalen« Zahlen und klarer Struktur.

Tafel ①: Publikumsanalyse unmittelbar vor Beginn der Präsentation (oben). Die Teilnehmer »punkten« die für sie zutreffenden Felder. Dadurch gewinnen Sie Transparenz – und können sich auf Interessen einstellen. – Bei der Posterpräsentation (unten) hilft das Plakat den Teilnehmern eines Kongresses, sich über das Thema zu informieren. Bei der Kurzpräsentation unterstützt es den Vortragenden bei seinen Ausführungen.

Tafel ②: Auszüge aus den Symbolbibliotheken führender Präsentationsgrafikprogramme (Harvard Graphics – oben und 35 mm Express – unten). Ihre Aufgabe besteht darin, durch Kombination und Veränderungen die RICHTIGEN Bilder zu erstellen (Bildausgabe über Palette Plus).

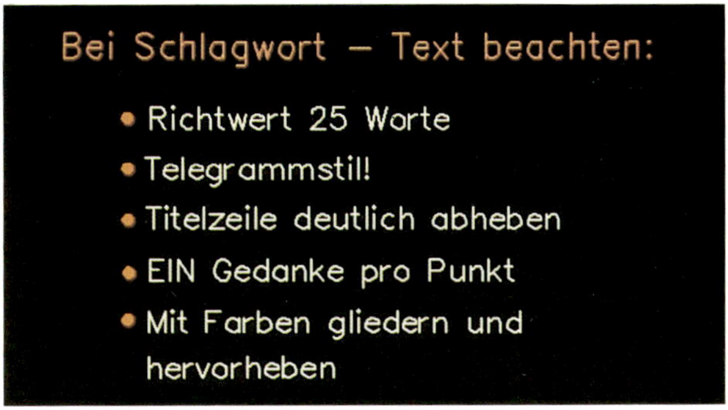

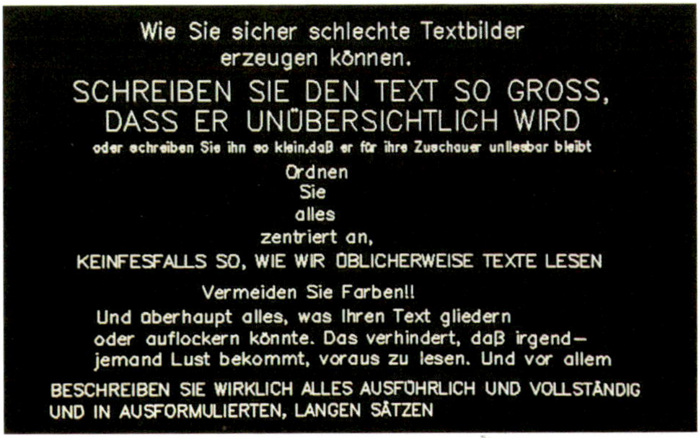

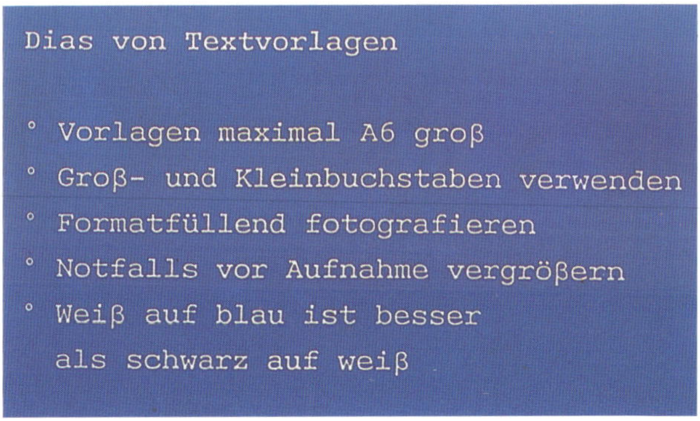

Tafel ③: Die Regeln für wirksame Textbilder (oben) wurden erstellt mit Harvard Graphics, Ausgabe über Palette Plus auf Polaroid Presentation Chrome. – Das »leuchtende Beispiel« (Mitte) entstand mit Freelance Plus, Ausgabe wie oben. – Blaudia: Maschinenschrift, vergrößert auf A5, produziert mit Präsentationskopierer auf Polablue-(Sofortbild-)Film.

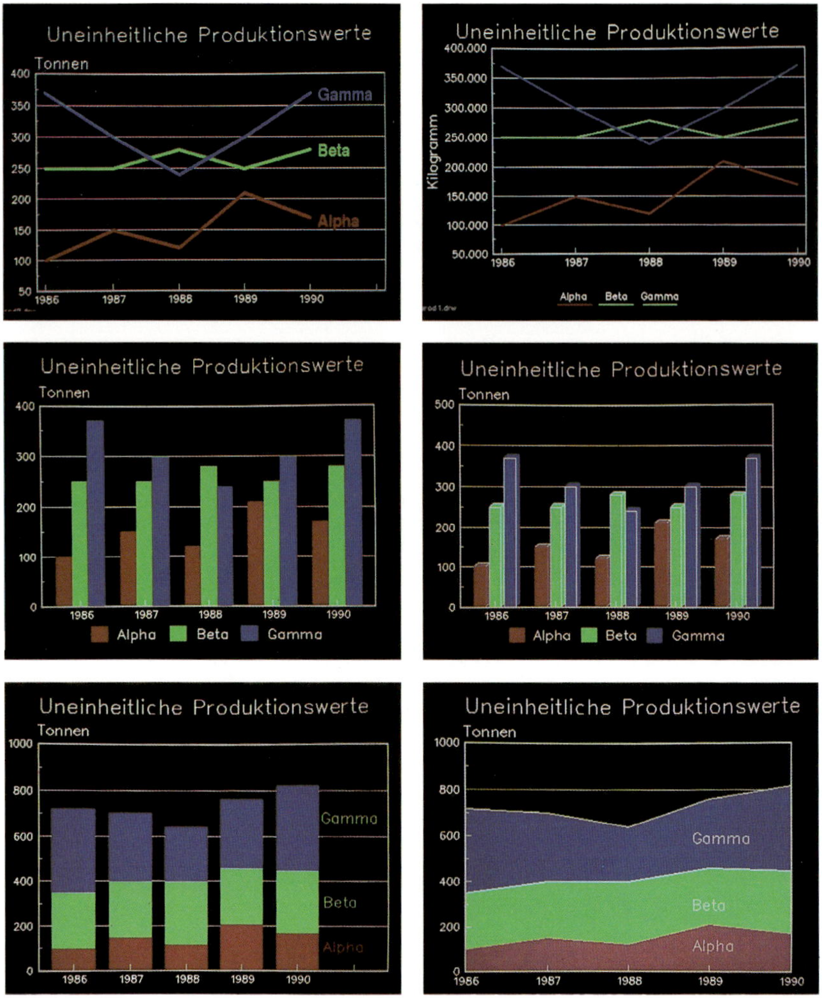

Tafel ④: Die wichtigsten Zeitreihen-Diagramme. Bei den Liniendiagrammen (oben) vergleichen Sie die beiden Darstellungen! – Säulendiagramme in ihrer gruppierten Form (Mitte) erlauben scharfe Vergleiche pro Periode, dafür ist der Trend der einzelnen Variablen schlechter sichtbar. – Bei aufeinandergestapelten Werten (unten) bleiben meist nur zwei Informationen klar ersichtlich: die unterste Variable und die Summe; dabei »glättet« das Flächendiagramm (rechts unten) die Entwicklung. – Alle Bilder erstellt mit Freelance Plus, Ausgabe über Palette Plus auf Kodachrome.

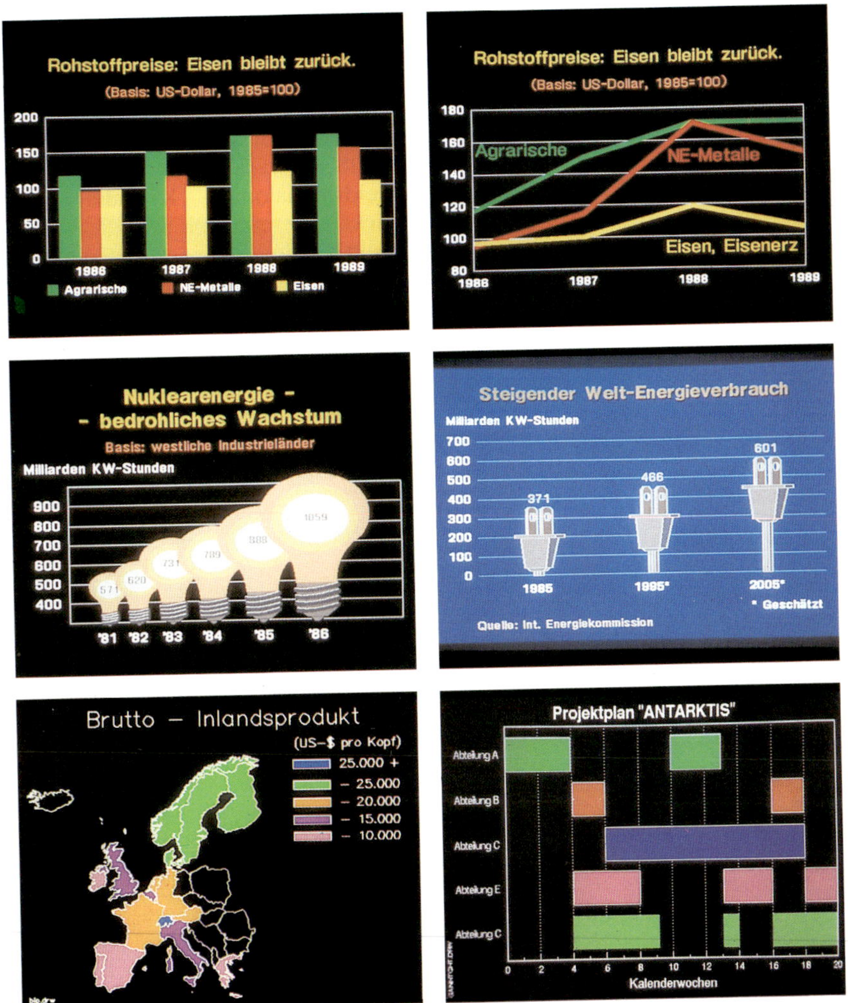

Tafel ⑤: Säulen symbolisieren Mengen. Für Preise (keine »Mengen«) deshalb besser das Liniendiagramm. – Vorsicht bei Piktogrammen (Mitte)! Ein räumliches Objekt (Glühbirne) wächst mit der dritten Potenz der veränderten Dimension. Eine doppelt hohe Birne wirkt achtmal so groß. Die Stecker-Lösung vermeidet diesen Eindruck. (Im Zweifel Objekte übereinander stapeln!) – Mit dem Kartogramm (unten links) ordnen Sie Informationen geografischen Bereichen zu, während das Ganntchart Aktivitäten in einem Zeitraum veranschaulicht. – Erstellt mit Freelance Plus (unten), 35 mm Express (oben und Mitte), Ausgabe über Palette Plus auf Ektachrome.

Tafel (8a) : Einstelldias (links) helfen Ihnen nicht nur bei der Justierung des Projektors, sondern stimmen auch das Publikum auf das Thema ein, ohne Ihr erstes »echtes« Bild zu verraten.
Mitte: Professionelle Computergrafik. Solche Bilder überlassen Sie den Profis, die heute auch nicht mehr teuer sind (Studio EGG's).

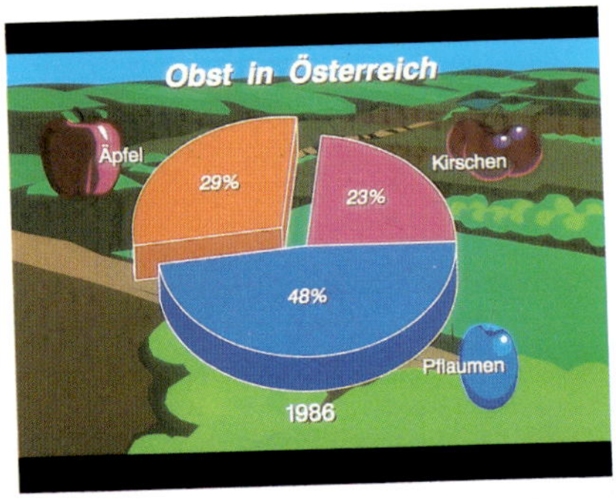

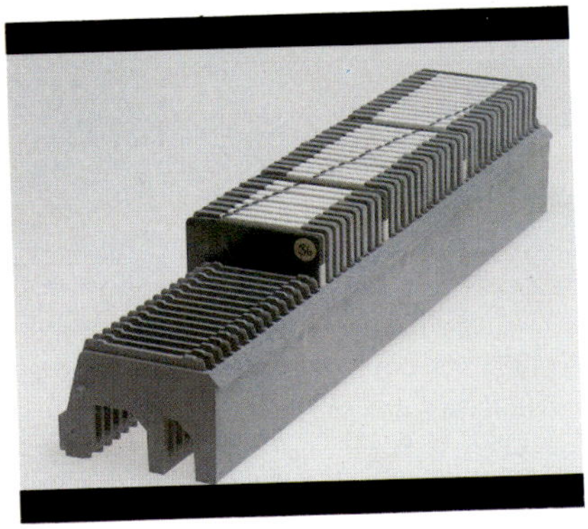

Tafel (8b) : Rund oder Stab? Links der Standard für geschäftliche Präsentationen und Fachvorträge – das Rundmagazin (Kodak). Beschriftbare Platzhalterdias (in meiner Hand) helfen Ihnen bei der Vorbereitung. Kartonquadrate (davor) sind billige Schwarzdias. Die Numerierung nicht vergessen! – Rechts das eher für den Lichtbildabend zu Hause übliche Stabmagazin. Als Schwarzdias verwenden Sie unbelichtetes Filmmaterial in andersfarbigen Rähmchen. Statt der Nummern ziehen Sie einen schrägen Strich über die Diarücken.

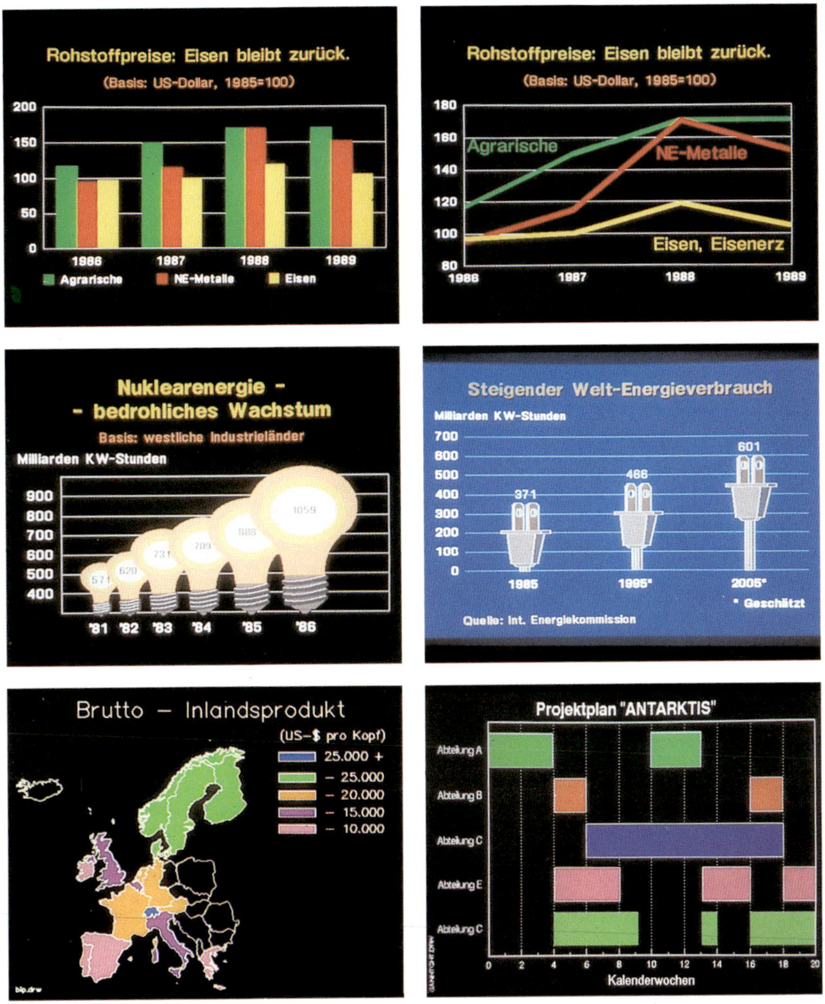

Tafel ⑤: Säulen symbolisieren Mengen. Für Preise (keine »Mengen«) deshalb besser das Liniendiagramm. – Vorsicht bei Piktogrammen (Mitte)! Ein räumliches Objekt (Glühbirne) wächst mit der dritten Potenz der veränderten Dimension. Eine doppelt hohe Birne wirkt achtmal so groß. Die Stecker-Lösung vermeidet diesen Eindruck. (Im Zweifel Objekte übereinander stapeln!) – Mit dem Kartogramm (unten links) ordnen Sie Informationen geografischen Bereichen zu, während das Ganntchart Aktivitäten in einem Zeitraum veranschaulicht. – Erstellt mit Freelance Plus (unten), 35 mm Express (oben und Mitte), Ausgabe über Palette Plus auf Ektachrome.

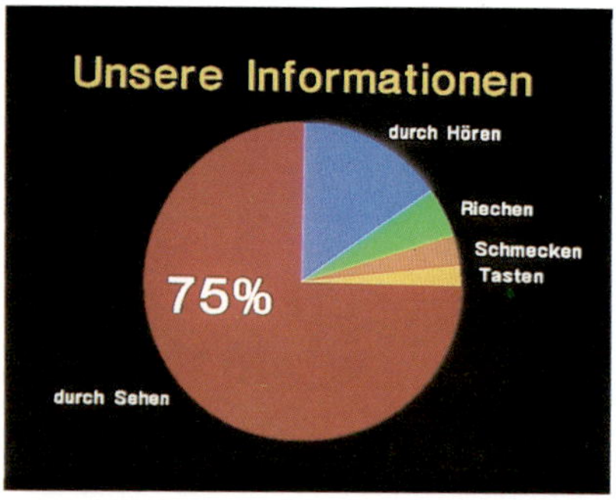

Tafel (6a): Dreidimensionale Diagramme. Nicht alles, was beeindruckt, kommuniziert auch gut. Die räumliche Darstellung belastet die Wahrnehmung, da mehr Informationen verarbeitet werden. Das dreidimensionale Kreisdiagramm wirkt »tortenhaft«, aber die Perspektive täuscht über die Bedeutung der Segmente: die gleichen 15% für »Hören« wirken verschieden groß.

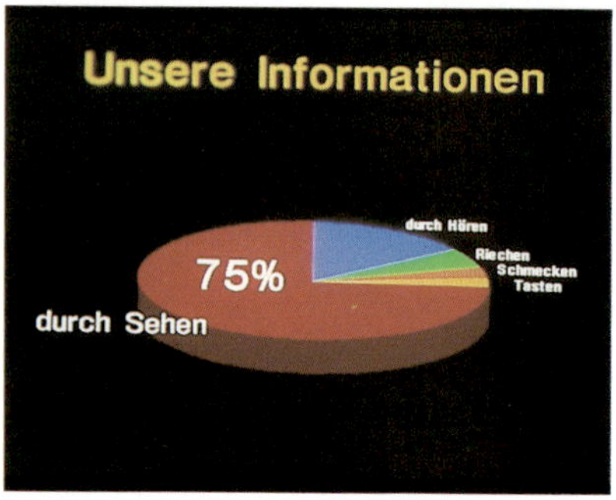

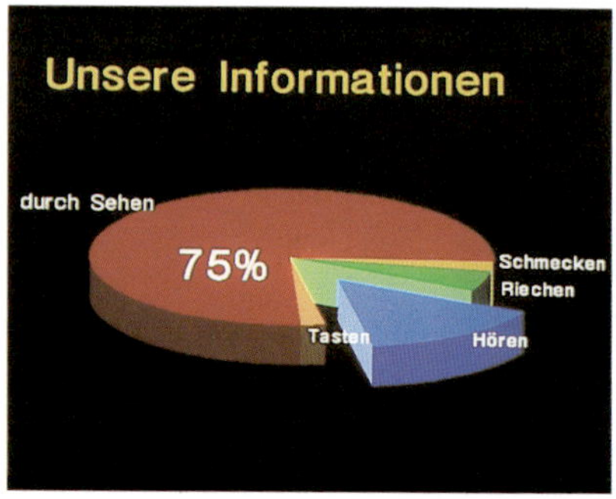

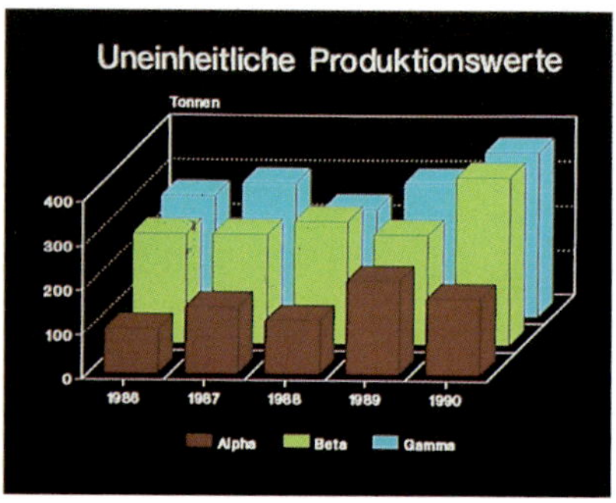

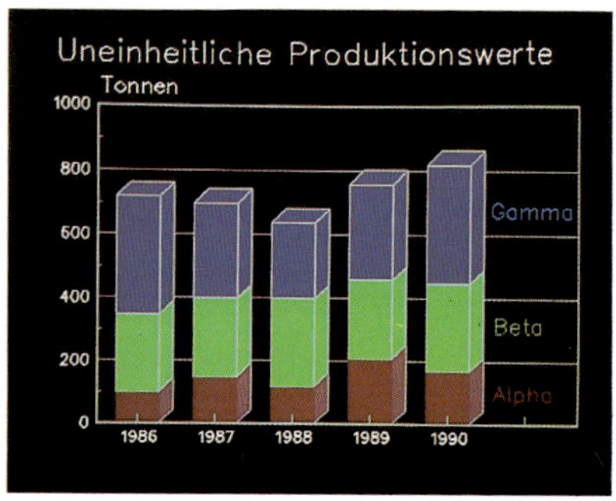

Tafel (6b): Bei gruppierten Säulen (links unten) sind zwar die Trends der einzelnen Variablen gut erkennbar, aber nur solange eine hintere Reihe nicht zu klein wird. Und Vergleiche pro Periode oder gar quer durch das Diagramm sind kaum möglich. – Die Stapelsäule (rechts unten) bietet ein interessantes Ratespiel: In welcher Ebene laufen die Rasterlinien (und damit die Bezugspunkte)? (Bilder oben und Mitte 35 mm Express, unten links Harvard, rechts Freelance; Ausgabe über Palette Plus und Polaroid Presentation Chrome).

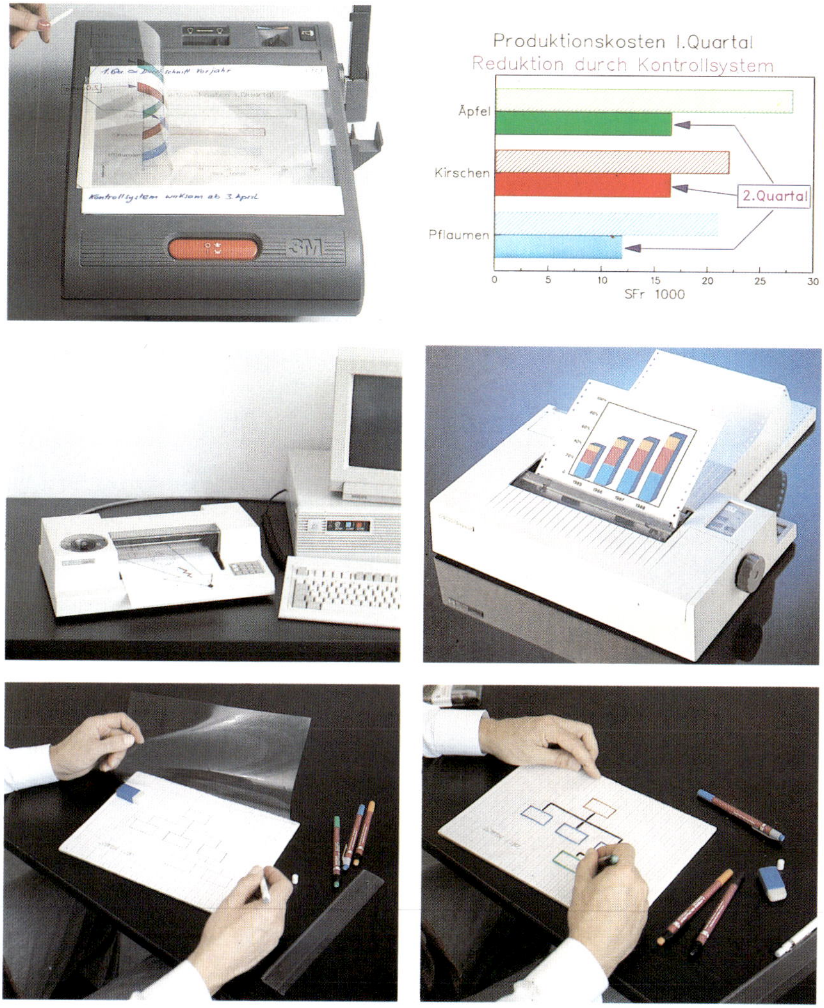

Tafel ⑦: Overheadtechnik. Mit Überlegerfolien (oben links) erzielen Sie interessante Aufbaueffekte. Rechts das Ergebnis. – Elektronische Folienproduzenten sind Plotter (Mitte links Hewlett Packard ColorPro) und Tintenstrahldrucker (Mitte rechts Hewlett Packard PaintJet). Mit beiden können Sie natürlich auch farbige Bilder auf Papier drucken. – Eine praktische Sache für handgezeichnete Folien: der 3M-Folienschreibblock (unten). Dabei skizzieren Sie auf dem karierten Zwischenpapier, klappen die Folie darüber und ziehen nach.

Tafel ⑧a : Einstelldias (links) helfen Ihnen nicht nur bei der Justierung des Projektors, sondern stimmen auch das Publikum auf das Thema ein, ohne Ihr erstes »echtes« Bild zu verraten.
Mitte: Professionelle Computergrafik. Solche Bilder überlassen Sie den Profis, die heute auch nicht mehr teuer sind (Studio EGG's).

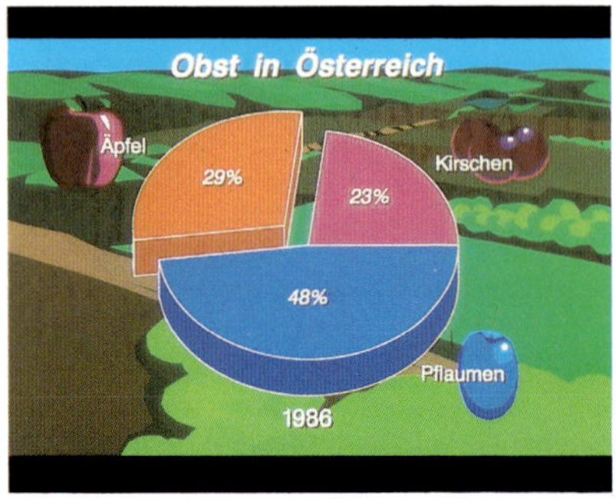

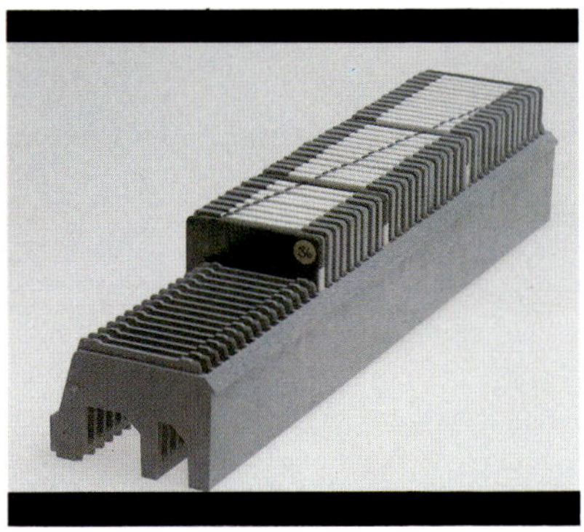

Tafel ⑧b : Rund oder Stab? Links der Standard für geschäftliche Präsentationen und Fachvorträge – das Rundmagazin (Kodak). Beschriftbare Platzhalterdias (in meiner Hand) helfen Ihnen bei der Vorbereitung. Kartonquadrate (davor) sind billige Schwarzdias. Die Numerierung nicht vergessen! – Rechts das eher für den Lichtbildabend zu Hause übliche Stabmagazin. Als Schwarzdias verwenden Sie unbelichtetes Filmmaterial in andersfarbigen Rähmchen. Statt der Nummern ziehen Sie einen schrägen Strich über die Diarücken.

Kapitel 10

Diagramme statt Zahlenfriedhof – sind Torten, Säulen oder Linien überzeugender?

Vorurteil 1: »Hauptsache, die Zahlen stimmen!«

Vorurteil 2: »Ich liefere die Zahlen und überlasse die Entscheidung meiner Sekretärin/meinem Grafiker/meinem PC.«

Dieses Kapitel ist der Versuch, Ihnen das Lesen ganzer Bücher über dieses Thema zu ersparen. Sie erfahren,

- welches Diagramm Sie für welche Aussage wählen sollten;
- wofür Sie die gebräuchlichsten Diagrammtypen verwenden können und worauf Sie achten müssen;
- welche Richtlinien es für die Erstellung übersichtlicher und einfacher Diagramme gibt;
- wie Sie den schmalen Grat zur gefährlichen Manipulation bewältigen.

Wie aus Zahlen Bilder werden

Das ist übrigens der Titel eines hervorragenden Buches von Gene Zelazny, das ich Ihnen sehr ans Herz lege (siehe Literaturverzeichnis). Zahlen sind reine Abstrakta, keine Bilder, sie sprechen unsere analoge (rechte) Gehirnhälfte nicht an. Dazu müssen wir erst die Zahlen in Mengen umwandeln: in Tortenstücke, Blöcke, Säulen, Bänder usw. Dieser Prozeß bringt blitzartiges Verständnis, Ein-

sicht in Zusammenhänge, leichtere Merkbarkeit – aber um einen hohen Preis!
Damit meine ich nicht die Mühe beim Erstellen des Diagrammes – das nimmt uns heute der Computer ab. Gemeint ist der Verlust an Genauigkeit und an Objektivität. Mit jedem Diagramm heben Sie automatisch eine bestimmte Beziehung Ihres Zahlenmaterials hervor – und unterdrücken damit gleichzeitig den Rest. Das ist unvermeidlich, verlangt aber bewußte Entscheidungen angesichts eines beachtlichen Risikos: nämlich als Manipulator bezeichnet zu werden.

Die Gretchenfrage: Was wollen Sie mit dem Diagramm?

Wenn Ihre Antwort lautet: »Zahlen analysieren«, dann sollten Sie die Finger vom Diagramm lassen und lieber eine Tabelle bringen. In meinen Seminaren zeige ich immer eine Tabelle, die die Umsatzentwicklung einer Firma in drei Produktfeldern darstellt, und frage die Seminarteilnehmer, welche Diagrammtechnik sie zur Visualisierung verwenden würden. Meist erhalte ich dann eine Fülle von Vorschlägen, die vom Säulendiagramm bis zur Torte reicht. Ich zeige dann statt einer Antwort eine Liste von vier Fragen, die VOR dieser Entscheidung beantwortet werden sollen:

1. Was beabsichtige ich mit dem Diagramm?
2. Für wen ist das Diagramm bestimmt?
3. Wie wird das Diagramm präsentiert?
4. Was soll das Diagramm aussagen?

1. Was beabsichtige ich mit diesem Diagramm?

Die Bandbreite Ihrer Antwortmöglichkeiten reicht von »möglichst sachlich informieren« bis zu »überzeugen, vertuschen, dramatisieren – manipulieren«. Sie können mit einem Diagramm einschläfernd beruhigen oder alarmieren, aufregen.

2. Für wen ist das Diagramm bestimmt?

Sind Ihre Zuschauer an Diagramme gewöhnt, wie z. B. Finanzfachleute, Wissenschaftler, Techniker? Oder handelt es sich um »normale« Menschen, die höchst selten mit abstrakter Information dieser Art konfrontiert werden? Den ersteren können Sie vielleicht einen logarithmischen Achsenmaßstab zumuten, den letzteren sicher nicht.

3. Wie wird das Diagramm präsentiert?

Können Sie – wie bei der Folienpräsentation – Teile ergänzen oder mit dem Stift hervorheben? Oder präsentieren Sie ein Dia, das Sie nur mehr kommentieren können?

4. Was soll das Diagramm aussagen?

Das ist von allen vier Fragen die kritischste: Ohne Antwort wird die Diagrammwahl zum Glücksspiel. Wie in jeder Stufe des Visualisierungsprozesses müssen Sie sich zuerst fragen: »Welchen Gedanken möchte ich bildhaft ausdrücken?« Hier ist der Gedanke eine bestimmte Interpretation, die Sie aufgrund des Ihnen vorliegenden Zahlenmaterials Ihren Zuhörern anbieten: Das ist die Aussage des Diagrammes. Weil dieser Punkt so entscheidend ist, widmen wir ihm die nächsten Seiten.

Wie wichtig ist der Zeitfaktor?

Die ganz große Frage, die Sie vorweg beantworten müssen, ist die: Ist der Zeitablauf das vorrangige Interpretationskriterium? Geht es Ihnen darum, eine Entwicklung über einen bestimmten Zeitraum, einen Trend zu zeigen?
Dann brauchen Sie ein Diagramm aus dem »Zeitreihen-Topf«. All diesen Diagrammen ist gemeinsam, daß sie horizontal organisiert sind: Die Zeit verläuft von links nach rechts, entlang der horizontalen Achse.

Zeitreihen-Diagramme: Trends, Entwicklungen, Veränderungen

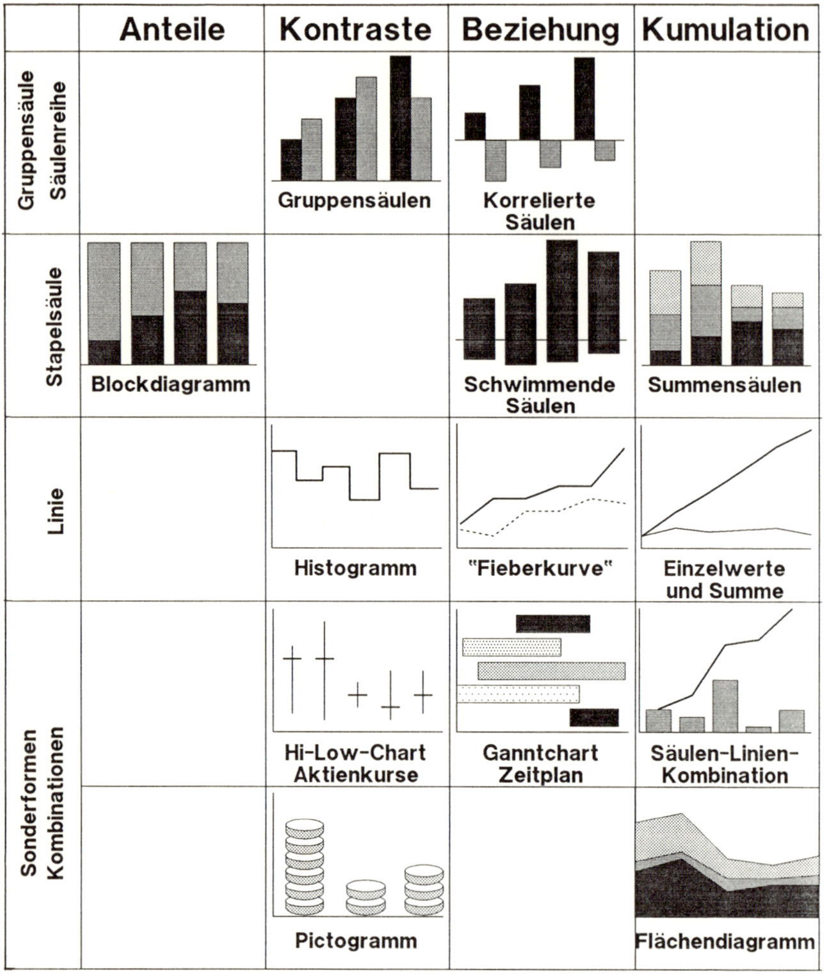

Bild ⑭: Aus diesen Vorschlägen wählen Sie dann, wenn Ihre wesentliche Aussage lautet »X verändert sich im Zeitraum Y«.

In allen anderen Fällen spielt die Zeit eben keine oder eine höchst untergeordnete Rolle: Es geht um Vergleiche zu einem bestimmten Zeitpunkt, um Rangreihen, um Zusammensetzungen usw. Bei all diesen Darstellungen müssen wir dann achtgeben, wenn wir Dinge horizontal aufbauen: Weil wir gelernt haben, daß auf der horizontalen Achse meistens die Zeit zu finden ist, »sehen« wir in vier nebeneinander angeordneten Säulen einen Trend, obwohl es vielleicht um die Bevölkerung von vier Städten geht.

Zeitreihen: Wie Sie Entwicklungen, Trends, Abläufe informativ darstellen

Ihre Entscheidung »Zeit-ja!« reicht noch nicht aus. WAS soll gezeigt werden – über einen bestimmten Zeitraum hinweg?

- **Anteilsveränderungen?** Marktanteilsgewinne oder -verluste?
- Ob **Kontraste** größer oder kleiner werden?
- **Beziehungen** (Korrelationen), die sich verändern oder gleichbleiben?
- **Kumulationen** – wie sich Größen visuell addieren?

In dem Raster »Zeitreihen-Diagramme: Trends, Entwicklungen, Veränderungen« (Bild ㊵) finden Sie ganz sicher die für Ihre Aufgabenstellung richtige Darstellungsform. Bei den meisten sollten Sie auf den ersten Blick erkennen, wofür sie sich eignen, deshalb können wir uns auf wenige Ergänzungen beschränken:

Gruppensäulen zeigen zwei oder mehrere Vergleichsgrößen zu verschiedenen Zeiten (z. B. nominales und inflationsbereinigtes Einkommen). Die Werte können positiv oder negativ (= unterhalb der x-Achse) sein, müssen aber in der gleichen Meßgröße angegeben sein (z. B. Währung).

Korrelierte Säulen: Die Werte oberhalb und unterhalb der horizontalen Achse sind »inhaltlich« konträr: andere Einheiten, andere Bedeutung. Zum Beispiel medizinischer Versorgungsaufwand in Millionen (nach oben) und Säuglingssterblichkeit (nach unten).

Blockdiagramm: Veranschaulicht die Entwicklung von Anteilen der Zeit. Hauptanwendungsfall: Marktanteilsveränderungen.

Schwimmende Säulen: Jede Säule ist ein aus zwei Teilen zusammengesetztes Ganzes, das sich über die Zeit sowohl absolut verändern kann als auch bezogen auf die x-Achse. Beispiel: Jede Säule entspricht dem Werbebudget zu einem bestimmten Zeitpunkt, der obere Teil den Media-Ausgaben, der untere den Rabatten.

Summensäulen: Für die absolute Entwicklung einer zusammengesetzten Größe (z. B. Gesamtzahl der Unfälle nach ihren Ursachen). Dabei können Sie auch die Korrelation zwischen dem untersten Abschnitt und der Summe zeigen. Verändert sich die Summe nur wenig, ist ein Blockdiagramm sinnvoller.

Trägt das Diagramm die Titelaussage?

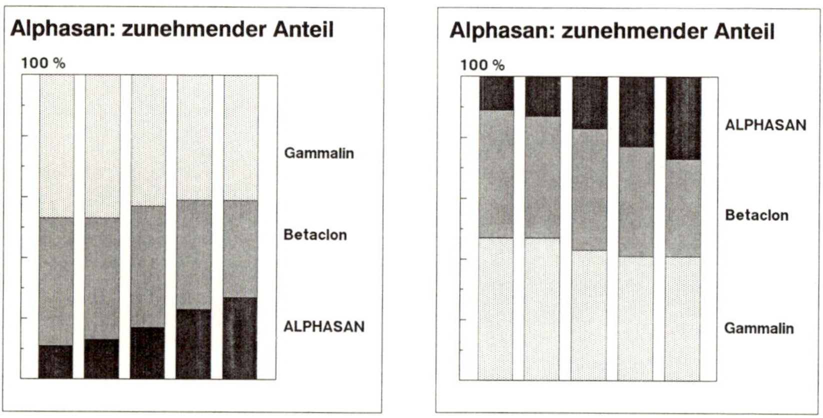

Bild ㊶: Reihenfolge und Füllmuster (und Farbe!) beeinflussen die Diagrammaussage. Das linke Bild entspricht dem Titel, das rechte nicht: Obwohl wir sehen, daß Alphasan »mehr« wird, deutet die Entwicklung nach unten, ist negativ. Auch die Füllmuster sind rechts unstimmig: Der in der letzten Periode gar nicht so kleine Anteil von Alphasan wirkt durch die volle dunkle Fläche kopflastig und instabil.

Histogramm: Für die (sprunghafte) Veränderung zwischen (homogenen) Abschnitten: saisonale Produktionsauslastung, monatliche Regenmengen, Energiebedarf während verschiedener Stunden des Tages.

Fieberkurve: Meßwerte einer kontinuierlichen Entwicklung über die Zeit. Bei mehreren Linien können Sie Korrelationen sichtbar machen, z. B. die gegenseitige Beeinflussung einander substituierender Produkte.

Flächendiagramm: Eigentlich eine Kombination aus Linien- und Säulendiagramm, das Sie entsprechend einsetzen können. Achtung: Auf den ersten Blick ist meist unklar, ob die Flächen (Bänder) absolute Werte darstellen oder nur die sichtbare Differenz zu der jeweils unteren (= vorderen?) Fläche! Im ersten Fall setzen Sie die Legende rechts neben die Mitte des jeweiligen Streifens, im zweiten Fall zur oberen Begrenzungslinie. Jedenfalls müssen Sie die Anordnung in der Präsentation genau erklären.

Säulen-Linie-Kombination: Spezialdiagramm für die Darstellung absoluter Werte pro Zeiteinheit UND ihres kumulierten Effektes (z. B. Monatsverkäufe und Verkäufe seit Jahresbeginn).

Hi-Low-Chart: Spezialdiagramm für Aktienkurse; die senkrechten Striche entsprechen der Schwankung des Kurses pro Tag, der Querstrich dem Abschlußkurs.

Ganntchart: Ein gewisser Herr Gannt kam auf die Idee, die verschiedenen Aktivitäten eines Projektes in ihrer zeitlichen Abfolge auf diese Weise sichtbar zu machen. Sie können das auch für die Urlaubsplanung, Kapazitätsbelegungen und dergleichen verwenden.

Piktogramm: Der heimliche Einzug der Symbolik in die Zahlenwelt. Statt Zahlen oder Balken schichten Sie die entsprechende Anzahl Symbole aufeinander oder nebeneinander. So vergleichen Sie Einwohnerzahlen, Ölproduktion oder Tablettenkonsum.

Zeitunabhängige Diagrammaussagen

Wiederum gibt es ein paar Fragen, die Sie beantworten sollten, bevor Sie »Ihr« Diagramm aus unserem Raster aussuchen:

- Geht es um **Anteile** an einem Ganzen? Darum, wie ein Kuchen verteilt werden soll oder sich zusammensetzt?
- Geht es um **Kontraste** – wollen Sie genau zeigen, um wieviel etwas größer oder kleiner ist als etwas anderes?
- Ist die **Beziehung** zwischen zwei oder mehreren Größen das Entscheidende?
- Wollen Sie eine Aussage über die **Häufigkeit** (Frequenz) von Ereignissen treffen?

Mit den fünf grundsätzlichen Diagrammtechniken und einigen Sonderformen (Bild ㊷) ergeben sich wieder zahlreiche Wahlmöglichkeiten, von denen eine sicherlich Ihre Aussage genau unterstützt.

Doppeltorte: Damit zeigen Sie gewissermaßen die zwei Seiten einer Medaille, z. B. Umsatz und Gewinn. Die eine Torte zeigt die Umsatzverteilung nach Produkten, die andere den Gewinn für dieselben Produkte.

Balkenblock: Die Teile links und rechts der Achse bilden ein Ganzes (links z. B. Exporte, rechts Inlandsabsatz) – verglichen werden drei Geschäftsbereiche. Oder: Die beiden Seiten zeigen unterschiedliche Kenngrößen, z. B. Preis bzw. Leistung; verglichen werden drei Produkte. Eine der beiden Seiten ordnen Sie am besten in auf- oder absteigender Reihe, damit zeigt die andere Seite die bestehende (oder fehlende) Korrelation.

Säulenpaar: Damit machen Sie die Zusammensetzung zweier Summen transparent, wenn die absoluten Werte interessant sind (sonst würden Sie die Säulen gleich groß = 100% zeichnen).

Zeitunabhängige Diagramme

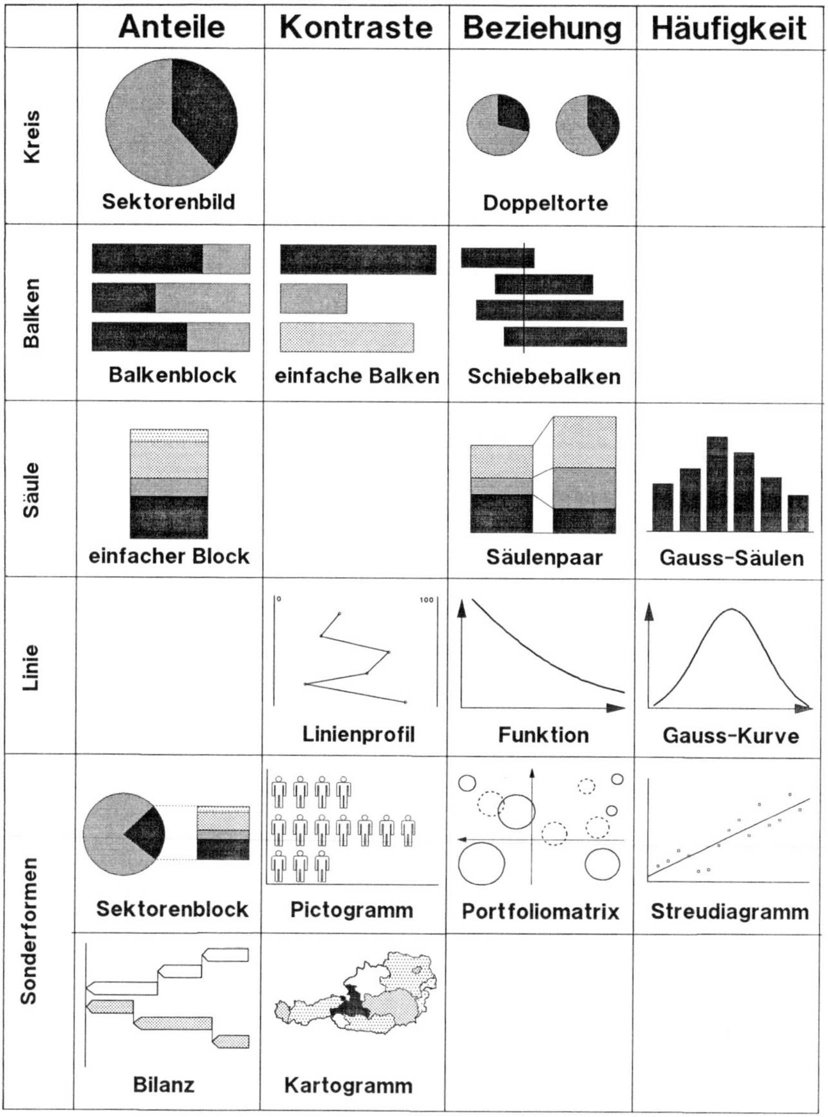

Bild ㊷: Bei diesen Diagrammen ist nicht die Zeit der entscheidende Faktor, sondern einer der Spaltentitel.

Häufigkeitssäule bzw. -kurve: Die senkrechten Werte geben an, wie oft ein horizontaler Wert vorkommt. Die Linie (Kurve) verwenden Sie für Verteilungsschemata (z. B. die Normalverteilung), die Säulen für konkrete Meßergebnisse in definierten Klassen.

Linienprofil: Dient der Charakterisierung von Politikern, Produkten, Marken usw. Die Punkte zeigen, inwieweit eine Aussage als zutreffend angesehen wird (»modern«, »verläßlich« . . .). Marktforscher arbeiten damit Ähnlichkeiten und Unterschiede zwischen den »Profilen« ihrer Untersuchungsobjekte heraus.

Funktion: Damit zeigen Sie die Abhängigkeit einer Variablen (z. B. der Stückkosten) von einer (unabhängigen) Variablen – z. B. der produzierten Menge. Ist die unabhängige Variable die Zeit, so handelt es sich um eine Zeitreihe.

Streudiagramm: Macht z. B. die Gehaltsstruktur eines Verkaufsaußendienstes transparent – horizontal die Verkäufe jedes Mitarbeiters, vertikal sein Gehalt. Liegen die Punkte (= Mitarbeiter) relativ eng um eine Linie gestreut, dann besteht ein Zusammenhang zwischen verkaufter Menge und Gehalt; sonst nicht.

Sektorenblock: Wenn Sie einen Anteil nochmals aufbrechen wollen, ohne zu verwirren. Der Sektor zeigt z. B. den Anteil Ihrer Arbeitnehmer mit abgeschlossener Schulbildung. Diese Personengruppe zerlegen Sie weiter nach der Art der Ausbildung.

Portfoliomatrix: Damit können Sie drei Variable in nur zwei Dimensionen übersichtlich darstellen. Die Kreise (darum heißt diese Technik auch »Bubble Chart«) stehen z. B. für die (Umsatz-) Größe eines Geschäftsbereiches. Die horizontale Achse zeigt den Marktanteil, die vertikale Achse z. B. das Wachstum der betreffenden Märkte. Das Ergebnis ermöglicht einen Überblick Ihres Konzernportfolios (wie groß sind Ihre »business units« in den wachsenden Märkten, welche Marktanteile behaupten Sie dort?).

Kartogramm: Verschiedene Farben oder Schraffurmuster zeigen unterschiedliche Bevölkerungsdichte, Wahlverhalten, Produktivität. Statt der Flächengestaltung können Sie auch verschieden hohe Säulen in die einzelnen Gebiete setzen – aber überfordern Sie Ihre Zuschauer nicht durch Kombination zu vieler Botschaften!

Ein gefährlicher Fehler!

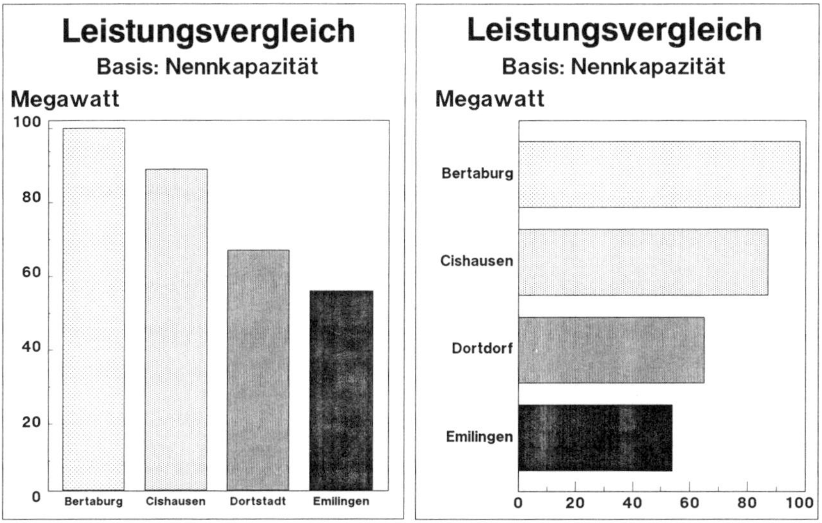

Bild ㊸: Das linke Bild suggeriert auf den ersten Blick einen fallenden Trend – obwohl die Säulen eindeutig beschriftet sind und sogar unterschiedliche Füllmuster aufweisen. Ihre Zuschauer erwarten spontan in der horizontalen Achse den Zeitfaktor und müssen dann erst bei genauerer Betrachtung diesen Irrtum revidieren. – Das rechte Bild ist sofort klar und bietet einen zusätzlichen Vorteil: Sie gewinnen Platz für eine ausreichend große Beschriftung der Balken. Daher: Wählen Sie für Vergleiche zu einem bestimmten Zeitpunkt stets das (horizontale) Balkendiagramm!

Richtschnüre und Fallstricke bei der Diagrammerstellung

Dieser Teil ist weniger wichtig als die grundsätzliche Diagrammentscheidung; Sie können ihn deshalb vorläufig auslassen und zurückkehren, wenn Sie einmal etwas genau wissen wollen! Hier finden Sie die Antworten auf viele sehr häufig gestellte Fragen.

Wie viele Informationen passen in ein Diagramm?

- Tip: **15 bis 20 Datenpunkte** (z. B. 3 Linien mit je 6 Beobachtungspunkten oder 10 Beobachtungspunkte mit je 2 Säulen oder . . .).
- Tip: **Liniendiagramm:** Maximal 4 Linienzüge
- Tip: **Gruppensäulen:** Nicht mehr als 3 Säulen pro Beobachtungspunkt
- Tip: **Kreis:** Maximal 6 Sektoren

> **Achtung:** Das sind Richtwerte für eine durchschnittliche Präsentationssituation, in der Sie Ihr Publikum nicht überfordern wollen!!!

Wie ordnet man die einzelnen Säulen- bzw. Balkenabschnitte, die verschiedenen Sektoren an?

Entscheidend ist Ihre Absicht, nur wenn sich daraus nichts Spezielles ergibt, dann verwenden Sie die folgenden Rezepte:

- Tip: **Stapelsäulen und Stapelbalken:** die größten Anteile unten bzw. links.
- Tip: **Kreis/Torte:** in Uhrzeigerrichtung vom größten zum kleinsten, beginnend bei 12 Uhr.
- Tip: **Balken:** aufsteigend oder absteigend oder (wesentlich schwächer) alphabetisch geordnet.

Wie gestaltet man Flächen und Linien am wirkungsvollsten?

Das Wichtigste muß am deutlichsten sein – ansonsten gilt:

- Tip: **Je größer die Fläche, desto heller das Muster und umgekehrt:** je kleiner die Fläche, je dünner der Strich, desto intensiver.

Wer findet die sieben »kleinen« Fehler?

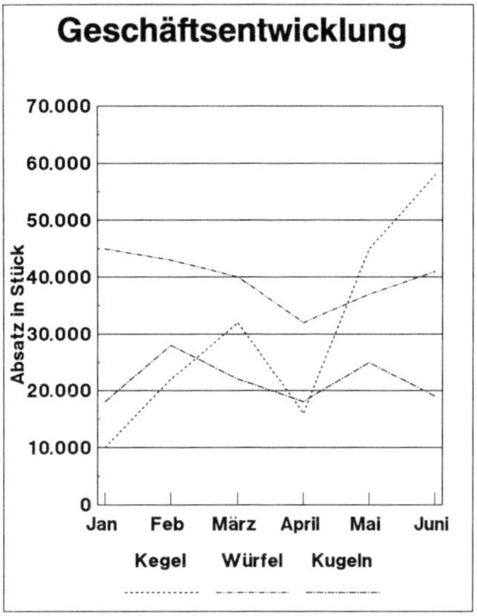

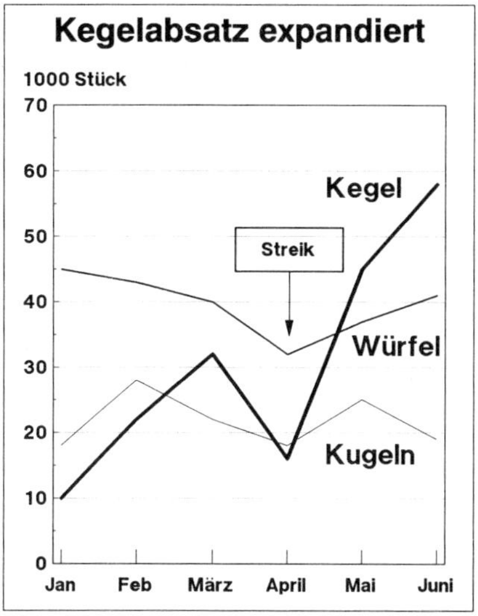

Bild ㊹: Die Fehler im linken Bild: Nichtssagender Titel; zu große Zahlen an der y-Achse; y-Beschriftung vertikal (schlecht lesbar); Rasterlinien zu dick; Variable zu dünn; Variable unterscheiden sich nur durch das (abstrakte) Punkt-Strich-Muster; Legende außerhalb des Bildes (statt bei den Variablen). – Das rechte Bild vermeidet diese Fehler und nützt zusätzlich die Möglichkeit, das Auge auf den Knickpunkt der Linien zu lenken.

- Tip: **Vermeiden Sie optische Täuschungen:** keine horizontalen und vertikalen Schraffuren, gegenläufige Schraffuren nicht unmittelbar und eng nebeneinander!

- Tip: **Generell gilt für die Strichstärke:** Variable stärker als Achse, diese wieder stärker als die Rasterlinien.

- Tip: **Im Liniendiagramm verwenden Sie möglichst unterschiedliche Farben** für die Linien, mangels Farben differenzieren Sie durch die Strichstärke, nicht durch unterschiedliche Punkt-Strich-Punkt-Muster!

- Tip: **Sinnvolle Linienstile verwenden.** Setzen Sie den Gegensatz zwischen durchgezogener und strichlierter/punktierter Linie dafür ein, Ist- und Soll-Werte zu unterscheiden!

Wie geht man bei der Beschriftung vor?

Präsentationsgrafiken vertragen wenig Text!

- Tip: **Aussagekräftiger Titel.** Versuchen Sie, für Ihr Diagramm einen Titel zu finden, der Ihrer geplanten Aussage schlagzeilenmäßig entspricht! Statt »Entwicklung der Krankenhauskosten« formulieren Sie prägnanter: »Krankenhauskosten steigen sprunghaft«.

- Tip: **Variable direkt beschriften.** Lassen Sie Legenden weg, beschriften Sie statt dessen die Variablen direkt im Diagramm. (Auch, wenn das in Ihrer Computergrafik einen zusätzlichen Arbeitsgang verlangt!)

- Tip: **Ordinate lesbar beschriften!** Die y-Achse beschriften Sie an ihrem oberen Ende – in waagrechter Schrift!

- Tip: **Zeiträume oder Zeitpunkte?** Bei Zeitreihen überlegen Sie, ob die horizontale Achse Zeitabschnitte oder Zeitpunkte enthält – dementsprechend setzen Sie die Jahreszahl zwischen die Teilungsstriche oder exakt zu den Teilungsstrichen.

- Tip: **Visuelle Signale und Blickfänger.** Bauen Sie sich Brücken für Ihre Präsentation, indem Sie wichtige Punkte mit Pfeilen oder Schildern hervorheben! Zu einem Einbruch in einer Verkaufskurve setzen Sie ein Schild mit dem Text »Lieferprobleme«.

Soll man Ziffern ins Diagramm schreiben?

Grundsätzlich eher nicht! Einzelne, wichtige Werte können Sie selbstverständlich einfügen – vor oder während der Präsentation. Versuchen Sie nicht, ein Diagramm in eine Tabelle umzufunktionieren oder (»sicherheitshalber«) unter das Diagramm die Rohwerte zu setzen.
Wenn Sie Zahlen angeben, versuchen Sie mit zwei Stellen auszukommen. Achtung vor unbeabsichtigter Manipulation: Der Zahlenwert oberhalb des Punktes erhöht den Wert, unterhalb reduziert er ihn.

Kein Diagramm ohne Manipulation!

Das ist keine Aufforderung, sondern eine Feststellung und gleichzeitig eine Warnung: Durch die Auswahl Ihrer Daten und durch die Art der Darstellung belasten Sie Ihre Information mit der von Ihnen beabsichtigten Aussage. Das ist notwendig und unvermeidlich. Ich will Sie hier nur vor jenen weitverbreiteten Fehlern warnen, die – absichtlich oder unabsichtlich – zu falschen Eindrücken führen und damit Ihr Präsentationsergebnis, Ihren persönlichen Eindruck, negativ beeinflussen können (Bild ㊺).

»Es gibt Lügen, verdammte Lügen – und Statistiken.«
(W. Churchill)

Der Dimensionenschwindel im Piktogramm: Der scheinbar verwendete Maßstab ist eindimensional (z. B. die Höhe des Geldsakkes). Durch die Verwendung eines dreidimensionalen Objektes suggeriert die Verdoppelung der Höhe aber einen achtmal so großen Körper.

Die Achsenmanipulation: Der untere Teil der senkrechten Achse wird weggeschnitten, dadurch werden die Bewegungen einer an sich stagnierenden Entwicklung hervorgehoben. Durch Verkürzung oder Dehnung der horizontalen Achse können Sie Entwicklungen ebenfalls dramatisieren oder verharmlosen.

Folienkosmetik: Durch das Hinzufügen von Elementen während der Präsentation erhält das Diagramm eine andere Aussage; solche irreführenden Eingriffe »passieren« beim Ergänzen von Zahlenwerten und durch das schematische Hervorheben eines Trends.

Dreidimensionale Diagramme: Unser Auge ist hoffnungslos überfordert, wenn wir z. B. Säulen vergleichen sollen, die nicht auf der gleichen Basis stehen, sondern hintereinander angeordnet sind. Die durch den Computer ermöglichten pseudo-räumlichen Darstellungsformen sind zwar schön anzuschauen, aber selten wirklich informativ. Viel häufiger wird das Auge verwirrt, wenn nicht gar absichtlich manipuliert (Farbtafel ⑥).

Die wichtigsten Manipulationstechniken

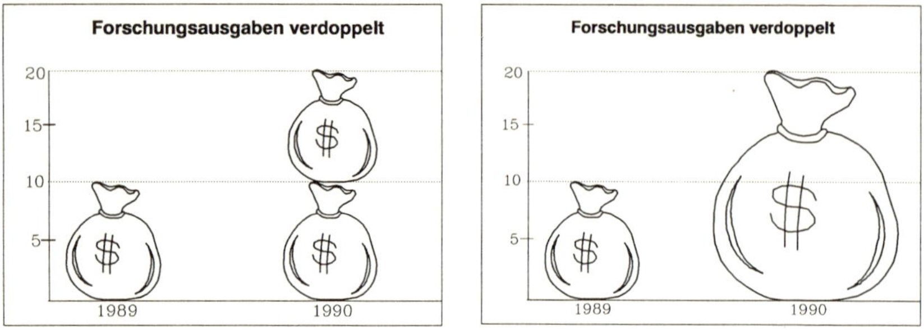

Der Dimensionenschwindel: Das linke Piktogramm zeigt eine ehrliche Verdoppelung – der Geldbeutel rechts ist tatsächlich 8mal so groß!

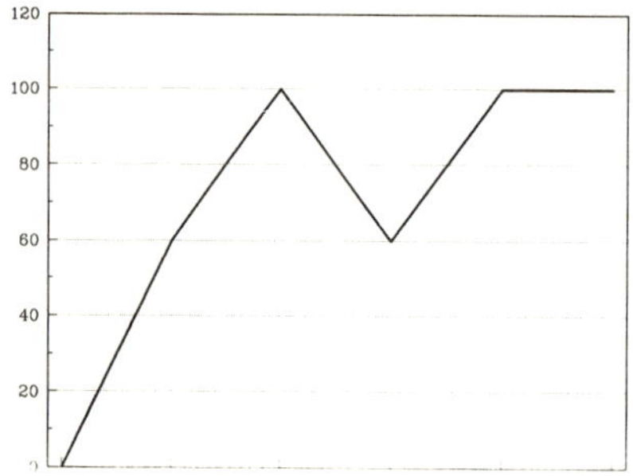

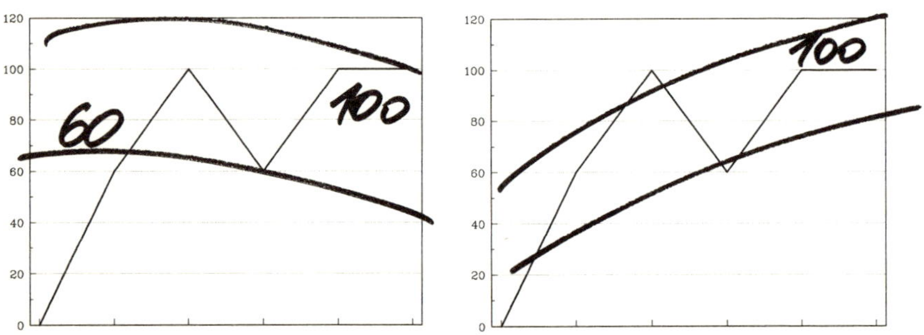

Ziffernkosmetik: Ein einfacher Linienzug erhält durch die handschriftlichen Werte und die begleitenden Striche konträre Bedeutungen.

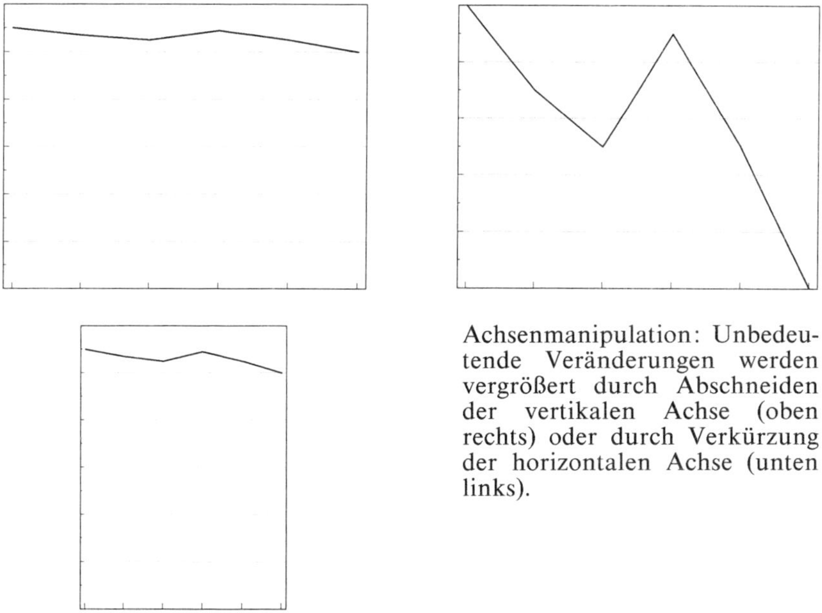

Achsenmanipulation: Unbedeutende Veränderungen werden vergrößert durch Abschneiden der vertikalen Achse (oben rechts) oder durch Verkürzung der horizontalen Achse (unten links).

Bild ㊺: Jedes Diagramm vereinfacht zwangsläufig, suggeriert eine bestimmte Sicht der Dinge – das ist unvermeidliche »Manipulation«. Hüten Sie sich vor absichtlichem Mißbrauch der kommunikativen Kraft, die von Diagrammen (= Bildern) ausgeht! Protestieren Sie aber auch als Zuschauer vehement gegen absichtliche oder versehentliche Manipulationstechniken!

Reine Zahleninformation wird – wie alle digitalen Daten – sehr genau von unserem analytisch-kritischen Intellekt geprüft; für Bilder ist dieser Filter nicht zuständig. Als Bild ist das Diagramm deshalb viel leichter in der Lage, den Verstand auszuspielen und eine irrationale Botschaft abzuliefern. Das ist in verschiedener Hinsicht eine große Gefahr – Sie selbst sollten sich durch folgende Überlegung vor mutwilliger Manipulation hüten: Intelligente Zuschauer merken sehr bald, daß irgend etwas nicht stimmt. Ein geschickter Manipulator hat aber verbal auf die angewendete Technik hingewiesen und sich formell unangreifbar gemacht: »Dieses Diagramm übertreibt die Entwicklung vielleicht etwas, wir haben nämlich die Achsen verkürzt. Damit sehen Sie aber den Trend besser...«

Trotzdem spürt das Publikum genau, daß etwas nicht stimmt. Dieser Mißbrauch der Beziehung kann sich später rächen.

Das Wichtigste aus diesem Kapitel:

- Die Entscheidung, WELCHES Diagramm Sie zeigen, ist für Ihren Erfolg maßgeblich und daher nicht delegierbar.
- Was wollen Sie aussagen? Das ist die Schlüsselfrage für die Wahl des Diagrammtyps.
- Ein Präsentations-Diagramm muß einfach und leicht verständlich sein – Details und genaue Informationen gehören in die schriftlichen Unterlagen.
- Jedes Diagramm ist Manipulation, da es das Datenmaterial nur unvollständig wiedergibt.

Kapitel 11

Abstrakte Inhalte – und wie Sie diese anschaulich darstellen

Vorurteil: »Meine Inhalte sind so abstrakt, daß ich bestenfalls Textbilder verwenden kann.«

In diesem Kapitel befassen wir uns mit den schwierigsten Inhalten: abstrakten Begriffen und Beziehungen zwischen solchen Begriffen. Sie erfahren dazu:

- für welche Kommunikationsinhalte Sie Strukturbilder verwenden können;
- warum Strukturbilder Ihnen auf einfache Weise gute Dienste leisten;
- wie Sie über den Umweg der Sprache das richtige Strukturbild finden;
- worauf Sie bei der Gestaltung besonders achten sollten.

Wann brauchen Sie Strukturbilder?

Je komplizierter und anspruchsvoller Ihr Vortrag wird, desto häufiger müssen Sie abstrahieren. Begriffe wie »Geschäftliches Umfeld«, »Betriebliche Kennzahlen«, »Führungsposition«, »Homöopathie« usw. gehen Fachleuten zwar leicht von der Zunge, oft vergessen wir aber, daß unser Publikum damit wenig anfangen kann. Ihr kommunikatives Grundproblem besteht eben darin, daß Ab-

strakta von allen konkreten und damit vorstellbaren Elementen befreit wurden – also das genaue Gegenteil zum Bild sind.
Als Vortragender müssen Sie aber nicht nur solche abstrakte Begriffe erklären, sondern auch noch Beziehungen zwischen mehreren solcher Begriffe erläutern. Diese Beziehungen können wiederum mehr oder weniger abstrakt sein: räumlich, zeitlich, kausal, logisch, sozial usw.
Natürlich können Sie Ihre Inhalte stichwortartig als Textbild präsentieren – aber damit wird der ohnedies anspruchsvolle Inhalt nicht leichter verdaulich. Setzen Sie statt dessen Strukturbilder ein!

Strukturbilder sind die einfachsten Hilfsmittel!

Sie brauchen dazu nur drei Elemente richtig anzuordnen:

Geometrische Formen (Kreis, Rechteck, Dreieck);
Text für die Beschriftung;
Verbindungen: durchgezogene oder strichlierte Linien, Pfeile ...

Strukturbilder können Sie daher mit den einfachsten Hilfsmitteln produzieren oder produzieren lassen. Wie finden Sie nun das richtige Strukturbild für Ihren abstrakten Inhalt?

Im Anfang war das Wort

Der Schlüssel liegt in unserer Sprache oder eigentlich in der Art unseres Denkens. Nach Konrad Lorenz funktioniert das Denken so, daß unser Zentralnervensystem mit einem modellmäßig repräsentierten Raum arbeitet und daß wir daher in erster Linie räumlich denken. Alle menschlichen Sprachen reflektieren das. In »Die Wunder der Sprache« schreibt W. Porzik:

> »Die Sprache übersetzt alle unanschaulichen Verhältnisse ins Räumliche ... Da werden Zeitverhältnisse räumlich ausgedrückt: VOR oder NACH Weihnachten,

INNERhalb eines Zeitraumes von zwei Jahren. Bei seelischen Vorgängen sprechen wir nicht nur von AUSSEN und INNEN, sondern auch von «ÜBER und UNTER der Schwelle« des Bewußtseins, vom UNTERbewußten, vom VORDERgrunde oder HINTERgrunde, von TIEFEN und SCHICHTEN der Seele. Überhaupt dient der Raum als Modell für alle unanschaulichen Verhältnisse: NEBEN der Arbeit erteilt er Unterricht, GRÖSSER als der Ehrgeiz war die Liebe, HINTER dieser Maßnahme stand die Absicht . . .« (Hervorhebungen von mir.)

Nehmen Sie einfach irgendeinen Text her, und überprüfen Sie das: Sie finden Über- und Unterordnung, Feststellungen, daß etwas außerhalb und innerhalb der Organisation passiert. Und in den Vorsilben der Zeitworte finden wir wahre räumliche Schätze: EINdringen, VORziehen, ZURÜCKreihen, ZUSAMMENfügen, UNTERstützen.

Wie Sie ein Strukturbild erstellen

Die Technik umfaßt nur drei Schritte:

1. Alle Negativa eliminieren. Negative Dinge können nicht dargestellt werden, bestenfalls über den Umweg des Durchstreichens oder Wegnehmens.
2. Formulieren Sie Ihren Gedanken in möglichst »räumlichen« Worten.
3. Ordnen Sie die Elemente entsprechend, und verbinden Sie sie, wenn notwendig.

In den meisten Fällen definieren die Vorsilben oder Vorwörter bereits, wo ein Element auf Ihrem Bild sein muß: oben, unten, über, unter, hinter, vor. . . Manche Dinge haben sogar eine klare räumliche Position: Die Zeitachse verläuft von links nach rechts, ebenso ordnen Sie die Begriffspaare »vorher-nachher«, »ohne-mit«, »soll-

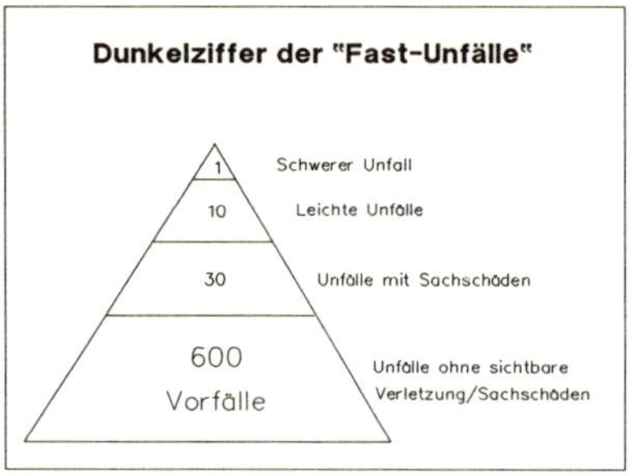

Mengenrelationen

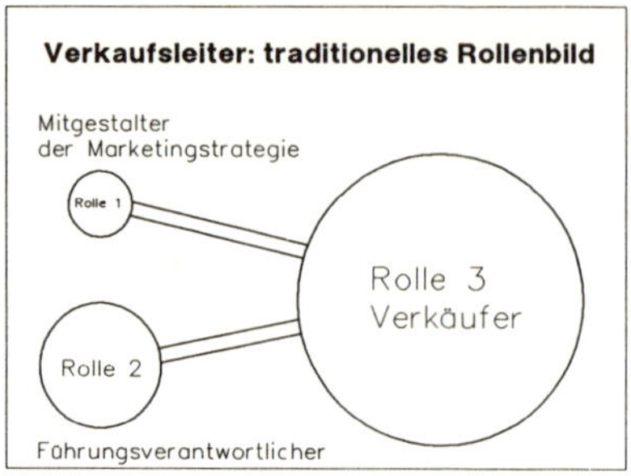

(Grössen-)Beziehung

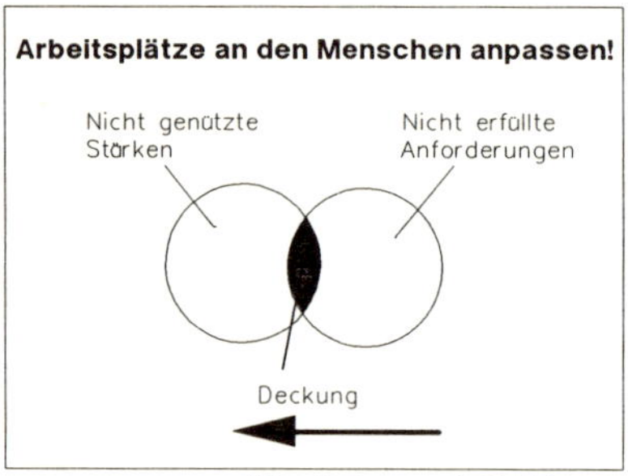

Beziehung / Richtung

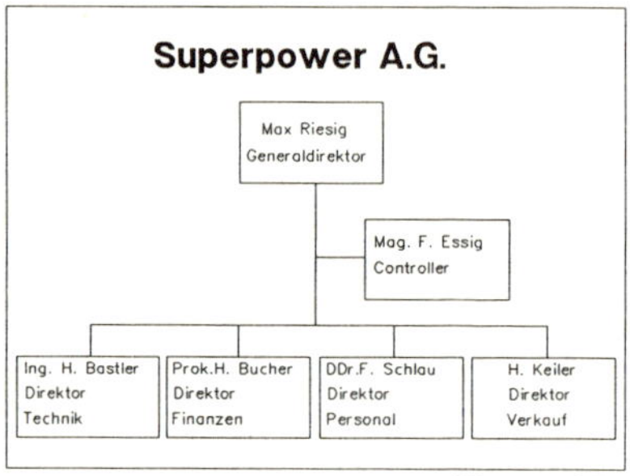

Hierarchie

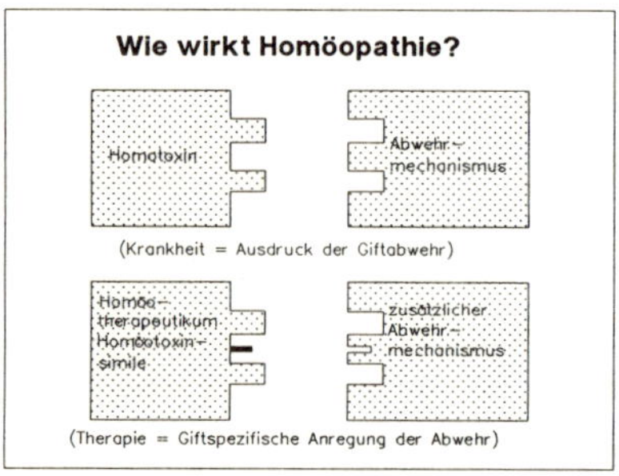

Funktionsprinzip

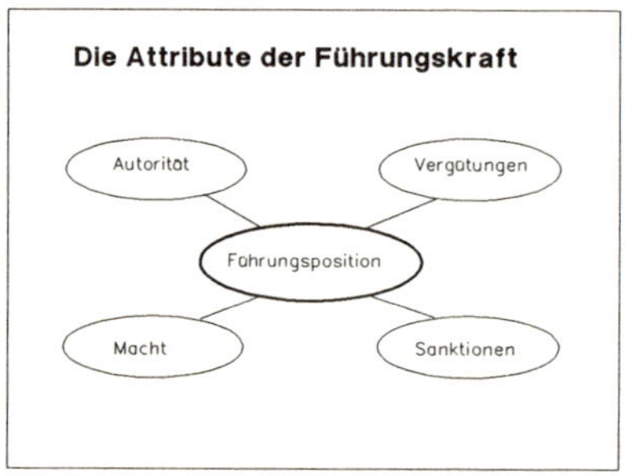

(abstrakte) Beziehung

Bild ㊻: Strukturbilder (1). Wie Sie abstrakte, logische Zusammenhänge räumlich darstellen und damit das Verständnis fördern.

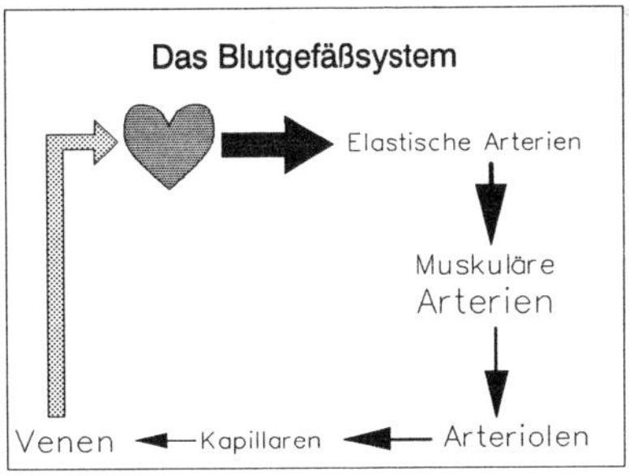

einfacher Kreislauf

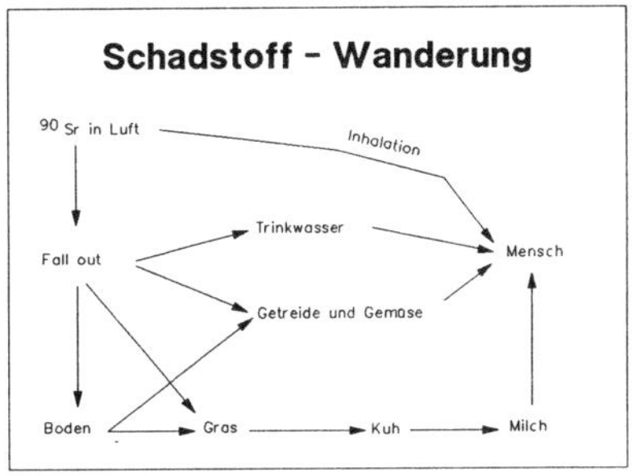

Kausalität / Ursachenanalyse

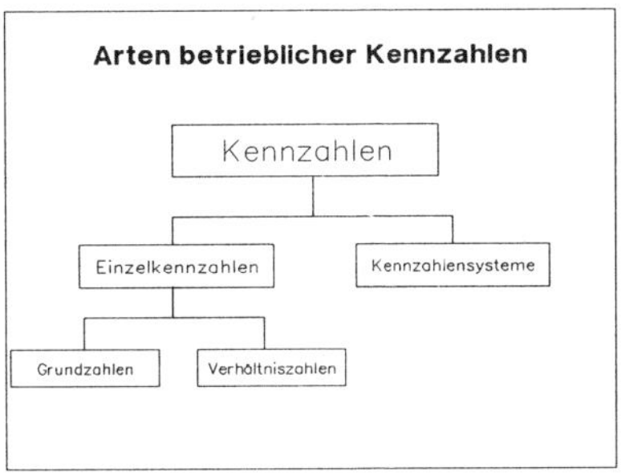

Ableitung / Deduktion

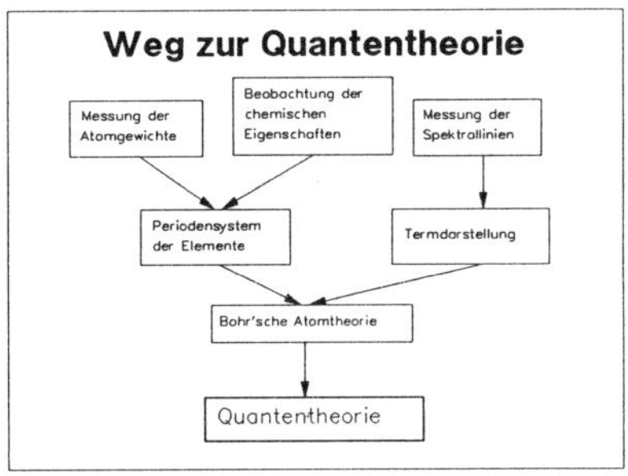

Induktion

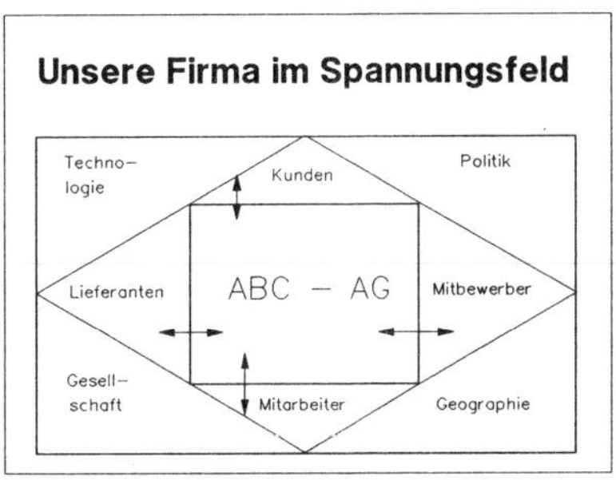

Zusammenhang

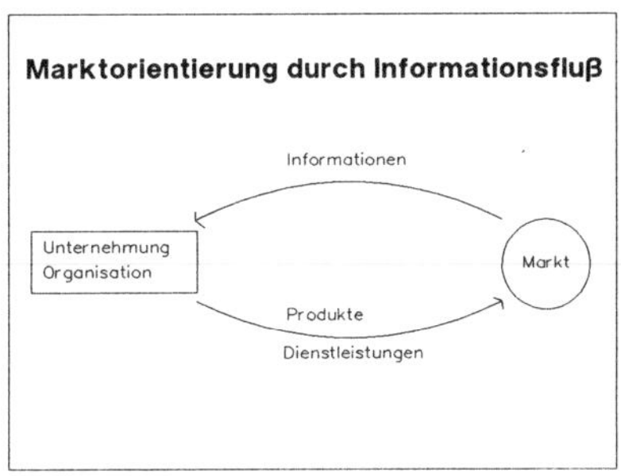

Wechselbeziehung

Bild ㊼: Strukturbilder (2)

ist«. Kausale Verknüpfungen können der natürlichen Leserichtung folgen: von links oben nach rechts unten. – Achtung bei der »Zukunft«: Die erwarten wir im »Hoffnungswinkel«, nämlich rechts oben.

Gestaltungstips für Strukturbilder

- Tip: **Hüten Sie sich vor Überladung:** Jedes einzelne Element muß klar lesbar bleiben.
- Tip: **Komplexe Zusammenhänge** bewältigen Sie nicht mit einem einzigen Bild, sondern mit schichtweisem Aufbau (bei Folie und Dia leicht möglich).
- Tip: **Beachten Sie die natürliche Blickrichtung** von links nach rechts und von oben nach unten!
- Tip: **Verwenden Sie analoges Material zur Auflockerung** – Symbole, unterschiedliche Strichstärken, Farben ... (von den hier abgebildeten Beispielen wird der Blutkreislauf mit dem Symbol des Herzens sicher am interessantesten wirken).

Das Wichtigste aus diesem Kapitel:

- Die meisten abstrakten Gedanken lassen sich in räumliche Zusammenhänge übersetzen und dann darstellen.
- Das Strukturbild ist mit einfachsten Mitteln herzustellen.
- Bringen Sie Farbe und Symbolik in Ihre Strukturbilder!

Teil 4

Produktion – von der Idee zum Bild

Kapitel 12

Gestaltungsregeln – was Sie bei allen Ihren Hilfsmitteln berücksichtigen sollten

Vorurteil 1: »Die Informationen am Bild müssen vor allem vollständig sein.«

Vorurteil 2: »Ein schlechtes Bild ist besser als gar keines!«

Egal ob Sie Ihre Folie selber pinseln, am Computer sitzen oder an einen Grafiker delegieren: Dem Publikum gegenüber sind immer SIE verantwortlich! In diesem Kapitel finden Sie Regeln und Empfehlungen zu folgenden Bereichen:

- Grundlegende Gestaltungsprinzipien für die Präsentation;
- wie Sie überprüfen, ob Ihre Texte gut lesbar sind;
- wie Sie Linien und Flächen, Farben und Formen einsetzen;
- was Sie beim Bildaufbau beachten sollten.

Nehmen Sie diese Regeln als Richtschnüre, von denen Sie sich nur dann entfernen, wenn Sie einen guten Grund dazu haben.

Fünf Grundregeln

1. Klarheit hat Vorrang vor Schönheit und Originalität

Als Kommunikator sind Sie verantwortlich für die Übermittlung von Inhalten. Alles andere gehört ins Showgeschäft.

2. Ein schlecht sichtbares Hilfsmittel ist schlimmer als gar keines

Ein nicht vorhandenes Bild mobilisiert meine Phantasie als Zuschauer – ein Bild, das ich wegen der Entfernung oder aus Qualitätsgründen nicht entziffern kann, frustriert mich.

3. Dicker Strich – einfache Grafik – wenig Details

Die Chinesen sagen: »Vollständig ist etwas, von dem man nichts mehr weglassen kann.« – Bedenken Sie: Jedes Detail bringt Leben, aber es lenkt ab. Und außerdem ist unser Auffassungsvermögen begrenzt: Niemals mehr als fünf Informationen pro Bild!

4. Halten Sie ein einheitliches Qualitätsniveau!

Legen Sie sich auf einen Grad der Perfektion fest – insbesondere im selben Bild: entweder durchgehende Konstruktion (Lineal, Zirkel, Schablone ...) oder Freihandskizze (Bild ㊽). Ein einziger Strich mit einem Lineal läßt alle anderen »geraden« Linien unruhig, wackelig, unsauber aussehen!
Ein Rahmen um jedes Bild ist eine schöne Sache, vielleicht in Verbindung mit dem Symbol Ihrer Organisation oder der Veranstaltung – aber wenn, dann konsequent durchziehen!
Übrigens: Rahmen ziehen Sie am besten mit dünnem Strich – und auch dann mit dem Lineal, wenn das restliche Bild freihand entstanden ist!

5. Planen Sie die Präsentationssituation ein!

Vermeiden Sie Witze ohne Worte, selbsterklärende Diagramme und ausformulierte Texte! Lassen Sie Raum für Ihre eigene Rolle im Vortrag – lassen Sie Raum für Erklärungen und Ergänzungen.

Warum ein Lineal gefährlich sein kann:

Alles freihand. Achten Sie aber auf rechte Winkel und parallele Linien. Kariertes Papier als Vorlage verwenden!

Alles mit Lineal und Zirkel. Jede Gerade und jeder Kreisbogen mit dem entsprechenden Gerät – alles andere freihand. Ihre Schrift muß auch sauber und gleichmäßig sein.

So nicht! Entweder freihand ODER konstruieren. Der erste Strich vom Lineal wird zum Maßstab der Genauigkeit und läßt alles andere unsauber aussehen. (Die einzige Ausnahme: auch um eine völlige Freihandskizze können Sie einen Rahmen mit Lineal ziehen.)

Bild ㊽: Achtung auf den Perfektions-Standard!

Text und Schrift: einfach und leserlich!

Für die Schriftgröße gibt es eine einfache Faustregel (Bild ⑭):

> Buchstabenhöhe mindestens 2% der längsten Seite; Strichstärke 10% der Buchstabenhöhe.

Ob das in einem Extremfall ausreicht, können Sie verhältnismäßig leicht überprüfen, wenn Sie die Leinwandbreite und die Distanz zum entferntesten Zuschauer kennen: Daraus ergibt sich die Entfernungskennzahl (Entfernung : Leinwandbreite). Überprüfen Sie nun z. B. Ihre Folie (30 cm breit) aus jener Entfernung, die Sie durch Multiplikation der 30 cm mit der errechneten Kennziffer erhalten! Wenn Sie auch den kleinsten Text lesen können, ist alles in Ordnung (Bild ⑩).

Faustregeln für die Schriftgröße

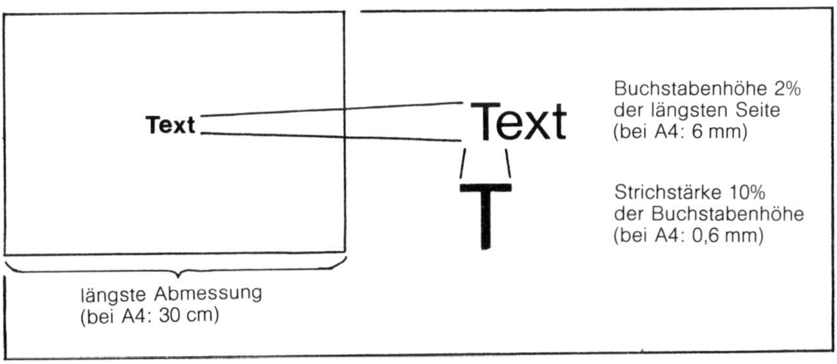

Bild ⑭: Ihre Buchstaben müssen groß genug sein – und »Körper« haben! Minimale Schrifthöhe = 2% der längsten Seite, Strichstärke 10% der Buchstabenhöhe.

Sind Ihre Vorlagen lesbar?

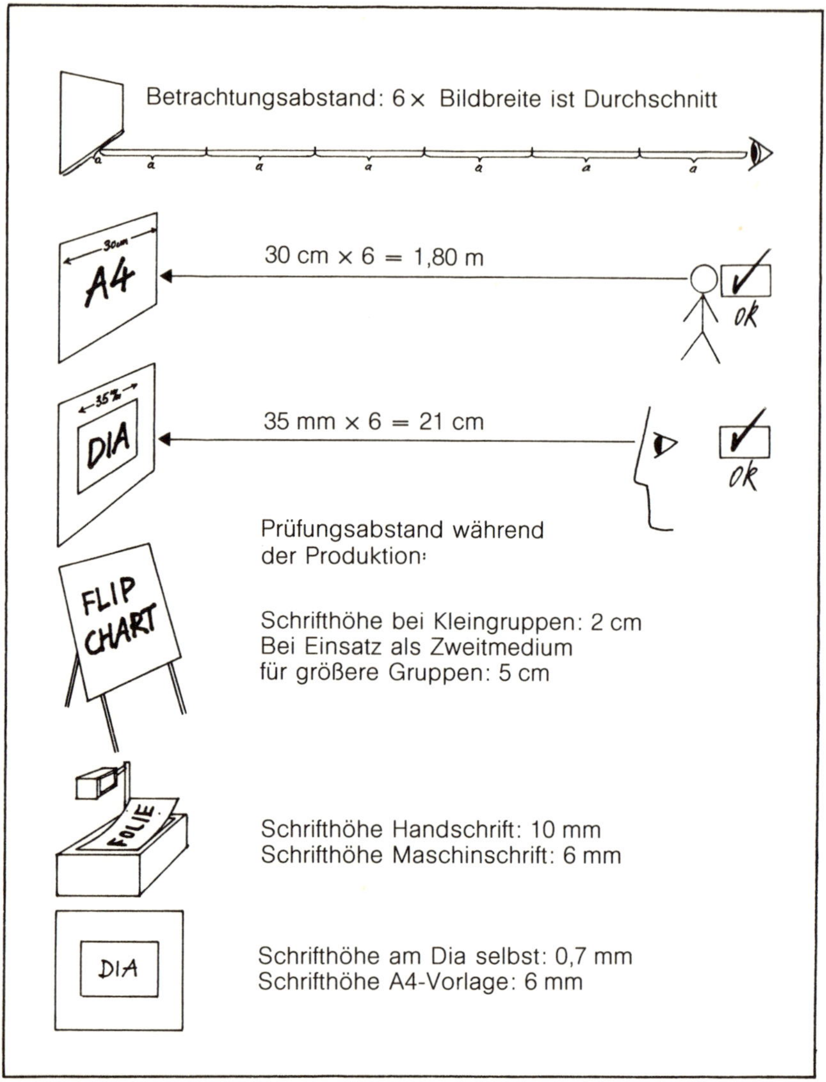

Bild (50): Überprüfen Sie die Lesbarkeit, BEVOR Frustration im Publikum ausbricht!

Druckschrift oder Großbuchstaben?

Entgegen einer weitverbreiteten Meinung sind GROSSBUCHSTABEN schlechter lesbar als Druckschrift (Wechsel von Groß- und Kleinbuchstaben) – ganz einfach, weil wir viel mehr Übung im Entziffern von Druckschrift haben. Großbuchstaben verwenden Sie zur Hervorhebung einzelner Worte, für Eigennamen usw. und natürlich dann, wenn Ihre handschriftlichen Texte sonst unleserlich wären ...

Riesenschlangenbandwurmwortgebilde aufteilen! Wir können Worte nur bis zu einer gewissen Länge mit einem Blick erfassen. Diese »Blickspanne« steigt mit höherem Bildungsgrad und der Übung im Lesen. Ab 15 Buchstaben sollten Sie das Wort mit Bindestrich teilen, auch wenn das gegen den Duden verstößt.

Striche, Flächen, Formen

Bild (51) zeigt Ihnen einige Richtschnüre – mehr nicht. Die verläßlichste Kontrollinstanz ist Ihr gesunder Menschenverstand, eingestellt auf die konkrete Präsentationssituation, und die bohrende Frage »Unterstützt das Bild meine Aussage?«.

Dann sehen Sie nämlich sofort, ob ein Tortenstück zu prominent wirkt, ob beim Anblick der Überblick verlorengeht oder ob sich das Auge an einem unbedeutenden, aber dick gezeichnetem Detail festkrallt.

Wie bauen Sie ein Bild auf?

Die Anordnung der Elemente richtet sich in erster Linie nach Ihrer Kommunikationsabsicht und danach, wie Sie Ihr visuelles Hilfsmittel in der Präsentation verwenden wollen. Berücksichtigen Sie dabei:

- Tip: **Übliche Blickfolge von links nach rechts, von oben nach unten.** Natürliche »Brennpunkte« sind die beiden oberen Ecken, das Zentrum und die rechte untere Ecke.

Wie Sie Flächen anlegen

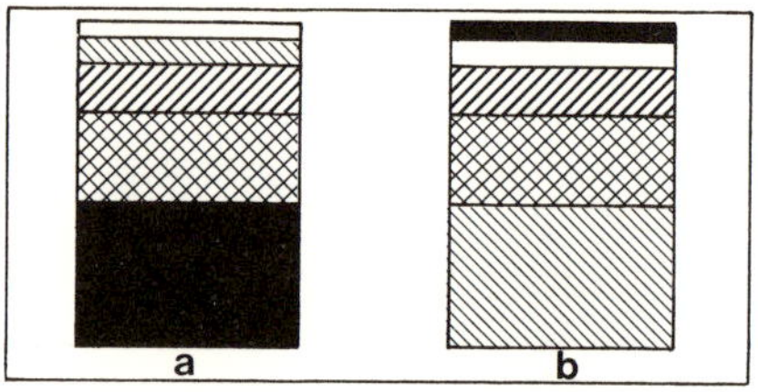

Die Architektur-Methode (a) und eine bewußte Akzentverschiebung (b)

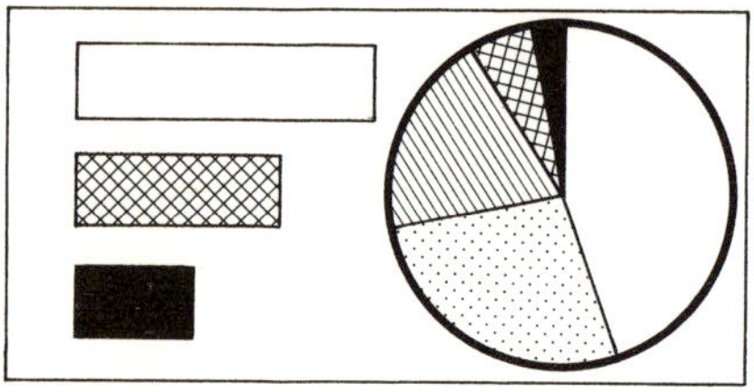

Gewichtsausgleich: je kleiner die Fläche, desto intensiver das Füllmuster

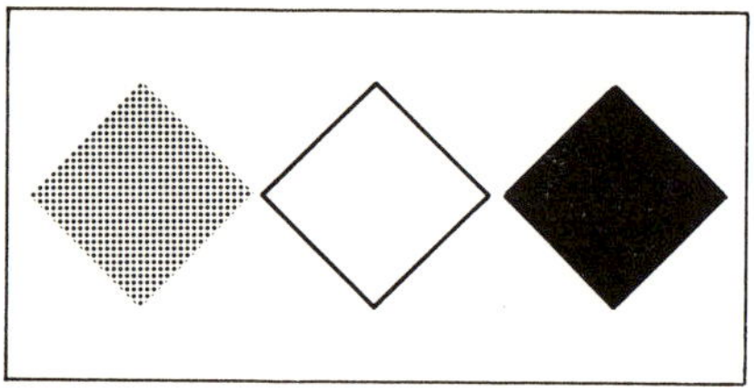

Flächen ohne Konturen sind schwächer als leere, stark konturierte Formen

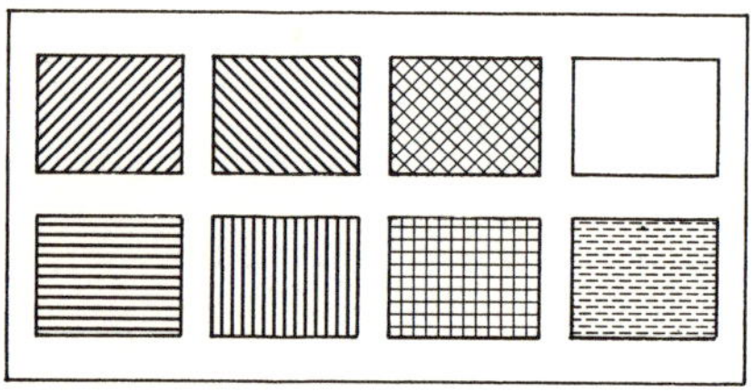

Schraffuren nur mit 45°

Schlechte Schraffurmuster

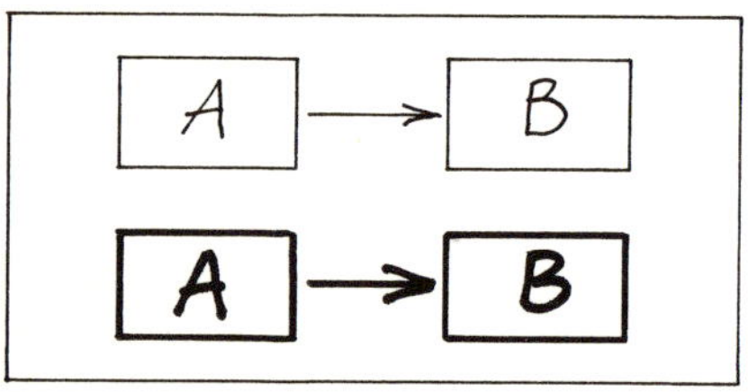

Je schwächer Ihr grafisches Talent, desto dicker Ihre Striche! Das Ergebnis wirkt sauberer, Sie selbst sicherer – und es macht Spaß

Bild (51)

- Tip: **Natürliche Aufmerksamkeitsschwerpunkte:** Mensch vor Tier vor Ding vor Farbe vor (geometrischer) Form vor Text.
- Tip: **Reihenfolge signalisiert Wichtigkeit.**
- Tip: **Größe Strichstärke, (Signal-)Farbe signalisiert Wichtigkeit.**

Halten Sie sich an die Grundregel »Weniger ist oft mehr!«, dann ist auch der Aufbau einfacher. Kritisch wird die Sache aber immer dann, wenn Sie
- die Zukunft links unten abbilden;
- von einem »Aufbau« sprechen und dabei von oben nach unten vorgehen;
- eine (mäßig interessante) Textstelle zuerst besprechen müssen, bevor Sie zu dem (hochinteressanten) Symbol kommen.

Die Lösung ist oft ein Aufbaubild, bei dem die Elemente erst in der Präsentation hinzugefügt werden. Das geht bei praktisch allen Medien, nur nicht überall gleich einfach.

... und wenn ich nicht zeichnen kann?

Ein paar Rezepte, die auch mir selbst sehr geholfen haben (ich bin nämlich auch kein grafisches Talent!):

- Tip: **Bleiben Sie bei einfachen Figuren!** Vermeiden Sie Perspektiven, Schatten, Details. Ein souveränes Strichmännlein ist besser als der mißglückte Versuch, »nach der Natur« zu zeichnen!
- Tip: **Zeichnen Sie formatfüllend!** Je größer Sie zeichnen, desto sicherer wirkt das Ganze, und darauf kommt es schließlich an!
- Tip: **Dicke Linien zeichnen!** Dünne Linien sehen nicht nur wakkelig aus, sie sind es meist auch.
- Tip: **Kräftige Farben verwenden!** Farben ziehen Blicke auf sich, stimulieren und wirken interessant. Da verzeiht man Ihnen gerne einen schiefen Strich.
- Tip: **Ziehen Sie einen Rahmen um Ihr Bild!** Das stärkt die Gestalt und sieht professionell aus.

Das Wichtigste aus diesem Kapitel:

- Klarheit und Lesbarkeit sind wichtiger als alles andere – vor allem wichtiger als die Schönheit der Ausführung.
- Überprüfen Sie stets VOR dem Vortrag, ob Ihre Texte auch in der hintersten Reihe gut lesbar sind!
- Mit einfachen Zeichnungen und dicken, farbkräftigen Linien kann auch ein grafisches Antitalent ohne Probleme »visualisieren«.

Kapitel 13

Tageslichtfolien – mit der meistverbreiteten Technik bessere Kommunikationsresultate erzielen

Vorurteil 1: »Folien sind das einfachste Medium der Welt!«

Vorurteil 2: »Eine gute Folie ist eine hochkomplizierte Angelegenheit.«

Beide Vorurteile sind richtig – so groß ist die Bandbreite des Begriffes »Folie«! Damit es bei Ihrer Präsentation ein gutes Ergebnis ohne zu viel Aufwand gibt, sehen wir uns in diesem Kapitel folgende Themen an:

- welche Möglichkeiten Sie für die Herstellung von Overheadfolien haben;
- welche unverzeihlichen Fehler Sie vermeiden müssen;
- welche Techniken und Tricks Ihnen zu einem besseren Ergebnis verhelfen.

Einfach oder aufwendig

Bild (52) zeigt Ihnen neun verschiedene technische Wege zu einer Folie. Die Ergebnisse unterscheiden sich nicht nur im Format (A4 oder Pocketfolie 11 × 8 cm) und in der Qualität (handgezeichnet oder »perfekt«), sondern auch im Preis: Eine Fotofolie kostet etwa 80mal so viel wie eine selbstgezeichnete.

Wie Sie Overhead-Folien (Tageslicht-Transparente) herstellen

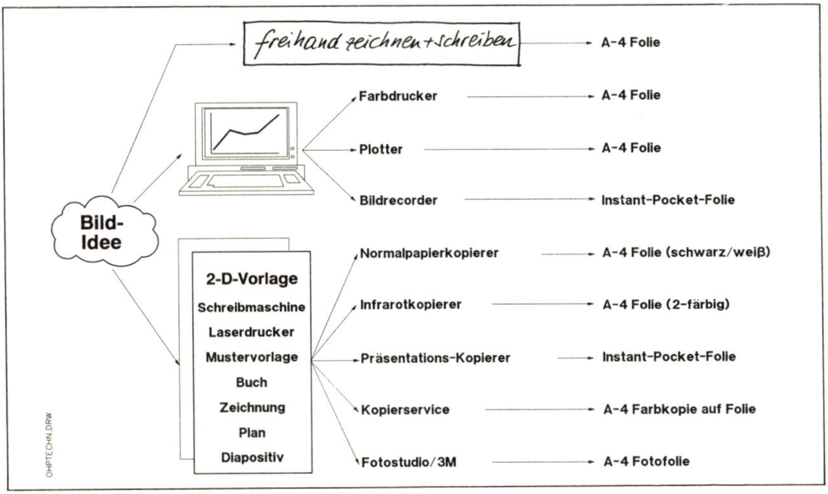

Bild ㊿: Viele Wege führen von der Bildidee zur Folie

Wie so oft ist aber auch hier der Preis letztlich nicht allein ausschlaggebend für das Resultat: Entscheidend ist, daß Sie Ihr Publikum richtig einschätzen und Ihrer Zielsetzung entsprechend handeln. In einem Fall ist eine Serie perfekter, computergenerierter Folien das richtige, im anderen Fall überzeugen Sie mit einfachen, selbstgezeichneten Transparenten.

Einheitlichkeit heißt nicht Gleichförmigkeit

Aus dem vorigen Kapitel kennen Sie noch die Empfehlung »Standard einhalten, keine qualitativen Ausreißer nach oben oder unten!« Das gilt grundsätzlich natürlich auch bei Folien: Wunderschöne Einzelfolien sind dann gefährlich, wenn der Rest freudlos, farb- und lieblos ist. Typisches Beispiel: Auf Folie kopierte Schreibmaschinenvorlagen und dazwischen ein tolles, färbiges, dreidimensionales Diagramm.

Was Sie hingegen durchaus ausprobieren sollten, ist ein »persönlicher Einschub«: Unterbrechen Sie eine perfekte, wunderschön gezeichnete Folienserie mit einer persönlichen Handzeichnung. Damit können Sie verschiedenes ausdrücken: eine brandheiße Meldung, eine höchstpersönliche Sicht der Dinge oder ein »Zuckerl« für gerade diese Zuhörer.

Die schlimmsten Fehler

Sie finden sie in Bild ⑬ – »Die sieben Todsünden« –, aber eigentlich brauchen Sie sich nur einen beliebigen Folienvortrag anzusehen. Notieren Sie einfach, was Sie selbst als Zuschauer stört! – Eine zweite Gruppe Todsünden lernen wir kennen, wenn wir uns mit der Handhabung des Mediums »Overheadprojektor« beschäftigen.

Rezepte, Tips und Tricks für die Folienherstellung

Aus Platzgründen beschränken wir uns dabei einerseits auf allgemeine Tips, andererseits auf solche für die gängigsten Methoden der Folienproduktion: Handzeichnung, Schreibmaschinenvorlage für Normalpapierkopierer und Computergrafik für Plotter oder Drucker.

1. Allgemeine Rezepte zur Folienproduktion

- Tip: **Querformat.** Es gibt nur einen einzigen (technischen) Grund für das gewohnte Hochformat: »Alle meine schriftlichen Unterlagen sind hochformatig!« Schriftliche Unterlagen sind aber praktisch nie gute Folienvorlagen (und brauchen es auch nicht zu sein) – deshalb zählt dieser Grund nicht wirklich. Demgegenüber sprechen zahlreiche Vorteile für das Querformat: Bessere Ausnützung der Projektionsfläche bei niedrigen Räumen;

Die sieben Todsünden bei Overhead-Folien

Zuviel Information
(zuviel Text, zu viele Zahlen, zu viele Details)

Zu kleine Schrift
(auch die größten Schreibmaschinen-Buchstaben sind zu klein!)

Zu dünne Linien
(vor dem grellen Hintergrund wirkt alles Dünne kümmerlich)

Nur kopiert
(Vorlagen werden einfach über ein Kopiergerät auf Folie gebracht, ohne weitere Aufbereitung)

Keine Bilder
(Ziffern und Text sind abstrakt, unanschaulich, nicht merkbar — und langweilig!)

Keine Farbe
(entweder schwarzweiß aus dem Kopierer oder mit EINEM Folienschreiber erstellt)

Zu viele Folien
(mehr als 1 Folie pro Minute ist als Durchschnitt auf jeden Fall zuviel!)

Bild (53)

Grabstein-Effekt (»keystoning«) gering oder kaum merkbar; leichtere Blickführung an der Wand; augenfreundlicheres Format.

- Tip: **2 cm Rand freilassen!** Es gibt immer noch eine Menge Projektoren, die für das amerikanische Quartformat gebaut wurden und keine volle A4-Seite schaffen. Lassen Sie deshalb unbedingt rundherum je 2 cm frei.

- Tip: **Belebungstechniken einplanen!** Bei der Folienpräsentation können Sie das Bild verändern: Ergänzen, durchstreichen, hervorheben, Teile nach und nach freigeben, Elemente hinzufügen. Planen Sie diese interessanten Techniken rechtzeitig ein, denn: Eine Zahl, die bereits auf der Folie steht, können Sie nicht mehr ergänzen; ein Wort, das bereits unterstrichen ist, können Sie nicht mehr unterstreichen ...

- Tip: **Vorsicht bei Striptease!** Die Striptease-Technik besteht darin, daß Sie nur ein Stück Ihrer Folie zeigen, während der Rest von einem Blatt Papier zugedeckt ist. Nach und nach geben Sie Ihr Bild frei und verhindern dadurch ein Vorausschauen des Publikums. Diese Technik wird von vielen Zuschauern als unangenehme Bevormundung erlebt, besonders, wenn der Vortrag an sich schwach und grafisch nicht gut gestaltet ist. Setzen Sie Striptease daher nur dort ein, wo es wirklich notwendig und daher für den Zuschauer akzeptabel ist! – Striptease ist bei Textbildern auch dann überflüssig, wenn lediglich solche Stichworte zu sehen sind, die ohne Ihre Erklärung keinen Sinn ergeben.

- Tip: **Überleger verwenden.** Eine wesentlich bessere (allerdings auch aufwendigere) Technik als Striptease ist die Ergänzung der Grundfolie durch ein oder mehrere Folien(-stücke), die Sie auflegen oder darüberklappen (Farbtafel ⑦). Für den Zuschauer ist es eine angenehme Überraschung und ein interessantes Ereignis, wenn aus der Folie langsam »mehr« wird. Achtung: Vermeiden Sie zu komplexe Überlegersequenzen, bei denen Sie in Streß kommen und damit Unruhe in die Präsentation bringen. Zwei Überleger pro Folie sind das Maximum.

2. Gezeichnete Folien

- Tip: **Dicker Strich.** Dünne Striche und Buchstaben wirken auf der hellen Projektionsfläche unbedeutend, schwach, kümmerlich. Dicke Striche bringen nicht nur mehr Farbe sondern wirken auch sicherer. Folienschreiber der Strichstärke »M« (Mittel, Medium) mit 0,6 bis 0,9 mm Strichbreite sind richtig. Damit sind Sie auch nicht in Versuchung, zu klein zu schreiben ...

- Tip: **Wasserfeste Schreiber verwenden!** Trotz der eingeschränkten Korrekturmöglichkeiten arbeiten Sie angenehmer damit: Bei wasserlöslichen Stiften genügt schon eine feuchte Hand, um eine fast fertige Zeichnung zu zerstören. Während des schweißtreibenden Vortrages selbst ist die Gefahr dann noch größer, daß die Farbe über Ihre Hände zur Kriegsbemalung wird ...
  Noch einen Vorteil haben wasserfeste Zeichnungen: Auch ohne Folienhülle können Sie während des Vortrages die Folie weiter bemalen, ohne sie zu zerstören. Nehmen Sie dazu wasserlösliche Stifte, deren Striche Sie nach dem Vortrag einfach feucht wegwischen.

- Tip: **Löschstift & Co.** Auch wasserfeste Stifte können Sie korrigieren: Löschstifte lösen die Farbe an – ein Zellstofftuch besorgt den Rest. Spezielle Folienradierer entfernen die Farbe, ohne die Folie anzugreifen. Größere Flächen säubern Sie mit Spiritus – ein hochprozentiger Schnaps tut's auch. All das gilt aber nur für sogenannte Schreibfolien, nicht für beschichtete Folien, wie sie zum Kopieren oder für Plotter oder Drucker verwendet werden.

- Tip: **Unten Karo, oben Folie.** Die einfachste Zeichentechnik erfordert nur einen karierten Block und 2 Büroklammern: Skizzieren Sie Ihr Bild auf dem karierten Papier, fixieren Sie die Folie mit den Büroklammern darüber und ziehen Sie die Skizze nach. – Ein gutes Hilfsmittel sind Folienzeichenblocks (3M), bei denen zwischen den einzelnen Folien karierte Zwischenblätter eingeleimt sind, auf denen Sie vorzeichnen können. Sie brauchen dann keine Büroklammern, sondern klappen einfach die Folie über das Zwischenblatt und ziehen nach (Farbtafel ⑦).

- Tip: **Auf Hauptfarben beschränken!** Gute Folienfarben sind Schwarz, Rot, Blau, Grün und Violett. Passen Sie bei Rot und Grün auf: Diese Farben sollten nicht zu kalt (blau) sein!

- Tip: **Flächen nicht anlegen!** Volle Farbflächen sind mit der Hand praktisch nicht sauber erzielbar – das kann nur ein mechanisches Zeichengerät oder eine Farbklebefolie. In der Regel genügt es völlig, wenn Sie mit Ihrem dicken Folienschreiber die Konturen des betreffenden Objektes nachziehen. Bei Schraffuren passen Sie bitte auf: Hier müssen die Linien tatsächlich parallel und in gleichem Abstand verlaufen – auch wenn sie freihand gezeichnet sind!

- Tip: **Nützen Sie die Rückseite!** Verschiedenfärbige Striche direkt nebeneinander führen oft zum Verrinnen der Farben bzw. zu einem Mischfarbenstrich. Das Rezept ist ganz einfach: Ziehen Sie alle kritischen Striche der einen Farbe auf der Vorderseite, drehen Sie die Folie um, und ziehen Sie die unmittelbar benachbarten Striche mit der anderen Farbe auf der Rückseite!

- Tip: **Standard beachten!** Gerade bei der Handzeichnung ist die Versuchung groß, z. B. für die Achsen des Diagramms ein Lineal zu nehmen und den Rest – die »kurzen Striche« – freihand zu zeichnen. Tun Sie es nicht! Der erste Linealstrich zwingt Sie dazu, alles andere ebenfalls zu konstruieren. Wenn Sie das nicht wollen, lassen Sie das Lineal weg. – Anders liegen die Dinge beim Vorzeichnen Ihrer Skizze: Parallele Linien und rechte Winkel müssen das auch bei freihändiger Folienzeichnung sein, und dafür brauchen Sie das Lineal – VORHER! – Die einzige Ausnahme von dieser Regel: Einen Rahmen müssen (und dürfen) Sie mit Lineal ziehen, auch wenn alles andere mit freier Hand gezeichnet ist.

- Tip: **Vorsicht bei fertigen Vorlagen.** Zahlreiche Firmen bieten sehr lustig gestaltete Zeichnungen an, die man nur mehr auf Folie kopieren muß und dann z. B. Tagesordnungspunkte oder sonstige Hinweise auf der Folie selbst ergänzen kann (Bild (54)). Überprüfen Sie kritisch Ihre Handschrift: Können Sie mit dem perfekten Standard der Zeichnung mithalten?

Vorsicht bei fertigen Vorlagen!

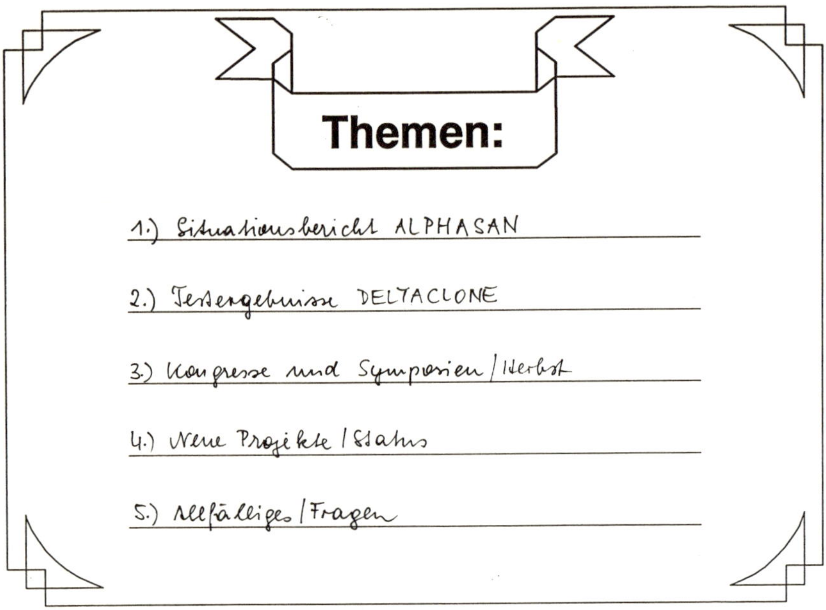

Bild 54: Die perfekte Gestaltung wird zum Bumerang, wenn zum Beispiel Ihre Schrift nicht »mithält«. Vorschlag: Die Vorlage nicht direkt benutzen, sondern freihand nachzeichnen.

3. Folien von der Schreibmaschine

- Tip: **Wenig, wenig, wenig!** Die größte Gefahr bei der schreibmaschinenerzeugten Vorlage liegt darin, daß es so einfach geht ... Das Resultat: Zu viel und zu klein. Dem müssen Sie bewußt gegensteuern.

- Tip: **Vorlage vergrößern.** Geben Sie sich selbst oder Ihrer Sekretärin eine ganz eindeutige Anweisung: Der Vorlagentext darf nicht größer sein als eine Viertelseite (A6). Das lassen Sie dann so lange durch den Vergrößerungskopierer laufen, bis die Vorlage formatfüllend ist, das heißt nur mehr links und rechts 3 cm Rand bleiben. Dann erst auf Folie kopieren! Das ergibt nicht nur große, lesbare Buchstaben, sondern auch mehr »Körper« für die einzelnen Schriftzeichen!

- Tip: **Farbe ergänzen.** Schreibmaschinenfolien sind chronisch blaß und kränklich. Ein dicker Folienschreiber (aber bitte KEIN SCHWARZER Stift!) zaubert Farbe und Leben hinein. Schon vor der Präsentation können Sie die wichtigen Punkte unterstreichen, bei Diagrammen Linien oder Blöcke nachziehen usw. Achtung: Alles, was Sie VOR der Präsentation tun, muß sauber (mit Lineal und Folienzirkel) geschehen; in der Präsentation selbst können Sie durchaus schiefe und wackelige Linien ziehen.

- Tip: **Farbfolien einsetzen.** Die traditionellen Kopierfolien sind farblos – aber praktisch um den gleichen Preis bekommen Sie auch Folien in gelber, blauer, roter und grüner Farbe. Bei farbigen Folien ist der Kontrast zur schwarzen Schrift geringer, das Auge ermüdet weniger rasch. Zusätzliche Farben (Folienschreiber) sollten Sie aber dann nicht verwenden. Ich empfehle Ihnen nur die helleren Farben Gelb und Blau – aber auch hier sollten Sie sich einen »Code« definieren: z. B. alle Tabellen blau, alle Textbilder gelb.

- Tip: **Vorsicht bei Klebefolien!** Mit Klebefolien können Sie schöne, gleichmäßige Farbflächen erzielen, indem Sie färbige Folien aufkleben und mit einem scharfen Messer die Ränder des betreffenden Objektes nachziehen; danach können Sie den Rest der Folie abheben. Diese schöne, aber etwas aufwendige Technik hat einen Nachteil: Die Klebeschicht der Folie löst nach einiger Zeit die schwarze Farbe des Toners auf ...

4. Computerfolien vom Plotter und Drucker

Wir haben dem Computer als Grafik-Assistenten ein eigenes Kapitel gewidmet – hier nur ein paar Tips voraus, die in den Bereich der Gestaltung gehören.
Zuvor eine Begriffserklärung für die technisch weniger Versierten: **»Plotter«** sind Zeichenmaschinen, bei denen ein Folienstift über

eine Folie geführt wird und damit strichweise das Bild erstellt (Farbtafel ⑧); unter **»Drucker«** beschränke ich mich hier auf die für diesen Zweck sinnvollen Inkjetter (Tintenspritzer), bei denen aus Tintenpatronen winzige Farbtröpfchen auf die Folie gespritzt werden. Das Bild entsteht damit gleichmäßig Zeile für Zeile; der Drucker erzeugt Mischfarben aus seinen Tintenpatronen, der Plotter braucht für jede Farbe einen eigenen Stift.

- Tip: **Einfache Schrift bei Plotter!** Wählen Sie für Ihre Folien eine Schrift, die einfach mit einem dicken Stift gezogen und nicht flächig angelegt wird.

- Tip: **Plotter:** Farbflächen reduzieren! Plotter zeichnen Strich für Strich und brauchen daher lange, um eine volle Farbfläche anzulegen; das kostet in der Folienerstellung viel Zeit. Sie sollten volle Flächen daher nur für kleine Objekte einsetzen, für den Rest wählen Sie eines der zahlreichen Schraffurmuster.

- Tip: **Drucker:** Grundfarben bevorzugen! Natürlich kann ein Drucker Mischfarben erzielen. Erfahrungsgemäß sind die Ergebnisse aber auf der Folie weniger befriedigend als die ungemischten Tintenfarben.

- Tip: **Überleger-Technik:** Erstellen Sie zuerst das komplette Bild, speichern Sie es ab und entfernen Sie dann den Teil, der nicht auf die Grundfolie gehört. Für die Überlegerfolien machen Sie es genau umgekehrt.

- Tip: **Filenamen auf die Folie!** Spätestens nach ein paar Dutzend Computerbildern haben Sie ein Problem: Sie wissen nicht mehr, welches Bild sich hinter den 8 kryptischen Buchstaben Ihres DOS-Files versteckt. Schreiben Sie daher routinemäßig den Namen des Files in der kleinstleserlichen Schrift irgendwo in eine Ecke Ihres Bildes. Wenn Sie dann später Ihre Folie zur Hand nehmen, um z. B. eine veränderte Version auszudrucken, sehen Sie sofort, nach welchem File Sie fahnden müssen. – Sollten Sie mehrere Programme verwenden, dann fügen Sie auch immer die Extension hinzu – jene 3 Buchstaben, die Ihnen sofort sagen, in welchem Programm das betreffende Bild erstellt wurde.

Einstellfolien für Ihre Overhead-Präsentation

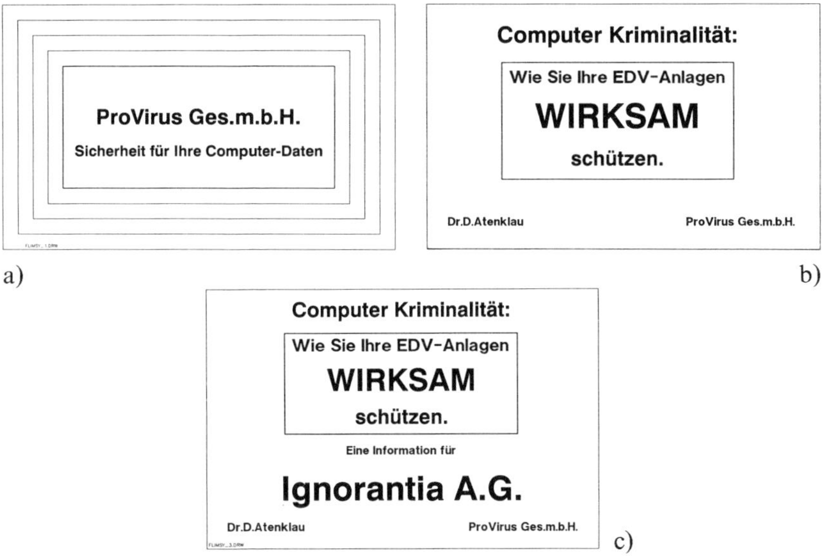

Bild (55): Die Einstellfolie (»Flimsy«) ermöglicht Ihnen, in Anwesenheit des Publikums Funktion und Justierung des Gerätes zu überprüfen – ohne dabei bereits einen Teil Ihres Vortrages vorwegzunehmen. – Typische »Themen« für die Einstellfolie sind Firmen- oder Institutsnamen (a), Vortragstitel und Präsentator (b), eventuell in Kombination mit Details über Zuhörer und Ort (c). – In jedem Fall brauchen Sie horizontale und vertikale Linien am Bildrand! – Und wenn Sie Ihre Einstellfolie vergessen haben: legen Sie die erste (echte) Folie verkehrt auf und justieren/überprüfen Sie damit den Projektor.

- Tip: **Grafiken auf EINER Diskette!** Versuchen Sie, alle Ihre Präsentationsgrafiken auf einer einzigen Diskette bzw. in einem einzigen Unterverzeichnis zu speichern – damit sind Ihre Chancen, eine bestimmte Zeichnung zu finden, wesentlich besser!

5. Folien zum Vortrag vorbereiten

Ihre Folien sind fertig – was ist jetzt zu tun?

- Tip: **Zwischenblätter entfernen.** Zahlreiche Folien werden mit Zwischenblättern geliefert, die durch einen feinen Klebestreifen an der Folie hängen. Entfernen Sie diese Zwischenblätter unbedingt VOR dem Vortrag! Das Abreißen dieses Blattes während der Präsentation gibt ein unangenehmes Geräusch und führt zu einem Haufen Papier am Vortragspult; andererseits kommt es immer wieder vor, daß Vortragende das Blatt übersehen und eine »blinde« Folie auflegen...

- Tip: **Die richtigen Folienhüllen verwenden.** Schützen Sie Ihre wertvollen Folien vor Beschädigung – in einer KLAREN Folienhülle, die für diesen Zweck geeignet ist! Nicht alles, was nach Folienhülle aussieht, ist harmlos: Manche Materialien enthalten Lösungsmittel, die Ihre Folien angreifen ... Achten Sie deshalb auf den Vermerk »Für (Tageslicht-)Folien geeignet« – Kartonrahmen empfehle ich Ihnen nicht: Sie sind schlecht archivierbar und schützen die Folie nicht.

- Tip: **Flip Frames.** Das sind spezielle Folienhüllen, die an den Längsseiten aufklappbare Flappen besitzen, mit denen das quadratische Projektorformat auf das notwendige rechteckige Feld reduziert wird (Farbtafel ⑦). Diese Flappen haben aber noch einen Zweck: Sie können darauf Ihre Stichworte notieren – exakte Zahlen, oder Dinge, die auf der Folie selbst nicht visualisiert wurden. Damit sparen Sie sich Stichwortzettel, die zwischen den Folien meist verlorengehen oder stören. Achtung: Schreiben Sie Ihre Stichworte nur mit dickem, wasserfestem Folienschreiber und beschränken Sie sich auf ganz wenig Text – Symbole sind besser!
Legen Sie Ihre Folien auch bitte richtig in die Flip Frames: Die Flappen sollen am Projektor durch das Gewicht der Folie beschwert werden, damit sie nicht versehentlich zuklappen. Also: Flappen nach unten!

- Tip: **Überleger-Technik:** Ergänzungsfolien kleben Sie besser an einer Seite fest, damit Sie sich während des Vortrages nicht über die genaue Positionierung den Kopf zerbrechen müssen, sondern einfach »klappen« können. Wenn Sie die Wahl für links oder rechts offen haben, dann wählen Sie jene Seite, auf der Sie bei der Präsentation stehen werden. Kleben Sie eine vollformatige Deckfolie mit einem undurchsichtigen Klebeband von Rand zu Rand an – das sieht sauberer aus. Wenn Sie Folienhüllen verwenden, steckt die Basisfolie ja in der Hülle und die Deckfolie ist auf dieser Hülle befestigt. Damit hier nichts verrutscht, fixieren Sie die Basisfolie in der Hülle mit einem Stück durchsichtigen Klebestreifen.

- Tip: **Folien numerieren!** Aber nicht auf der Folie selbst – ideal sind dafür die Ränder von Folienhüllen bzw. die Flappen der Flip Frames.

6. Vermischte Tips

- Tip: **Achtung bei Farbkopien!** Farbkopien sind eine preiswerte Möglichkeit, den Farbeindruck einer Vorlage über Folie wiederzugeben. Das reicht z. B. völlig, um ein farbiges Balkendiagramm zu präsentieren – bei einer Schwarzweißkopie wären alle Balkenabschnitte grau. Überprüfen Sie das Ergebnis aber sorgfältig: Nicht alles, was nach Farbfolie aussieht, ist auch eine solche! Durch Bedienungsfehler am Kopiergerät werden oft falsche Farbpigmente verwendet, die dann in der Projektion nicht durchsichtig sind; das Ergebnis ist trotz einer »färbigen« Folie ein grauweißes Bild.

- Tip: **Highlight-Folien für Spezialeffekte:** Blaue Folien, deren Farbschicht durch spezielle, säurehaltige Schreiber verwandelt wird. Damit können Sie Punkte hervorheben oder direkt eine Botschaft auf die Folie schreiben. Die Farbveränderung verblüfft immer wieder, verlangt aber genau deshalb besondere Vorsicht: Kalkulieren Sie den »Vampireffekt« ein! Während sich der Farbzauber nämlich entwickelt, sind alle Gedanken mit der Technik beschäftigt und nicht mit dem Inhalt Ihrer Botschaft ...

- Tip: **Einstellfolie verwenden!** Bereiten Sie eine neutrale oder anlaßspezifische Folie vor, mit der Sie die Einstellung des Projektors überprüfen können, ohne dabei bereits mitten in Ihrem Vortrag zu sein (Bild ⑤⑤)!

Das Wichtigste aus diesem Kapitel:

- Werden Sie kein Schwarzweiß-Textfolien-Klatscher, der sein Publikum anödet!
- Der Weg zu einer guten Folie ist einfach:
  - Wenig Text,
  - bildhafte Inhalte,
  - lebhafte Farben,
  - dosierte Informationsmengen.
- Beleben Sie Ihren Vortrag durch farbige Ergänzungen und besonders durch Überlegerfolien.

Kapitel 14

Diapositive – worauf Sie achten müssen, damit aus Ihrer Diaserie ein überzeugender Vortrag wird

Vorurteil 1: »Dias sind aufwendig und aufdringlich.«

Vorurteil 2: »Dias sind bunt, Buntes ist schön, deshalb ist jedes Dia gut.«

Jeder Amateur kann Dias produzieren – aber die Managementpräsentation oder der Fachvortrag sind kein Lichtbilderabend. In diesem Kapitel beschäftigen wir uns mit »Kommunikationsdias«:

- Was bei der Komposition und Produktion wichtig ist;
- wie Sie die Farben aussuchen;
- was Sie über das Reproduzieren von Vorlagen wissen sollten;
- welche aktuelle Technologie Ihnen dabei hilft.

Wenn es dunkel wird ...

... dann wandern alle Blicke zur Leinwand, wir lehnen uns zurück, unsere Erwartung steigt, die Situation hat etwas Besonderes. Berücksichtigen Sie diesen Effekt bei Ihrer Vorbereitung. Die Aufmerksamkeit verschiebt sich vom Präsentator weg und zum Bild hin. Damit haben Sie auch weniger Möglichkeiten, durch persönliches Eingreifen das Bild »zurechtzurücken«, aufzuwerten. Die Qualität muß von vornherein besser sein.

Diese Überlegungen stellt auch Ihr Publikum unbewußt an und erwartet daher mehr Qualität. Diese Qualität sollten Sie bieten – oder ein anderes Medium wählen. Glücklicherweise ist Qualität mit der heutigen Technologie weder eine Frage des Geldes noch der Zeit.

Allgemeine Tips für den Diavortrag

- Tip: **Maximal 20 Minuten, maximal 50 Dias.** Längere Diaserien sind nicht nur ermüdend und (wegen des dunklen Raumes) einschläfernd, Sie verlieren auch als Vortragender zu viel an Gewicht. – 2½ Dias pro Minute sind das Meiste, was Sie der Aufnahmefähigkeit Ihrer Zuschauer zumuten können – und auch nur dann, wenn Sie sehr gute, das heißt sehr einfache Dias bringen. (Für die Profis unter Ihnen: Die einzelnen Dias einer Aufbau-Sequenz zählen natürlich nur als EIN Bild!)

ALLE Dias im Querformat!

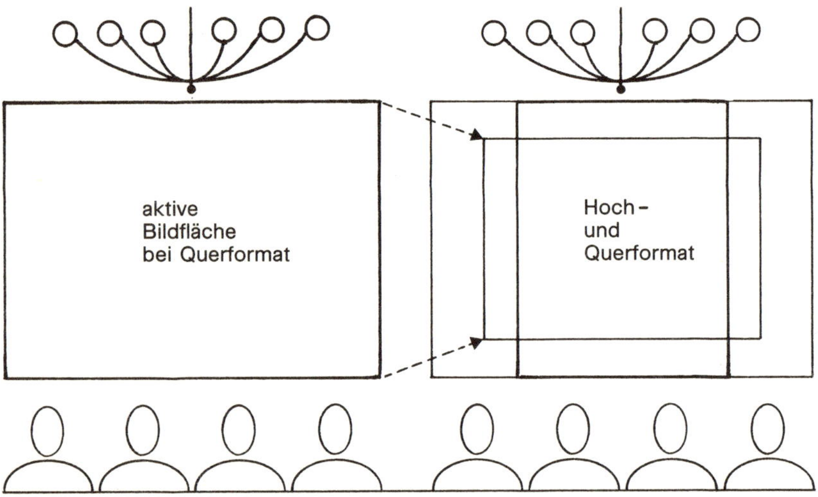

Bild ⑯: Mit Hochformat-Dias reduzieren Sie Ihre aktive Bildfläche um 55%!!

- Tip: **Querformat!** Eine hochformatige Folie können Sie noch am Projektor hin und her bewegen, wenn das obere und untere Ende nicht gleichzeitig zu sehen sind – beim Dia geht das nicht. Sie müssen Ihre Bildgröße um mehr als die Hälfte (!) reduzieren, damit auch das Hochformat voll zu sehen ist (Bild ⑯).

- Tip: **EINE Aussage pro Bild!** Diese Aussage kann natürlich auch sein »Überblick über das Ganze«; – dann folgen Sie aber mit den entsprechenden Detailaufnahmen nach und versuchen nicht, alle Einzelheiten anhand eines einzigen Bildes zu erklären.

- Tip: **Komplexe Bilder schrittweise aufbauen.** Produziert wird in umgekehrter Reihenfolge: Sie beginnen mit dem vollständigen Bild und entfernen ein Element nach dem anderen.

- Tip: **Arbeiten Sie in Dreier-Sequenz.** Solche Sequenzen kennen wir aus den Filmen: Totale – Halbtotale – Nah; von vorne – von oben – von links. Dabei können Sie die Distanz in beiden Richtungen ändern: eine Sequenz des Näherkommens, eine Sequenz des Entfernens.

- Tip: **Rechtzeitig duplizieren!** Das »Zurückblättern« mittels Fernsteuerung ist für die Zuschauer enervierend. Viel professioneller ist es, ein Bild mehrfach zu produzieren – die Kosten sind unbedeutend. Überlegen Sie, an welchen Stellen Sie die Zuschauer an ein bereits gezeigtes Bild erinnern wollen, und verwenden Sie dort ein Duplikat.

- Tip: **Maßstab einbauen!** Bei ungewohnten Größenordnungen helfen Sie den Zuschauern, sich zurechtzufinden: Bei Mikroskopaufnahmen ein Menschenhaar mitfotografieren, bei riesigen Industriekomplexen einen Arbeiter durchs Bild gehen lassen.

- Tip: **Glas oder glaslos?** Glaslose Diarahmung hat zwei Vorteile: Was nicht da ist, kann nicht verschmutzen und auch die bunten (Newton-)Ringe können nicht ablenken. Dafür sind aber Ihre Dias nicht geschützt, und die Ausdehnung unter der Projektionshitze führt zu einem »Ausspringen« der sich werfenden Dias: Die resultierende Unschärfe muß händisch oder automatisch nachjustiert werden. – Demgegenüber haben Glasdias, abgese-

Platzhalterdias

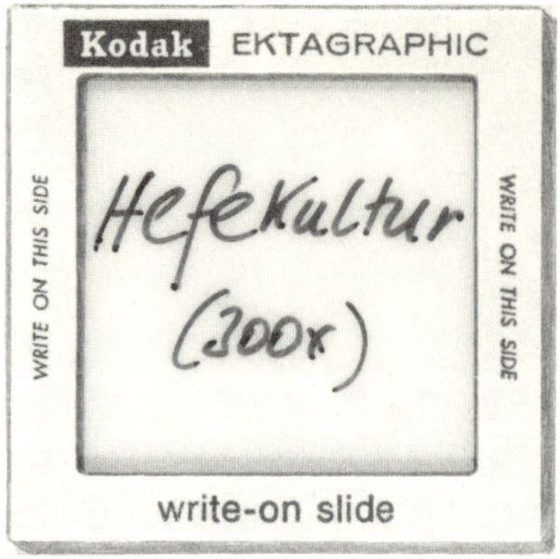

Bild (57): Diese Kartonrähmchen (Kodak Ektagraphic) besitzen eine beschreibbare Folie – beim Probelauf wissen Sie, was Ihnen an welcher Stelle noch fehlt!

hen von den Rahmenkosten, nur den Nachteil der Newtonringe. Dieses Problem reduzieren Sie dadurch, daß Sie die Dias zeitgerecht »anwärmen« – bei einem Carousel-(Karussell-)Projektor das Magazin aufsetzen und eine halbe Stunde vorher einschalten.

- Tip: **Platzhalterdias verwenden.** Üblicherweise entstehen Diavorträge nicht in einem Guß – einzelne Dias fehlen noch oder müssen korrigiert werden. Als Platzhalter verwenden Sie Ektagraphic-Write-On-Slides (Bild (57)), das sind Kartonrähmchen mit einem milchigen Film, den Sie mit Folienschreiber beschriften können. Hier vermerken Sie den Inhalt des geplanten Bildes, z. B. »Hefekultur«, und ordnen es an der geplanten Stelle ein. Das hilft bei Probeläufen und erleichtert die Übersicht über noch fehlende Elemente.

- Tip: **Schwarzdias statt Ausschalten.** Ihr Vortrag hat sicher Passagen, die nicht nur ohne Bild auskommen, sondern in denen ein Bild stört oder das nächste noch nicht paßt. Oder wo Sie dem Publikum die grelle, leere Leinwand ersparen möchten. Als Schwarzdia können Sie alles verwenden, was undurchsichtig ist und Diaformat hat. Vorsicht: Nicht alles, was schwarz aussieht, ist auch undurchsichtig!!! Die professionelle Lösung sind unbelichtete Filmstreifen in einem normalen Diarahmen. Ich ziehe

die »Srmcka-Quadrate« vor, die ich bei dem gleichnamigen Polaroid-Mitarbeiter kennengelernt habe: einfache Quadrate mit einer Seitenlänge von 4,9 cm aus starkem Karton. Das ist nicht nur billiger, Sie sehen auch auf einen Blick, an welcher Stelle im Magazin Schwarzdias stehen (Farbtafel ⑧).
Diese Lösung funktioniert aber nur bei Rundmagazinen einwandfrei – Projektoren mit Stabmagazinen sind empfindlicher, besonders wenn sie stark geneigt aufgestellt werden. Da sind normale Diarähmchen mit Schwarzfilm besser, nehmen Sie aber andersfarbige Rahmen, um die Schwarzdias leicht zu erkennen.

- Tip: **Dias numerieren.** Die fertigen Dias numerieren Sie – aber nicht irgendwie. Die beste Position ist das rechte obere Eck, von hinter dem Projektor aus gesehen. An diese Stelle kleben Sie kleine Etiketten in einer zum Diarahmen kontrastierenden Farbe und numerieren diese. Damit sehen Sie auf einen Blick, ob alle Dias richtig gereiht (und nicht seitenverkehrt usw.) eingeordnet sind. Den wirklichen Nutzen dieser Disziplin erleben Sie erst, wenn ein ungeschickter Operateur unmittelbar vor Ihrer Vorführung das Magazin ausleert und dank der Nummern die Sache schnell wieder in Ordnung bringen kann.
- Tip: **Ein Strich sichert Ordnung.** Bei Stabmagazinen gibt es eine ganz simple Methode, sich gegen Katastrophenfälle zu schützen: Vergewissern Sie sich, daß alle Dias richtig eingeordnet sind, und ziehen Sie dann mit Lineal und dickem Folienschreiber einen Strich diagonal über die Rücken der Dias (Farbtafel ⑧).
- Tip: **Manuskriptersatz:** Minidias. Bei der Folienpräsentation wissen Sie genau, welches Bild Sie als nächstes zeigen – Sie legen es ja selbst auf. Dieses »Vorausschauen« ersetzen Sie im Diavortrag zumindest durch eine komplette Bilderliste, die aber den Nachteil allen digitalen Materials hat: Sie können die Elemente nicht so schnell erfassen. Besser sind deshalb »Minibilder«, Duplikate Ihrer Dias als Stichwortbringer für den Vortragenden. Die einfachste Methode ist, von jedem Dia eine Sofortkopie auf Papier anzufertigen (ein handliches Gerät ist der VIVITAR Instant Slide Printer), oder aber Sie skizzieren den Inhalt des Dias auf ein Stück Papier.

Diapositive: Nicht zu viel, nicht zu klein!

Bild ㊽: Weniger ist mehr – besonders beim Dia. Wählen Sie kleine Ausschnitte und fotografieren Sie diese formatfüllend. Sonst droht Verwirrung – und Unleserlichkeit!

- Tip: **Einstelldia produzieren!** Die Justierung des Projektors (Einstellung von Schärfe, Bildformat und Höhe) ist heikler als in der Tageslichtprojektion, weil der Projektor meist außerhalb Ihrer Reichweite ist. Wenn Sie vor versammelter Mannschaft justieren müssen (Schärfe, Bildgröße, Höhe), dann ist dafür das erste Bild Ihres Vortrages denkbar ungeeignet. Es gibt fertige Justierdias mit Linienmustern zu kaufen, besser ist es aber, die Gelegenheit zur Einstimmung zu benützen: z. B. mit dem Titel der Veranstaltung oder einer Frage, die alle bewegt (Farbtafel ⑧ – siehe aber auch Vorschläge für Einstellfolien auf S. 155).

Welche Farbe wirkt wie?

Bei Realaufnahmen oder Reproduktionen stellen sich diese Fragen nicht: Ein blauer Himmel ist blau, Phenolphthalein lila. Viele Rezepte beziehen sich auf die computergestützte Diaproduktion.

- Tip: **Dunkler Hintergrund – starke Kontraste.** Rechnen Sie stets mit der ungünstigen Situation eines zu hellen Raumes! Oder – bildlich ausgedrückt – halten Sie sich die Möglichkeit offen, als Vortragender nicht völlig im Finstern versinken zu müssen.
- Tip: **Schwarz verdeckt Ungenauigkeiten.** Die Dias sind im Rahmen nicht immer genau zentriert – das ist für das Publikum erst dann erkennbar, wenn ein z. B. hellblauer Hintergrund genau die Grenzen des projizierten Bildes aufzeigt. Ein schwarzer Hintergrund macht diese Grenzen unsichtbar und auch das zu weit links stehende Bild wirkt sauber.
- Tip: **Einheitliche Farbgestaltung!** Entscheiden Sie sich für EINE Hintergrundfarbe, und legen Sie ein »Farbsystem« fest: in welcher Farbe schreiben Sie Überschriften, Legenden ...
- Tip: **Maßvoll kontrastieren.** Je dünner der Strich, je kleiner die Schrift, desto stärkere Kontraste brauchen Sie (Weiß auf Blau, Hellgelb auf Schwarz); Vorsicht bei größeren Flächen: Hier führen zu starke Kontraste zu einem unangenehmen Nachbild.

Reproduktion und Schriftgrößen

Die gebräuchlichsten Diavorlagen sind einerseits Bücher, andererseits maschinengeschriebene Textvorlagen. Beide sind ohne weitere Vorsichtsmaßnahmen als Diavorlagen problematisch.

- Tip: **Seitenverhältnis 3:2 beachten.** Dias sind noch etwas schmäler als das Seitenverhältnis der DIN-Norm (A4).
- Tip: **Bildbeschriftung vergrößern.** Die Erläuterung zu Bildern in Büchern ist viel zu klein – bei einem normalen Buchformat müßten sie mindestens 4 mm hoch sein. Hier sollten Sie mit Schildchen oder Prägeschriftbändern arbeiten.

Vorlagen für Textdias

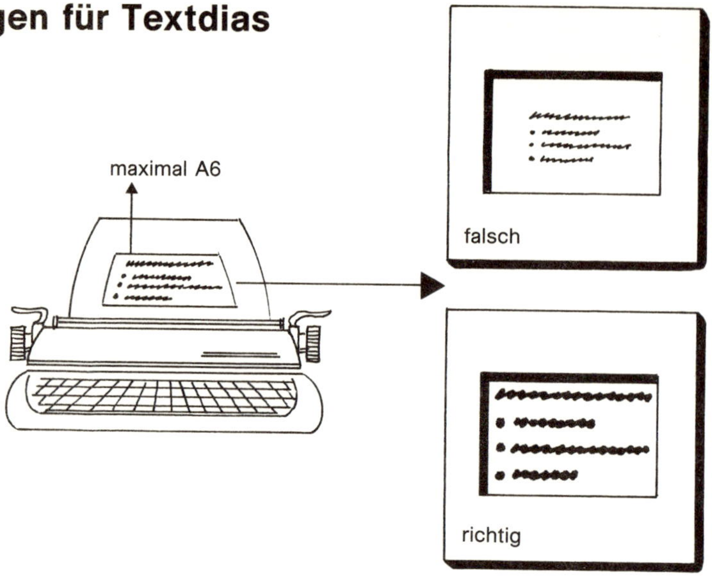

Bild (59): Ihre Vorlage darf maximal eine viertel Seite groß sein (A6) – dann formatfüllend fotografieren.

- Tip: **Schreibmaschinentext:** Beschriften Sie maximal eine Fläche von 12 x 8 cm, und lassen Sie diese bildfüllend fotografieren – damit kommen Sie wieder auf Ihre Mindestschrifthöhe von 2% der längsten Seite (Bild (59)).
- Tip: **Lesbarkeit überprüfen!** Ihr fertiges Dia halten Sie vor einen hellen Hintergrund: Es sollte aus 30 cm lesbar sein (schlechte Sichtverhältnisse im Projektionsraum), auf jeden Fall aus 20 cm (Bild (48) und (49)).

Technologie für den Diavortrag

Bildrecorder:

Zusatzgeräte zum Computer, mit denen das am Bildschirm erzeugte elektronische Bild auf Filmmaterial ausgegeben wird. Eine äußerst preiswerte Technologie und von der Qualität für Vortragende völlig ausreichend (ab öS 50 000 / DM 7 000, z. B. Polaroid-

Palette – Farbtafel ⑨). Bis auf zwei Grafiken sind alle Computer-Farbbilder in diesem Buch damit produziert worden.

Präsentationskopierer:

Sieht aus wie ein Kopiergerät – und ist auch so einfach zu bedienen! –, fertigt aber fotografische Aufnahmen von A4- und A5-Vorlagen an (Polaroid). Das Ergebnis sind je nach Wahl Instant-Pocketfolien, Dias oder Papierbilder (Farbtafel ⑨).

Filmmaterial:

Sofortbild-Technologie ist für den Präsentator nicht nur aus Aktualitätsgründen interessant, sondern weil sie die volle Kontrolle über das Material ermöglicht (vertrauliche Informationen bleiben in Ihrem Bereich). Neben gewöhnlichen Instant-Diafilmen für Realaufnahmen gibt es hochkontrastierende Filme für Computeraufnahmen und einen Film, bei dem eine schwarzweiße Vorlage weiße Zeichnung auf blauem Grund ergibt (Polablue – Farbtafel ③). »Normales« Diafilmmaterial ist dafür etwas brillanter.

Studiografik:

Natürlich können Sie auch professionelle Hilfe in Anspruch nehmen – wenn der Anlaß den Aufwand rechtfertigt. Vermeiden Sie es aber nach Möglichkeit, Hochklassiges und Amateurmaterial zu mixen (Beispiele Farbtafel ⑥).

Das Wichtigste aus diesem Kapitel:

- Die entscheidenden Bedingungen für ein gutes Kommunikationsdia: kräftige Kontraste, große Schrift, EIN Gedanke – und Querformat.
- Computer und Kopiertechnik machen gute Dias einfach und preiswert – produzieren Sie aber deshalb nicht zuviel!
- Ordentliche Vorbereitung lohnt sich: Schwarzdia, Dias numerieren – und ein Einstelldia.

Kapitel 15

Computergrafik vom PC – welche Hilfe Sie von Ihrem elektronischen Assistenten erwarten können

Vorurteil: Entfällt, da zu diesem Thema bereits genügend bekannt sind.

Computer oder nicht

Professionelle Präsentationsgrafik kommt in Zukunft nicht ohne Computer aus – das bedeutet aber nicht, daß Sie selbst so ein Ding auf Ihrem Schreibtisch oder in Ihrer Firma haben müssen. Die Entscheidung hängt unter anderem von folgenden Fragen ab:

- Welche Ausstattung besitzen Sie bereits (Computer, Drucker usw.)?
- Wie viele Bilder (Folien, Dias ...) werden pro Jahr benötigt?
- Wer soll damit arbeiten? (eine Zentralstelle oder mehrere Personen?)
- Fallen diese Arbeiten kontinuierlich an oder blockweise?

Anschaffungskosten von Geräten und Programmen sind heute sekundär geworden, auch die laufenden Produktionskosten sind zu vernachlässigen. Entscheidend ist der Zeitaufwand bei der Erstellung – und die dabei entstehende Frustration. Präsentationsgrafik vom Computer sollte nur jemand in Angriff nehmen, der regelmä-

Von der Bildidee zur Projektion – mit dem PC

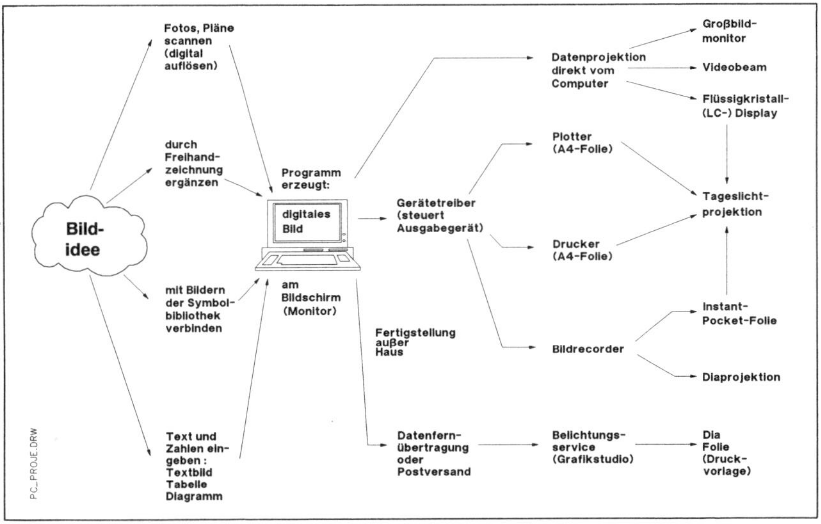

Bild (60): Am Anfang steht immer Ihre Bildidee – Computer sind einfallslos, bloß schnell und sauber.

ßig und intensiv damit zu arbeiten beabsichtigt: Wer seltener als alle zwei Wochen eine Präsentation vorbereitet oder weniger als zehn Bilder im Monat, der sollte die Finger davon lassen. Computergrafikstudios sind dann die Methode der Wahl.

Von der Idee zum elektronischen Bild . . .

Bild (60) zeigt Ihnen den Weg von der Bildidee zur Projektion – mit dem PC. Der erste Schritt ist in jedem Fall Ihre Skizze auf einem Blatt Papier – vorher schalten Sie den Computer nicht ein! Das Programm hilft Ihnen dann, aus Zahlen ein Tortendiagramm zu machen, Lastautos für ein Piktogramm übereinander zu stapeln, Textzeilen groß und sauber übereinander zu setzen, einen Firmenschriftzug elektronisch zu erfassen oder sogar von Originalvorlagen einzulesen. In 5–20 Minuten entsteht auf Ihrem Farbschirm das Bild, das Sie später projizieren wollen. Sie können die Elemente verschieben, vergrößern, verkleinern ... das geht tatsächlich ziemlich einfach.

... und vom Bildschirm zur Präsentation

Mit Ihrem Bildschirm können Sie allerdings keine Präsentation bestreiten – außer, Ihr Publikum besteht nur aus einer oder zwei Personen. Für die Weiterverarbeitung haben Sie grundsätzlich drei Wege:

1. Datenprojektion direkt vom Computer:

Ihr Bildschirminhalt wird mittels Videobeam (farbig) oder mittels Flüssigkristalldisplay (im wesentlichen einfärbig – Bild (62) und Farbtafel (10)) und Overheadprojektor projiziert. Sie erstellen Ihre Präsentation komplett am Schreibtisch, speichern das Ganze ab und rufen in der Präsentationssituation dann Bild für Bild auf.

2. Produktion außer Haus:

Sie speichern Ihre fertige Grafik ab und senden die Daten an ein Belichtungsservice. Solche Firmen haben hochwertige Kameras, die aus Ihrem Computerbild ein gestochen scharfes Diapositiv oder eine Folie machen.

3. Bildproduktion am Schreibtisch:

Dazu braucht Ihr Computer ein Peripheriegerät, wie z. B. Plotter, Drucker oder Bildrecorder. Diese sehen wir uns jetzt näher an:

Der Traum des Präsentators ...

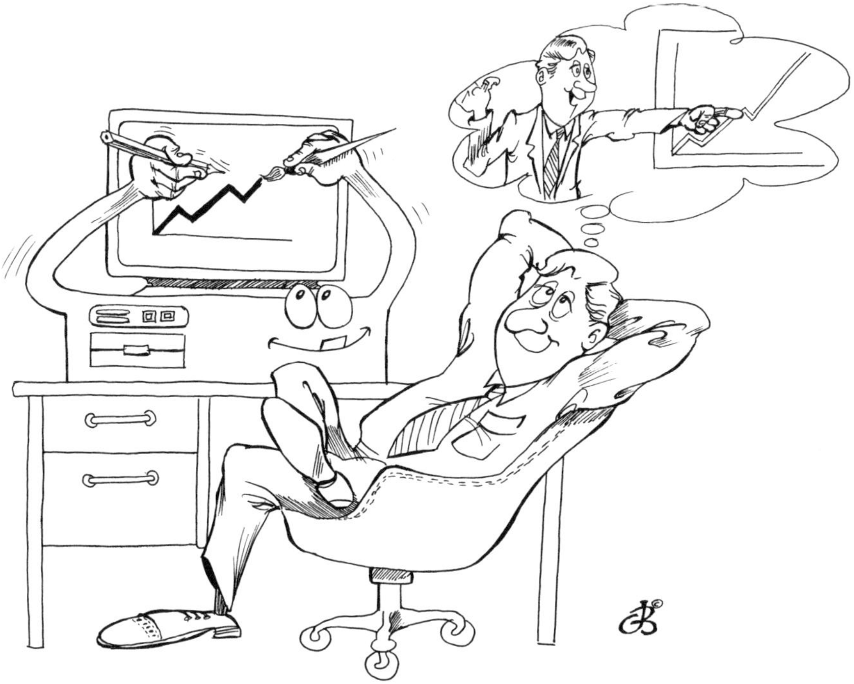

Bild 61: Ihr PC kann Ihnen in der Produktion wertvolle Dienste leisten – die eigentliche kreative Vorbereitungsarbeit bleibt bei Ihnen!

Ausgabegeräte für Präsentationsgrafik

Bei der Beschreibung und den Vor- und Nachteilen gehen wir davon aus, daß Sie aus der für Präsentationen völlig ausreichenden untersten Preisklasse wählen (Geräte zwischen öS 20 000 und öS 50 000 bzw. DM 3 000 bis DM 7 000).

Plotter

(Zeichenmaschinen mit vier bis acht Farbstiften – Farbtafel ⑧)

Vorteile: verläßlich und preiswert (ab öS 20 000 / DM 3 000); ergeben leuchtstarke Farben entsprechend den verwendeten Stiften; bei einfachen Strukturen und einfachen Schriften sehr schnell; exakte Strichführung – auch für Konstruktionszeichnungen geeignet (CAD).

Nachteile: Farbanzahl durch Zeichenstifte begrenzt bzw. Stiftwechsel notwendig; volle Farbflächen müssen Strich für Strich angelegt werden und verzögern den Zeichenprozeß; Probleme bei überlappenden Flächen und dreidimensionalen Darstellungen.

Farbdrucker

(Inkjet- bzw. Tintenstrahldrucker)

Vorteile: Leiser als der Plotter, gleiche Preisklasse; das Farbmischsystem ermöglicht einerseits größere Farbenvielfalt, andererseits erleichtert es das Handling (kein Stiftwechsel notwendig); volle Farbflächen und komplexere Schriftarten werden ohne Zeitverlust erstellt; überlappende Flächen und dreidimensionale Darstellungen exakt laut Monitoranzeige möglich.

Nachteile: Leuchtende Farben meist nur bei den Hauptfarben möglich, nicht bei Mischfarben; keine exakten Linien, daher für Konstruktionszeichnungen ungeeignet; bei einfachen Strukturen langsamer als der Plotter.

Bildrecorder Palette

(das Monitorbild wird in einem separaten Gerät durch vorgeschaltete Farbfilter auf Filmmaterial übertragen – Farbtafel ⑨)

Vorteile: Produziert Dias und Minifolien (8 x 11 cm); hohe Produktionsgeschwindigkeit (1–2 Minuten verglichen mit 10–15 Minuten bei den anderen Ausgabegeräten); dreidimensionale Darstellung und überlappende Flächen problemlos; 72 bis 256 leuchtende Farben wählbar; Produktionskosten pro Dia 5–10% von professioneller Studiografik.

Nachteile: Geringere Auflösung, sodaß in der Projektion statt Kurven feine Treppenstufen sichtbar sein können – nicht ohne weiteres als Druckvorlage geeignet! (Sie können das auf den Farbtafeln überprüfen!) Keine direkte Ausgabe auf A4-Folie möglich (nur kleinformatige Pocket-Folie oder Umweg über Dia); mit öS 50 000/DM 7 000 teurer als Farbdrucker oder Plotter.
Für den sinnvollen Präsentationseinsatz brauchen Sie zwei dieser drei Gerätetypen: den Bildrecorder für die ständig an Bedeutung gewinnende Diapräsentation, Plotter oder Farbdrucker für die nach wie vor wichtig bleibende, professionelle Overheadprojektion. Die Minifolie vom Bildrecorder kann die großformatige Folie überall dort nicht voll ersetzen, wo Sie selbst am Gerät noch Ergänzungen, Streichungen, Hervorhebungen vornehmen wollen. Andererseits kann auch die schönste Folie niemals die Anmutungsqualität einer Diaserie erreichen.
Bei der Entscheidung zwischen Plotter und Farbdrucker sollten Sie sich von der Art der geplanten Bilder leiten lassen: Für einfachere Diagramme, Texte und Bilder wählen Sie den Plotter. Sind Farben für Sie besonders wichtig und wollen Sie diese in großen Flächen einsetzen, oder dicke Schriften aus Gründen der Lesbarkeit, dann wählen Sie einen Farbdrucker.

Welches Computerprogramm ist das richtige?

> »... in kürzester Zeit gelingen Ihnen eindrucksvolle Grafiken, Schaubilder, Flußdiagramme und Illustrationen. Die Einsatz- und Gestaltungsmöglichkeiten des Programmes XY sind nahezu unbeschränkt.«

Solche Werbeaussagen sind gleichzeitig richtig und falsch und daher für den Einsteiger irreführend. Einige Ratschläge für die Entscheidung:

- Tip: **Vertrauen Sie nicht Ihrem Computerhändler,** er kennt bestenfalls ein einziges Programm, und das wahrscheinlich nur oberflächlich (ich weiß, es gibt Ausnahmen).
- Tip: **Kaufen Sie nicht aufgrund einer Demonstration!** »Demos« sind beeindruckend, einfach und sehr schnell. Bringen Sie eine Skizze für eine Folie oder dergleichen mit, und lassen Sie diese realisieren – bezahlen Sie den dafür notwendigen Zeitaufwand!
- Tip: **Kaufen Sie alles aus einer Hand.** Was immer Sie kaufen, kaufen Sie es bei derselben Firma, von der auch Computer und Zusatzgeräte stammen – dann gibt es keine Schuldzuweisungen, wenn etwas nicht funktioniert.
- Tip: **Kaufen Sie kein teures Programm!** Programme über öS 10 000/DM 1 500 sind entweder Exoten oder zu komplex für den Normalanwender.
- Tip: **Kaufen Sie bewährte Universalisten!** Universalisten sind Programme, mit denen Sie die ganze Bandbreite visueller Elemente verwirklichen können, vom Textbild bis zur Freihandzeichnung. Gute Erfahrung haben meine Kunden, Seminarteilnehmer und ich persönlich mit folgenden, seit Jahren kontinuierlich weiter entwickelten Programmen gemacht: Freelance Plus (Lotus Corp.), Harvard Graphics (Software Publishing Corp. – Farbtafel ② und ⑪) und 35 mm Express (Business & Professional Software Inc. – Farbtafel ②).

Fallgrube Computer

Angenommen, Sie haben es geschafft: Die Geräte sind gekauft, die Software ist installiert und funktioniert, in das Programm haben Sie sich eingearbeitet. Jetzt sind Sie in akuter Gefahr, ein Opfer der Technik zu werden:

1. Werden Sie nicht zum Computerfreak!

Wer wegen einer neuen Bohrmaschine überall im Haus Löcher bohrt, wird sich bei der Familie und den Nachbarn nicht viel Freunde machen. Der Computer ist ein Werkzeug, aber kein Grund für übermäßige Bildproduktionen. Ihr Ziel sind bessere, sauberere visuelle Hilfsmittel in kürzerer Zeit – nicht »MEHR Folien oder Dias«!

2. Zurückhaltung bei den technischen Möglichkeiten!

Die grafischen Fähigkeiten Ihres Programmes sind phantastisch. Das ist aber noch kein Grund, diese Fähigkeit in jeder Präsentation zu demonstrieren, schon gar nicht innerhalb eines einzigen Bildes. Auch wenn Sie sieben verschiedene Schriftarten von Gotisch bis Times Roman beherrschen – verwenden Sie nur eine einzige gut lesbare! – Dreidimensionale Diagramme wirken beeindruckend; das ist noch kein Freibrief für Sie, alles räumlich darzustellen.

3. Zeigen Sie kommunikative Kreativität!

Es besteht eine gewisse Gefahr, daß Präsentationen ähnlich aussehen, die mit denselben Werkzeugen erstellt werden. Aber auch eine Schreibmaschine produziert nur Buchstaben: vom Liebesgedicht bis zum Kriminalroman. Der Unterschied besteht in dem, was Sie aus Ihrem Werkzeug herausholen: Die wirklichen Möglichkeiten liegen in der Kombination der Bildsymbole zu neuen Aussagen – nicht darin, zu einer Textliste ein Bildchen dazuzukleben.

4. Bleiben Sie im Rahmen Ihres Programmes!

Jedes Programm hat unterschiedliche Stärken und Schwächen, jedes hat andere Symbolbibliotheken. Betrachten Sie das als Ihren Wortschatz für die Präsentation, und versuchen Sie, sich mit diesen Elementen überzeugend auszudrücken. Bildliche Hilfsmittel, die nicht vorgesehen sind, kosten enorm viel Zeit, und das Ergebnis ist im Schnitt unbefriedigend.

Das Wichtigste aus diesem Kapitel:

- Lassen Sie sich weder von Horrorstories abhalten noch von Lobeshymnen verführen: Bei richtigem Einsatz kann der Computer dem Vortragenden tolle Ergebnisse um wenig Geld und in kurzer Zeit liefern – aber eben nur bei richtigem Einsatz!

- Es gibt kein »bestes« Grafikprogramm und kein »bestes« Ausgabegerät – Sie müssen (wie sooft in der EDV) die Lösung auf Ihre Bedürfnisse abstimmen.

- Der Computer ersetzt keine kreativen Ideen – er schränkt Sie sogar zum Teil ein. Die Herausforderung ist: aus den gegebenen Möglichkeiten durch disziplinierte Arbeit in kurzer Zeit perfekte Resultate zu erzielen.

- Die größte Gefahr: zu viel, zu bunt, zu »technisch«.

Teil 5

Ihre Medien – Verstärker, Krückstock oder Belastung?

Kapitel 16

Tafel, Dia, Folie ... Welches Medium für welchen Zweck? Und wie viele gleichzeitig?

Vorurteil 1: »Das haben wir immer schon mit Overhead/Dia/Flipchart gemacht«

Vorurteil 2: »Je mehr sich beim Vortrag tut, desto besser!«

Als Vortragender sind Sie ein interessantes Objekt für viele Unternehmen: für Hersteller von Projektoren, Filmen und Folien, für Innenarchitekten, Computergrafikstudios, Flipcharterzeuger und Produzenten von Multimedia-Shows, für Computerhändler, Softwarehersteller und Präsentationstrainer. Dieses Kapitel will Ihnen dabei helfen, sich gegen allzu gut gemeinte Ratschläge durchzusetzen, indem es folgende Fragen beantwortet:

- Wovon hängt die grundsätzliche Medienentscheidung ab?
- Was sind die wichtigsten Vor- und Nachteile der gebräuchlichsten Präsentationshilfsmittel?
- Welche Medien kann man nebeneinander einsetzen, und was ist bei einer Teampräsentation wichtig?
- Wann wählt man ein »starkes«, wann ein »schwaches« Medium?

Medienwahl – ein Glücksspiel?

Bild 62: Wenn Sie Ihre Ziele und Ihr Publikum kennen, ist die Entscheidung nicht schwer!

Welches Medium? – Eine Entscheidung, die oft gar keine ist

»Medium« bedeutet (Hilfs-)Mittel, Träger einer Botschaft. Von einer Botschaft können wir nur dann sprechen, wenn es einen Sender gibt, der einem Empfänger etwas mitteilen möchte. Erst wenn klar ist, bei wem (Publikumsanalyse!) mit welchem Inhalt (Präsentationstyp!) welche Wirkung (Zielsetzung!) erreicht werden soll, stellt sich die Frage nach dem Medium. Hier ist die Liste der Einflußgrößen bei dieser Entscheidung:

Publikum: Wie viele Personen müssen etwas hören und sehen? An welche Standards sind sie gewöhnt?

Zielsetzung: Den Eindruck »technisch auf dem letzten Stand« können Sie leichter mit einer Videodatenprojektion als mit einer Wandtafel erzielen. Mit Dias »emotionalisieren« Sie leichter als mit Folien.

Räumliche Gegebenheiten: Für eine Diaprojektion brauchen Sie kontrollierte Lichtverhältnisse – aber gegen die Sonnenstrahlen auf der Leinwand kann sich auch der Overheadprojektor nicht durchsetzen.

Vorbereitungszeit: Die Computertechnik hat die Produktionszeit hochwertiger Folien und Dias enorm reduziert – trotzdem ist die händische Skizze am Flipchart, die (kolorierte) Kopierfolie schneller.

Budget: Professionell aussehende Dias sind viel billiger, als Sie denken, unleserliche Folien können Sie sehr teuer zu stehen kommen. Aber auch Projektionsgeräte kosten Geld – und haben Sie schon einmal über einen eigenen Konferenzraum nachgedacht?

Präsentationstyp: In unseren zehn Kurzbezeichnungen stecken schon eine Menge Annahmen über Publikumsgröße, Formalitätsgrad und wahrscheinliches Budget.

Die Konsequenzen für Ihre Medienentscheidung finden Sie in dem Raster »Medienwahl nach Präsentationstyp« (Bild ⑥③).

Medienwahl nach Präsentationstyp

	Teilnehmer	tragendes Medium	Ergänzungsmedium
informelle Arbeitssitzung	3—5	Flipchart, Schreibprojektor, Folien (A 4)	Wandtafel, Flipchart, Pinwand, Copyboard
Projektbesprechung	5—10	Folien (A 4) Folien (Mini)	Flipchart, Pinwand, Datenprojektion via Overhead, Copyboard
formelle Vorstandspräsentation, Verkaufspräsentation	5—15	Folien (Mini) Dia Folien (A 4)	Flipchart, Datenprojektion via Videobeam
Fachvortrag, Informationsveranstaltung	30—200	Dia Folien (Mini) — nur bei ausreichender Projektionsfläche	Datenprojektion und Videofilm über Videobeam (nur bis 50 Personen)
interne Motivationskonferenz, öffentlicher Standpunkt	20—50	Dia Folien (Mini)	Computeranimation und Videofilm über Videobeam

Bild (63): Das sind bloß Erfahrungswerte – weichen Sie davon stets ab, wenn es einen triftigen Grund gibt! (»Wir haben keinen Diaprojektor!« ist KEIN triftiger Grund . . .)

Vor- und Nachteile wichtiger Präsentationsmittel

1. Tageslichtprojektion

(Overhead-, Hellraumprojektion)

Vorteile: Folien sind schnell, einfach, billig herzustellen, jedoch ohne Grenzen in der Perfektion nach oben (gedruckte Folien, Folien in Diaqualität) – die Geräte sind technisch ausgereift, einfach, sicher und (bei Bedarf) transportabel. – Infolge hoher Lichtstärke können Sie damit praktisch überall präsentieren.

Nachteile: Das Medium wird häufig unterschätzt: Weil Folien scheinbar leicht zu produzieren sind, geht Quantität häufig vor Qualität, das Publikum wird überfordert und schaltet ab. – Die professionelle Handhabung ist weniger einfach, als es auf den ersten Blick aussieht. Schlechte Präsentatoren sprechen in den Projektor, zur Wand, blockieren die Sicht auf das projizierte Bild und benehmen sich sonst unbeholfen. – Der Overheadprojektor wirkt gelegentlich billig, überholt, erinnert an die Schule.

2. Diaprojektion

Vorteile: Gut geeignet für Gruppen bis zu mehreren hundert Personen, wenn Sie gespannte Aufmerksamkeit anstreben (Kinoeffekt) und wenn Sie aus technischen, emotionalen oder ästhetischen Gründen Farbtreue und Realitätsnähe brauchen. – Dias sind ein »besonderes« Medium (verglichen mit Tafel oder Tageslichtprojektor), das Publikum erwartet daher professionellere Qualität.

Nachteile: Vielfacher Verlust der Flexibilität: die Reihenfolge der Dias ist vorgegeben, ein Dia können Sie (im Gegensatz zur Folie) weder korrigieren noch ergänzen oder teilweise abdecken. – Ohne genaue Lichtkontrolle müssen Sie zwischen zu blassen Bildern oder einem finsteren Raum wählen, in dem Ihr Publikum einschläft und Sie selbst zum Rufer in der Nacht werden.

3. Flipchart

Vorteile: Einfach, billig, anspruchslos punkto Lichtverhältnisse – keine technischen Pannen möglich. – Ein reales, vertrauenerweckendes Medium: man kann es anfassen und arbeitet nicht an einem projizierten, sondern an einem echten Bild.

Nachteile: Abhängig von Handschrift und grafischem Talent des Produzenten. – Bei einer (vorbereiteten) Flipchartpräsentation sind Sie fast so unflexibel wie mit dem Dia, das Vor- und Zurückblättern ist mühsam. – Archivieren ist schwierig: wegen des Großformates müssen Sie die Charts abmalen oder abschreiben lassen oder (besser) fotografieren.

Daher ist das Flipchart heute kein tragendes Medium, aber ein **ideales, ergänzendes Hilfsmittel** (Spontanmedium) für kleinere und eher informelle Gruppen.

4. Pinwand

Die Pinwand ist kein eigentliches Präsentationsmedium, sondern kommt aus der Moderationstechnik (Farbtafel ⑩), dort wird sie dazu eingesetzt, Gruppen beim (kreativen) Lösen von Problemen zu helfen. Wir beschränken uns hier auf den Einsatz in der Präsentationssituation als ergänzendes Hilfsmittel.

Vorteile: Ideal zum Abfragen und als Ideenspeicher. – VOR der Präsentation beantwortet das Publikum durch Punktvergabe Fragen aus der Publikumsanalyse, z. B. Interessenschwerpunkte, Vorerfahrungen, Fachspezialisierung ... WÄHREND der Präsentation bzw. in der Pause nimmt die Pinwand Kärtchen mit Fragen des Publikums auf, die Sie dann »klumpenweise« behandeln können. – IN der Präsentation arbeiten Sie mit vorbereiteten Karten entweder analytisch oder synthetisch: Sie haben z. B. eine Sammlung von Problemen – jedes auf einem Kärtchen. Nach und nach behandeln Sie die Probleme und entfernen dementsprechend die Kärtchen (analytisch). Oder Sie befestigen für jede gewonnene Erkenntnis, für jeden behandelten Punkt ein Kärtchen auf der Pinwand, bis sich das Gesamtbild ergibt (synthetisch).

Nachteile: Die Lesbarkeit auch groß geschriebener Kärtchen endet bei 5 Metern. – Pinwände sind für Gruppensituationen konstruiert: ihr oberer Rand ist in Griffhöhe auch kleiner Personen, der untere Rand etwa 50 cm über dem Boden. Dadurch haben alle Sichtprobleme, die nicht in den ersten beiden Reihen sitzen.

Ein gänzlich anderer Einsatzbereich ist die **Posterpräsentation,** bei der die Pinwand ein vorbereitetes Plakat trägt (Farbtafel ①). In dieser Situation stehen die Zuschauer meist im Halbkreis herum, sodaß sich keine Sichtprobleme ergeben.

5. Videobeam und Großbildmonitor

Wir beschränken uns auf Vortragssituationen, in denen Sie mehr sind als nur ein Ein- und Ausschalter. Deshalb schließen wir das bewegte Videobild (Videofilm) aus unserer Betrachtung aus und konzentrieren uns auf die farbige Datenprojektion. Die Bilder kommen regelmäßig von einem (Personal-)Computer und sind entweder normale Bildschirminhalte (Eingabemasken, Tabellen, analytische Diagramme) oder speziell erzeugte elektronische Präsentationsgrafiken. Haupteinsatzbereich sind Demonstrationen von EDV-Abläufen vor einer größeren Anzahl von Personen, sei es zu Schulungs-, sei es zu Informations- oder Verkaufszwecken. Uns interessiert hier die Verwendung als Bildträger, unabhängig vom Gegenstand des Vortrages.

Vorteile: Keine Folien, Dias und andere greifbaren Materialien notwendig – das reduziert Produktionskosten, Produktionszeit und sichert die Vertraulichkeit. – Zahlenorientierte Argumentationen können sofort im Dialog gelöst werden (»Wie würde sich eine Erhöhung des Werbebudgets und des Preises bei sinkendem Marktanteil auswirken?«). – Klarer Anspruch auf Modernität, Aktualität und technologische Kompetenz.

Nachteile: Die Geräte sind teuer (Faktor 20 gegenüber Dia oder Tageslichtprojektion), nicht echt transportabel (ca. 40 kg) und nicht einfach in der Bedienung. – Der Videobeam ist zudem nur so lichtstark wie ein Diaprojektor, aber ohne dessen Brillanz.

6. Datenprojektion mit LC-(Liquid Crystal-)Display und Tageslichtprojektor

Eine Flüssigkristallanzeige wie bei Ihrem Taschenrechner dupliziert den Bildschirminhalt des Computers. Das plattenförmige Gerät wird wie eine Folie über den Overheadprojektor gelegt, der das Bild auf die Leinwand projiziert. Die Geräte arbeiten entweder schwarzweiß mit bis zu acht Grautönen oder simulieren Farbunterschiede im Spektrum zwischen Gelb und Rot (Farbtafel ⑩).

Vorteile: Im Schwarzweißbereich relativ ausgereifte Technologie, einfache Handhabung (vorausgesetzt, man kann mit einem Computer umgehen). – Widerstandsfähig, transportabel (2 bis 4 kg) und preiswert: 10 bis 15% eines Videobeams.

Nachteile: Lichtschwächeres und kleineres Bild als bei einer Folienprojektion. – Fehlende bzw. blasse und dumpfe Farben sowie die immer noch geringe Lichtstärke führen schnell zu Ermüdung.

Doppelconférence und Medienwechsel

Daß Fragen in dieser Richtung häufig gestellt werden, hängt mit unserem (privaten) Medienkonsum zusammen. In jeder Show geben die Künstler einander das Mikrofon in die Hand, Tanzeinlagen wechseln mit eingeblendeten Filmen usw. Das gefällt. Verständlich, daß wir als einfache Vortragende begehrlich zu diesen Techniken hinüberschielen. Was geht?

Teampräsentation:

Die **Vorteile** sind offensichtlich – der Gesichterwechsel aktiviert die Zuschauer, das Zusammenspiel zweier Vortragender ist interessant, bei kniffligen Fragen kann man durch gegenseitiges Zuspielen Zeit gewinnen, die Vorbereitungsarbeit und der Streß wird verteilt.
Übersehen Sie aber nicht die **Nachteile:** Solange Sie alleine sind,

Bild 64: Teampräsentationen erfordern genaue Abstimmung – sonst wird die Sache peinlich.

können Sie umreihen, improvisieren, Vergessenes unauffällig nachholen usw. Bei der gemeinsamen Präsentation werden solche kleine Dinge zum nervenzerrüttenden Wechselspiel. Und dann die Choreografie: Als Alleinvortragender stehen Sie auf, sprechen, beantworten Fragen, setzen sich wieder nieder. Bei der Teampräsentation hat zumindestens einer immer Pause – soll er sich totstellen? Fortgehen? Beobachten Sie nur, wie linkisch auch gute Vortragende die Begrüßung und die Vorstellung eines Tagungsleiters über sich ergehen lassen, dabei nicht wissen, wo sie hinsehen oder was sie mit ihren Händen tun sollen.

Eine **Empfehlung:** Denken Sie über Teampräsentationen nur dann nach, wenn Sie einen guten Grund dazu haben. Und mehr als 20 Minuten zu bestreiten sind. Lassen Sie die einzelnen Sprecher in Schwung kommen – Passagen unter 10 Minuten sind nicht produktiv. Und denken Sie über die Choreografie nach. VOR der Präsentation!

Medienwechsel:

Achtung: Wir sprechen hier nicht von der Verwendung eines zweiten visuellen Hilfsmittels als Ergänzungsmedium, wie z. B. eines Flipcharts oder einer Tafel, wo Sie zwischendurch die Antwort auf eine Frage skizzieren oder einen spontanen Gedanken entwerfen. Hier interessiert uns der Medienwechsel nur in der Form, daß Sie für eine bestimmte Sequenz Ihrer Präsentation ein anderes Hilfsmittel vorbereitet haben, also z. B. vom Overheadprojektor auf Diaprojektion umsteigen.
Ihr Publikum liebt es, wenn Sie die Medien wechseln, denn das ist interessant, zeigt Ihr Bemühen um eine gute Kommunikation und gibt Gelegenheit, sich wiederum einmal anders hinzusetzen. Es liebt also den Medienwechsel, aber nur unter folgenden Voraussetzungen:

- **Wenn er reibungslos funktioniert,** also ohne peinliche Pannen (»Wo ist denn ein Verlängerungskabel?«).
- **Wenn der Grund für den Medienwechsel einsichtig ist.** Für die Erklärung eines Prinzips ist die Folienpräsentation sehr gut geeignet, Realaufnahmen (vom Mikroskop bis zur Architektur) sind beim Diaprojektor besser aufgehoben.
- **Wenn keine Unruhe oder Hektik aufkommt.** Wir lieben Abwechslung, aber nicht zu viel. Insbesondere stört es uns, wenn wir als Zuschauer uns dauernd an andere Lichtverhältnisse anpassen müssen. Meine Empfehlung: Nicht weniger als 5 Minuten pro Medium.

Sonderfall Doppelprojektion

Darunter verstehen wir die Projektion auf zwei getrennte Flächen, egal ob durch gleiche oder verschiedene Medien. Zum Beispiel könnten Sie mit einer Folie eine schematische Darstellung des

Herzens projizieren, mit dem Diaprojektor parallel dazu verschiedene Schnitte oder Mikroskopaufnahmen aus diesem Organ. Damit können Sie dem Publikum helfen, sich zu orientieren. Kritisch ist bei diesen Techniken die Abstimmung der Lichtverhältnisse: Dias sind eben lichtschwächer als Folien. Auswege sind der Dimschalter am Overheadprojektor (für weniger helles Licht) oder besonders lichtstarke Linsen für Ihren Diaprojektor.

Soll ich ein »starkes« oder ein »schwaches« Medium einsetzen?

Unerfahrene Präsentatoren stellen diese Frage oft. Und erhalten darauf zwei konträre Antworten:

> »Ein unsicherer Vortragender braucht ein verläßliches, beeindrukkendes Hilfsmittel. Eine professionelle, sauber gemachte Diaserie gibt Ihnen Sicherheit, denn Sie wissen, daß Ihre visuellen Hilfsmittel gut ankommen.«
>
> »Unsichere Präsentatoren sollten sich an ganz einfache Hilfsmittel halten – Hände weg von Diaserien und dergleichen! Im Vergleich zu einem perfekten Medium werden die Unzulänglichkeiten des Vortragenden in peinlicher Weise überzeichnet. Unweigerlich macht er dann auch einmal etwas falsch, drückt auf den falschen Knopf – und kommt dann völlig außer Fassung. Ein einfaches Hilfsmittel – ein Flipchart, eine handgezeichnete Folie – signalisiert dagegen ehrliche Geradlinigkeit. Das honoriert jedes Publikum!«

Wie immer liegt die Wahrheit in der Mitte. EINE Entscheidung müssen Sie vorweg treffen: Wollen Sie als Person wirken – oder möchten Sie hinter den angebotenen Inhalten zurücktreten? Dieses Buch ist für diejenigen geschrieben, die den ersten Fall anpeilen, und dann lautet meine Empfehlung so:

Wählen Sie das stärkste Medium, das Sie auch in der Streßsituation Ihres Vortrages noch gut »reiten« können!

Das Wichtigste aus diesem Kapitel:

- Das für Sie beste Medium ergibt sich, sobald Sie wissen, welchen Eindruck Sie bei wem und unter welchen Umständen machen wollen.
- Einwandfreie Sicht – ohne Ermüdung – ist oberstes Gebot. Beachten Sie daher bei einem Mediamix die unterschiedlichen Lichtstärken der verschiedenen Technologien!
- Bringen Sie Abwechslung (Medien, Präsentatoren) – aber nicht als Selbstzweck.
- Auch das modernste, teuerste, blendendste Medium ist Ihr Knecht. SIE müssen der Star bleiben, denn was zählt, ist IHRE Persönlichkeit!

Kapitel 17

Blicke führen und Aufmerksamkeit steuern – was Sie bei allen Präsentationsmedien berücksichtigen sollten

Vorurteil 1: »Ein Bild, das sich nicht selbst erklärt, ist schlecht.«

Vorurteil 2: »Was am Bild drauf ist, sieht ohnedies jeder.«

Das Zusammenspiel des Vortragenden mit den Medien (Tageslicht- oder Diaprojektor . . .) und dem gezeigten Bild unterscheidet die Präsentation vom reinen Vortrag. In diesem Kapitel erfahren Sie ein paar grundlegende Tatsachen, aus denen Sie viele Rezepte ableiten können:

- wo Sie stehen und womit Sie zeigen sollen;
- welche fünf Schritte Sie bei jedem Ihrer visuellen Hilfsmittel setzen müssen, damit Sie das meiste für Ihre Zuschauer »herausholen«;
- wie Sie die klassische Todsünde des »Sprechens zur Tafel« vermeiden.

Bild ⑥⑤: Der Zuschauer kommt unvorbereitet – SIE dagegen haben einen gefährlichen Wissensvorsprung!

Zehn Tatsachen, die Sie nicht ungestraft ignorieren können:

1. Der Zuhörer kommt unvorbereitet.

Je mehr Sie sich vom reinen Fachvortrag unter Experten entfernen, desto weniger können Sie voraussetzen. Ankündigungen, Einladungen – sogar das Versenden von Unterlagen vorweg – ändern daran nur wenig.

2. Zuschauen ist nicht gleich Lesen.

Das Lesen eines Berichtes ist ein aktiver, eigenverantwortlicher Vorgang, bei dem der Leser das Tempo selbst bestimmt und bei Bedarf im Text zurückspringt. Der Vortrag ist für das Publikum ein passives Erlebnis ohne Möglichkeit, Geschwindigkeit oder Sequenz zu beeinflussen.

3. Das Wichtigste sind Sie selbst!

Ihre Zuhörer sind gekommen, um SIE zu sehen und zu hören. Andernfalls könnten Sie ja Ihren Text und Ihre Bilder mit der Post oder per Videokassette verschicken.

4. Sprache ist schwächer als Bilder.

Ihre visuellen Hilfsmittel sprechen den stärksten Informationskanal der Zuschauer an: das Auge. Mit Worten alleine können Sie sich gegen die Kraft visueller Informationen nicht durchsetzen – Sie brauchen Ihren Körper dazu.

5. Bewegung hat Priorität.

Die Wahrnehmung und Identifikation einer Bewegung war für den Urmenschen überlebenswichtig: sie bedeutete entweder Gefahr (ein Angriff) oder Chance (ein Beutetier). Wir funktionieren noch immer so, und deshalb läßt sich unsere Aufmerksamkeit am besten durch gezielte Bewegung steuern. Das wußten schon die Bänkelsänger im Mittelalter – sie haben stets auf den Teil ihrer Bilder gezeigt, über den sie gerade sangen.

6. Ein gutes Bild ist unklar.

Perfekte, selbsterklärende Bilder machen den Vortragenden überflüssig. Wir erinnern uns: Ein gutes Bild ist ohne Ihre Führung unklar, verlangt nach Ihrem Beitrag.

7. Für das Publikum ist alles neu und interessant.

Sie selbst als Vortragender kennen natürlich Ihre Bilder – Sie haben sich lange genug in der Vorbereitung damit herumgeärgert. SIE wissen daher ganz genau, was dieser Strich in jener Farbe an dieser Stelle bedeutet. Dieser Informationsvorsprung kann dazu führen, daß Sie Ihr Publikum verlieren und daß das Bild seinen Zweck nicht erfüllt.

8. Nichts ist selbstverständlich.

Ein guter Ratschlag für alle Vortragenden lautet:

»Überschätzen Sie niemals das Wissen Ihrer Zuhörer, unterschätzen Sie niemals ihre Intelligenz!«

Wenig (Fach-)Wissen vorauszusetzen, ist etwas ganz anderes, als sein Publikum für dumm zu halten.

9. Rechtzeitig aufspringen!

Ein neues Bild ist wie ein wildes Pferd: Wenn Sie es nicht sofort unter Kontrolle bringen, galoppiert es davon – und mit ihm die Phantasie und die Assoziationen der Zuschauer.

10. Jedes Bild ist ein Vampir.

»Echte« Vampire saugen Blut, Vortrags-Vampire saugen die Aufmerksamkeit des Publikums ab – von Ihrer Botschaft. Alles, was Sie zeigen, ist ein Hilfsmittel – solange Sie damit präsentieren. Vor und nach dieser produktiven Zeitspanne ist auch das beste Bild ein potentieller Vampir: Es lenkt das Publikum von Ihren Worten ab.

Ihre Position im Raum und wie Sie den Blick führen

- Tip: **Besetzen Sie die zentrale Position!** Ordnen Sie Projektionsflächen und Geräte so an, daß Sie im Mittelpunkt stehen. Berücksichtigen Sie das auch, wenn Sie für die Einrichtung eines Vortragsraumes verantwortlich sind. Natürlich darf das nicht zu Lasten der Sichtbarkeit Ihrer Bilder gehen ...

- Tip: **Bilden Sie mit dem Bild eine visuelle Einheit!** Wenn Sie die Kraft Ihrer Persönlichkeit in die Waagschale werfen wollen: Ersparen Sie den Zuschauern eine zu große Entfernung zwischen dem Bild und dem Vortragenden – denken Sie an die Zuschauer beim Tennismatch, und vermeiden Sie diesen Effekt.

- Tip: **Greifen Sie von links ins Bild ein.** Ihre strategisch beste Position ist links vom Bild: Dort liegen Zeilenanfänge, der Ursprung des Koordinatensystems, Bewegungen gehen grundsätzlich von links nach rechts. – In Verbindung mit dem vorigen Tip bedeutet das, daß Sie nach Möglichkeit direkt links neben dem projizierten Bild stehen sollten (vom Zuschauer aus gesehen). Ausnahmen lernen wir bei der Overheadprojektion kennen.

- Tip: **Steuern Sie die Präsentation selbst!** Die Bedienung eines Projektors überlassen Sie nur dann einer anderen Person, wenn Sie mit einem vollständigen Manuskript arbeiten – und außerdem die Schlüsselwörter für den Bildwechsel präzise vereinbart haben. In allen anderen Fällen wechseln Sie selbst Folien, drükken selbst auf den Fernsteuerungsknopf. Bedenken Sie: Die wichtigste Bildführungsaufgabe ist der Bildwechsel, die kritischsten Sekunden diejenigen unmittelbar danach.

- Tip: **Führen Sie mit Ihrem Körper, nicht mit Instrumenten.** Ihre (lebendige) Hand ist ein stärkeres Signal als der schönste Lichtzeiger. Außerdem ist die Blickführung mit der Hand ein Energieventil: Dadurch werden Sie überschüssige Energie, »Lampenfieber« leichter los. Auch Ihr Körper dient der Blickführung: Durch einen Positionswechsel unterstreichen Sie Ihre Aussage »einerseits – andererseits«.

- Tip: **Signalisieren Sie Sicherheit durch ausgedehnte Blickführung.** Ihre zur Blickführung an der Projektionsfläche erhobene Hand vergrößert Ihre visuelle Präsenz: Sie wirken größer und damit kompetenter, glaubwürdiger usw. (das sind uralte und sehr wirksame Verhaltensmuster: Wir machen uns größer, blasen uns auf, setzen hohe Hüte oder Helme auf und vergrößern die Schultern durch Ausstopfen und durch Schulterklappen).
- Tip: **Wenn schon ein Zeiger, dann ein ordentlicher!** Wenn Ihre Hand zur Blickführung wirklich nicht ausreicht, dann vergessen Sie wenigstens die lächerlichen Stäbchen von 60 cm Länge – erst ab etwa 90 cm ist es ein richtiger Stab, oder Sie nehmen gleich einen Leuchtzeiger oder Laserpointer.

Die kritischen fünf Schritte bei jedem neuen Bild

Sie haben visualisiert, einfache, starke Bilder vorbereitet, eine Menge Arbeit investiert. Lassen Sie sich nicht durch falsch verstandene »Dynamik« um den Erfolg Ihrer Mühe prellen! Halten Sie die folgenden fünf Schritte genau ein – Ihr Publikum wird es Ihnen mit Interesse, Verständnis und Sympathie lohnen (Bild ⑥⑥).

1. Ankündigen

Stimmen Sie Ihre Zuschauer ein auf das, was jetzt kommt – aber ohne die Information vorwegzunehmen! Gute Ankündigungen helfen dem Zuschauer, sich auf das nächste Bild vorzubereiten, z. B. durch (Denk-)Aufforderungen oder (rhetorische) Fragen:

> »Welche Meßergebnisse haben wir vorzuweisen?«
> »Wie sieht nun die Situation in der Schweiz aus?«
> »Stellen wir uns einmal eine ganz andere Sitzordnung in unserem Büro vor!«
> »Untersuchen wir die Verkaufsentwicklung in zwei wichtigen Produktbereichen!«

Wie Sie durch Ihre Bilder führen

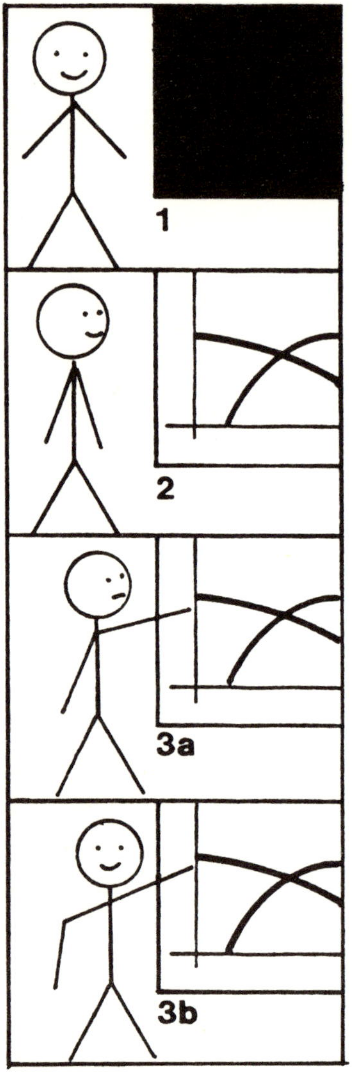

Bild 66a

1. Ankündigung (kein Bild sichtbar)
»Sehen wir uns die Entwicklung zweier wichtiger Produktgruppen an.«

2. Zeigen
Schweigend das angekündigte Bild freigeben, 1–2 Sekunden wirken lassen.

3. Klären
Das Publikum durch die einzelnen Elemente führen – im Telegrammstil

3a: TOUCH (Berühren): Schweigend das zu klärende Objekt berühren.

3b: TURN (Umdrehen): Umdrehen – Hand als Zeiger lassen.

Bild 66b

3c: TALK (Sprechen): Das Objekt nennen – »die Verkäufe in 1.000 Dollar«

Für jedes Element wiederholen!

4. Interpretation
»Sie sehen einen negativen Trend beim Produkt A, der sich seit der Einführung des Produktes X verstärkt hat . . .«

5. Resümee
»Die Entwicklung zeigt eine Gefährdung unseres wichtigsten Geschäftsbereiches . . .«

6. Überleitung = 1. Ankündigung
»Welche Alternativen haben wir?«

2. Zeigen

Schließen Sie Ihre Ankündigung sprachlich mit einem Punkt, einem Fragezeichen, einem Rufzeichen oder einem Doppelpunkt ab – machen Sie eine Pause, während Sie das Bild präsentieren. Gegen ein neues Bild haben Ihre Worte nicht nur keine Chance, sie stören den Wahrnehmungsprozeß bloß. Geben Sie Ihren Zuschauern, ein oder zwei Sekunden, um das Bild einfach aufzunehmen. Für Sie selbst ist dieser kurze Zeitraum ebenfalls wichtig: Jetzt aktualisieren Sie alle die Gedanken, die Sie bei der Vorbereitung, während der Erstellung des Bildes hatten.

3. Klären Sie das Bild

Jetzt sind Sie in größter Versuchung, einen Schritt zu überspringen und gleich mit der Bedeutung zu beginnen, die das Bild nach Ihrer Absicht für das Publikum hat. Ihre Zuschauer sind aber noch nicht »reif« für diese Botschaft – Sie müssen zuerst erfassen, was eigentlich alles auf Ihrem visuellen Hilfsmittel zu sehen ist. Nehmen Sie sich 10 bis 30 Sekunden, und führen Sie die Blicke Ihrer Zuschauer durch alle (!) visuellen Elemente Ihres Bildes. Lassen Sie Ihrem Bild gewissermaßen die Luft aus, demontieren Sie seine Neuigkeit.
Bei diesem Schritt sind Sie unter doppeltem Zeitdruck: Einerseits ist das Auge und die Auffassungsgabe Ihrer Zuschauer sehr schnell, andererseits quält Sie Ihre Überlegung: »Wozu erkläre ich eigentlich etwas, das bei etwas Nachdenken sowieso klar ist?« Beide Probleme lösen Sie nicht durch schnelles Sprechen, sondern durch einen Telegrammstil, der praktisch nur die abgebildeten Dinge beim Namen nennt, während Sie jeweils auf den angesprochenen Gegenstand weisen (Bild ⑰).

> (Klärung einer Absatzstatistik): ». . . die Absätze in 1000 Tonnen . . . Geschäftsjahre 87 bis 91 . . . Rot die Diagnostika . . . Blau therapeutische Produkte. . .« –

> (Vorstellung eines Lageplans:) ». . . der Empfangsraum . . . Chefsekretariat . . . das Direktionszimmer . . . die Telefonzentrale . . . Rot die Verkabelung für das Computernetzwerk . . .«

Dabei verwenden Sie einen Zeiger, der den Blick auf das besprochene Objekt führt – ohne es zu verdecken, ohne zu irritieren (Farbtafel ⑫ und ⑬).

4. Expansion

Jetzt erst kommen Sie zu dem für Sie selbst wichtigsten Punkt: Was Sie mit Ihrem Bild eigentlich sagen wollen, der Bedeutung. Für die Expansion, für die Erweiterung des Bildes – seine Bedeutung oder Tragweite – gibt es einen für Sie genau erkennbaren richtigen Zeitpunkt: Wenn die Blicke Ihrer Zuschauer vom Bild zu Ihnen wechseln. Das signalisiert die Frage: »Und was willst du damit sagen?« Durch den vorhergehenden Schritt der Klärung ist Ihr Publikum jetzt auch bereit dafür und in der Lage, das zu erfassen, was Sie meinen und für richtig halten. Jetzt sind Sie natürlich auch nicht mehr unter Zeitdruck (es gibt keine Rätsel mehr am Bild) und deshalb können Sie auch wieder in normalen Sätzen sprechen:

> »Das bedeutet, daß wir diesem negativen Trend entgegenwirken müssen.«
> »Sie sehen, daß wir überall äußerst kurze Wege eingeplant haben.«
> »Wie können wir diese unterschiedlichen Meßergebnisse erklären?«

5. Resümee

Jetzt ist es Zeit, sich von dem gezeigten Bild zu verabschieden: Sie tun das, indem Sie die Bedeutung der sichtbaren Elemente kurz zusammenfassen:

Wie Sie visuelle Elemente erklären

Nicht so . . .	. . . sondern so!
»Das soll den Lageplan des Fabriksgeländes in . . . darstellen.«	(umfassende blickführende Bewegung): »Das Fabriksgelände in . . .«
»Ich hoffe, daß Sie das als Injektionsspritze erkennen, und damit meine ich den ärztlichen Beruf.«	(auf das Symbol zeigen:) »Diese Injektionsspritze steht für den ärztlichen Beruf.«
»Auf der X-Achse habe ich die Jahre aufgetragen.«	(auf die Achse zeigen:) »Die Jahre 87 bis 92 . . .«
»Wie Sie sofort erkennen . . .«	»Sie sehen X . . . Y . . . Z. Daraus können Sie erkennen . . .« (Nicht mit Behauptungen eröffnen!)

Bild 67: Telegrammstil und klare Feststellungen! Vermeiden Sie Langatmigkeit und Signale der Schwäche: »Ich habe versucht . . .«, »Das soll . . . darstellen«, »Ich kann zwar nicht zeichnen, aber . . .«

»Wir sehen also, daß der Absatz eines wichtigen Produktes einen negativen Trend aufweist, der die Ertragskraft unseres Unternehmens gefährdet.«

6. Überleitung = 1. Ankündigung

Helfen Sie Ihren Zuhörern, Ihrem Gedankengang zu folgen! Je einsichtiger Ihre Überleitungen sind, je bequemer die Brücken von Gedanken zu Gedanken, desto zwingender und desto verständlicher werden Ihr Vortrag und Ihre Schlußfolgerungen.

»Welche Alternativen haben wir, um dieser Gefahr zu begegnen?«
»Die Forschungsergebnisse von Mayer, Huber und Schmied ergeben ein ganz anderes Bild: . . .«
»Damit haben wir den technischen Teil abgeschlossen und kommen nun zu den finanziellen Aspekten.«

Die Kunst der Blickführung
Oder: Wie Sie NICHT Ihren Rücken zeigen

Die Aufgabe scheint auf den ersten Blick unlösbar: Sie stehen neben der Projektionsfläche oder neben dem Flipchart, sollen den Blick Ihrer Zuschauer führen und dabei die ganze Zeit Blickkontakt haben. Schließlich müssen Sie doch auf das Bild sehen, um die Hand (oder den Zeigestab) richtig plazieren zu können!
Das ist richtig. Kritisch ist aber nicht der uns zugewendete Rücken des Vortragenden an sich, sondern die Tatsache, daß er zu uns spricht, während er verkehrt steht. Das stört, verärgert – und ist nicht notwendig. Dazu brauchen Sie die Technik des TOUCH (berühren) – TURN (umdrehen) – TALK (sprechen) (Bild 66).
Sie unterbrechen Ihre Sprache ganz einfach jedesmal, wenn Sie sich zu Ihrem Bild umdrehen – das fällt Ihnen umso leichter, je

mehr Sie »Telegrammstil« sprechen, wie Sie es während der Phase »Klären« ohnedies tun sollten. Schweigend suchen Sie sich den Punkt, auf den Sie zeigen wollen, und berühren ihn (TOUCH). Lassen Sie Ihre Hand auf dem Punkt, und drehen Sie sich (noch immer schweigend!) um: TURN. Jetzt erst beginnen Sie zu sprechen (TALK).

Verwenden Sie dazu so weit wie möglich die Handinnenseite – dort haben wir wesentlich mehr Sensoren. Die brauchen Sie z. B. um zu verhindern, daß die Projektionsfläche Wellen schlägt. Außerdem wirkt die Bewegung mit dem Handrücken zum Bild abwertend.

Jede einzelne TOUCH-TURN-TALK-Sequenz dauert nur ein paar Sekunden – diese gehören aber zu den wichtigsten bei der Präsentation eines neuen Bildes.

Das Wichtigste aus diesem Kapitel:

- Für SIE ist klar, was IHR Bild bedeutet – für die Zuschauer nicht. Helfen Sie durch eine kurze, aber vollständige Führung durch ALLE Elemente der Darstellung!
- Das »Sprechen zur Wand« ist eine schlimme Sünde – mit der Technik des »TOUCH – TURN – TALK« vermeiden Sie es, Ihrem Publikum den Rücken zuzuwenden.
- Bei der ersten Erklärung stehen Sie unter Zeitdruck – sprechen Sie nicht schnell, sondern im Telegrammstil, und führen Sie konsequent die Blicke!

Kapitel 18

Die Tageslichtpräsentation – die Kunst, aus einem »einfachen« Medium MEHR herauszuholen als die anderen

Vorurteil: »Der Overheadprojektor ist ganz primitiv – da kann nichts passieren.«

Dieses Kapitel ist (nicht nur, aber auch) für alle wichtig, die schon lange oder sehr häufig mit Folien präsentieren. Wir behandeln ein paar immer wieder auftauchende Fragen:

- Sollen Sie sitzend oder stehend präsentieren?
- Soll man am Projektor zeigen – oder an der Projektionsfläche?
- Gehört die Projektionsfläche in die Raummitte – oder an die Seite?
- Worauf muß man bei den verwendeten Geräten und Materialien achten?

Warum manche abschalten, wenn Sie einschalten . . .

Der Overheadprojektor wird von den meisten Vortragenden unterschätzt: man hält ihn für ein ganz einfaches Gerät, bei dem eigentlich nichts schieflaufen kann. Das Ergebnis sind dann Präsentationen, bei denen Sie praktisch alle »Todsünden« erleben können (Bild ⑥⑧).

Die sieben Todsünden des Overhead-Präsentators

1. Spricht zur Wand — mit dem Rücken zum Publikum.

2. Verdeckt mit seinem Körper die Sicht auf das Bild.

3. Bringt zu viele Folien und wechselt die Folien zu rasch.

4. Zeigt in Richtung Projektionsfläche, ohne daß die Zuschauer genau wissen, worauf er zeigt.

5. Fährt mit hektischen Bewegungen am Projektor hin und her — womöglich noch mit den bloßen Fingern.

6. Spricht in den Projektor hinein oder verschanzt sich dahinter.

7. Findet im eigenen Foliensalat die gesuchte Folie nicht.

Bild 68: Einfache Rezepte, wenn Sie Ihre Zuschauer irritieren oder frustrieren wollen.

Solche Vorträge führen dann dazu, daß geschädigte Zuhörer schon ein unangenehmes Gefühl bekommen, wenn sie einen Overheadprojektor sehen: sie haben Angst vor dem rücksichtslosen Folienklatscher ...
Wir versuchen diese Todsünden auszuschalten und gehen dabei ganz systematisch vor. Die erste Frage ist daher:

Sollen Sie sitzen oder stehen?

Diese Frage steht erst am Ende einer Überlegung, Anfangspunkt ist Ihr Präsentationsziel: Besonders der von Ihnen geplante Eindruck, konkreter Ihre Einschätzung, ob Sie sich selbst als Person zusätzlich zu Ihren Fakten mit in die Waagschale werfen wollen oder müssen.

Eines steht nämlich fest:

Ihre Persönlichkeit kommt ausschließlich im Stehen voll zur Geltung.

Nicht aber, wenn Sie sitzen und sich dabei noch hinter einer Barrikade verschanzen. Wenn Sie über einen Standpunkt nicht nur reden, sondern diesen auch beweisen wollen, dann müssen Sie sich mit Ihrem ganzen Körper zeigen.
Ein weiterer Ansatzpunkt ist die **Situation im Vortragsraum,** die Sie oft einfach so hinnehmen müssen, wie sie ist: z. B. mit einer Projektionsfläche in der Mitte und einem unteren Rand von 1,50 m über dem Boden. Damit müssen Sie genau überlegen, welche Möglichkeiten Sie haben, ohne die Sicht Ihrer Zuschauer zu blockieren.
Schließlich ist Folie und Folie nicht dasselbe: Es macht einen Unterschied, ob Sie eine fix fertige Folie nur auflegen müssen oder ob Sie den Projektor als Schreibtafel einsetzen möchten. Im ersten Fall haben Sie nur ganz kurz am Projektor zu tun (zum Folienwechsel), im zweiten müssen Sie praktisch die ganze Zeit neben dem Gerät verbringen.

Das magische Dreieck der Overhead-Präsentation:

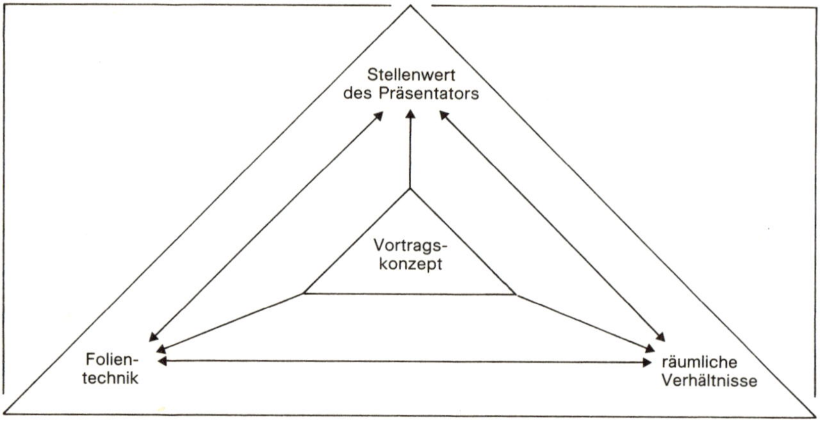

Bild ⑥⑨: Ihr Konzept bestimmt zum Beispiel, ob Sie im Mittelpunkt stehen wollen oder müssen (»Präsentation im Stehen«); ein Vortrag im Stehen verlangt eine bestimmte Folientechnik und räumliche Verhältnisse, bei denen Sie zwar im Zentrum stehen, aber nicht die Sicht verstellen. Bei einer gegebenen Anordnung (Projektor und Projektionsfläche fix montiert) müssen Sie Ihr Vortragskonzept und Ihre Folientechnik entsprechend abstimmen ...

Diese Problematik nennen wir **»das magische Dreieck der Overheadpräsentation«** (Bild ⑥⑨). Alle weiteren Schritte können Sie logisch daraus ableiten.

Wann stehen Sie, wann sitzen Sie?

Der geplante Charakter Ihrer Präsentation (Ihr Vortragskonzept) bestimmt den Einsatz des Mediums: Wenn Ihre Beziehung zu den Zuhörern informell und entspannt ist, können Sie ohne weiteres sitzen; ist die Beziehung gespannt, kritisch oder formell, brauchen Sie das ganze Gewicht Ihrer Persönlichkeit: dann empfehle ich Ihnen, stehend zu präsentieren.

Wie Sie den Overhead-Projektor sinnvoll und wirksam einsetzen

	Ist der Einsatz Ihrer Person für das Präsentationsziel		
	weniger wichtig	wichtig	entscheidend
	dann präsentieren Sie		
	sitzend	stehend	stehend
	und führen dabei den Blick		
	am Projektor	am Projektor	an der Projektionsfläche
Dafür eignen sich:			
fertige Folien; Überlegertechnik	+	++	+++
vorbereitete Folien, die Sie ergänzen, streichen . . .; Striptease-Technik	++	++	++
leere Schreibfolien, Folienrolle; skizzieren, schreiben	+++	++	0

+++ = bestens geeignet ++ = gut geeignet
\+ = nicht empfehlenswert 0 = nicht einsetzen

Bild ⑦⓪: Sie können diese Tabelle auch von links verwenden: Wenn ich diese Art Folien/Technik einsetzen will, dann muß ich dabei sitzen/stehen . . .

Jetzt können wir noch die von Ihnen geplante Folientechnik einbeziehen und erhalten dann in der Matrix Antwort auf die Frage »Wie Sie den Overheadprojektor sinnvoll und wirksam einsetzen« (Bild ⑦⓪).
Die Blickführung an der Wand geschieht genau nach der im vorigen Kapitel behandelten Methode, mit einer einzigen Abweichung: Sie berühren (»TOUCH«) NICHT die Projektionsfläche. Das gibt sonst unschöne Wellen. Damit Sie diese Berührung vermeiden bzw. auf ein Minimum beschränken, ist Ihre Handhaltung wichtig: Mit der Handinnenseite haben Sie wesentlich mehr Gefühl.

Bei der Blickführung am Projektor bedenken Sie bitte:

- Eine KLEINE Bewegung für Sie ist eine GROSSE Bewegung im projizierten Bild.
- Ein unmerkliches Zittern wird zu störender Fahrigkeit.
- Eine Bewegung, die Sie aus der Sicht des Publikums von links nach rechts ausführen, erscheint auf der Projektionsfläche von rechts nach links.
- Ihr Gesicht ist zwar dem Publikum zugewandt, Kontakt haben Sie aber erst, wenn Sie Ihre Augen vom Projektor heben.

Daraus folgen ein paar einfache Tips für die Blickführung am Overheadprojektor:

- Tip: **Verwenden Sie als Zeiger niemals Ihre Hand,** sondern einen (eckigen!) Stift, einen Kugelschreiber oder besser einen durchsichtigen Folienzeiger.
- Tip: **Wenn Sie ein neues Objekt anvisiert haben, stellen Sie Ihren Zeiger ruhig** – auslassen, oder mit der Spitze an die Glasplatte pressen, das stabilisiert.
- Tip: **Vermeiden Sie schnelle Hin- und Herbewegungen** auf der Folie!

- Tip: **Klopfen Sie nicht auf den Projektor!** Im harmlosesten Fall stört das Geräusch, macht nervös – im schlimmsten Fall wird es als Autoritätsanspruch mißverstanden.
- Tip: **Lösen Sie Ihren Blick so oft als möglich vom Projektor!** Das fördert nicht nur Ihren Kontakt zu den Zuhörern, sondern schont auch Ihre Augen.

Wie Sie die Geräte aufstellen – und sich selbst

Die genaue Anordnung läßt sich aus den bisherigen Überlegungen ableiten – die gebräuchlichsten Konstellationen finden Sie in Bild (70) »Die fünf Positionen der Tageslichtprojektion«. Überlegen Sie auch, welche Sitze Sie besser, welche Sie schlechter im Blickfeld haben. Und von wo die beste Sicht herrscht. Gerade bei den Präsentationen im kleineren Kreis ist es Ihnen möglich, Ihre wichtigen Ansprechpartner richtig zu positionieren – aber bitte BEVOR jemand schon Platz genommen hat!

Falls Sie noch keinen Overheadprojektor besitzen ...

... oder wenn Sie noch ein paar Geräte dazu kaufen, dann helfen Ihnen vielleicht diese Anregungen:

- Tip: **Leinwandgröße und -entfernung berücksichtigen.** Ist der Projektor für stationären Einsatz geplant, dann zahlt es sich aus, die ideale Brennweite zu ermitteln. Dafür müssen Sie Ihrem Händler nur zwei Informationen geben: das Format Ihrer Projektionsfläche und die Distanz zum Projektor.
- Tip: **Auf vollem A4-Format bestehen!** Nur dann sind Sie für Hoch- und Querformat gerüstet, ohne den Projektor oder Teile davon während der Präsentation verändern zu müssen. – Ausnahmen gelten natürlich für den transportablen Einsatz, bei dem Größe und Gewicht vorrangig sind.

Die 5 Positionen am Tageslichtprojektor

Drei Anordnungen für die stehende Präsentation . . .

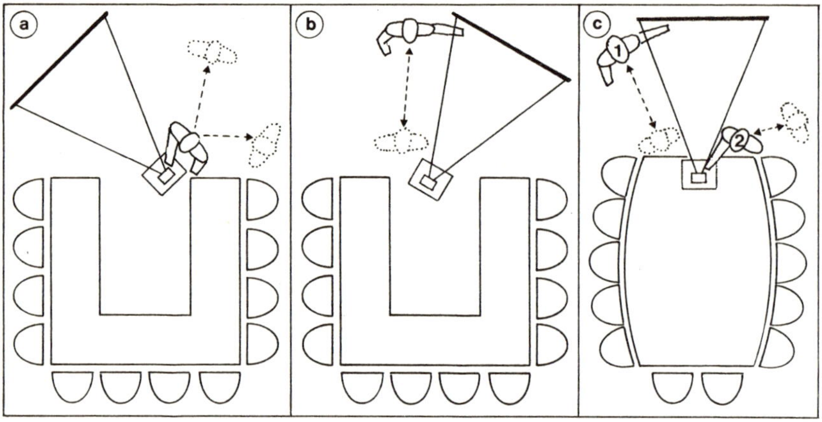

. . . und zwei Sonderfälle

Bild (71): a): Blickführung am Projektor. b): Präsentation mit fertigen Folien und höchstem persönlichem Einsatz – nur zum Folienwechsel pendeln Sie nach vorne. c): Bei fix zentral montierter Leinwand empfehle ich, aus Rücksicht auf die Sichtverhältnisse, die Präsentation von der Wand her (1), bei zahlreichen Ergänzungen von rechts (2) – vergessen Sie aber nicht, daß Sie dort für einige Plätze im Weg sind! d): Sitzend im Kreis – wichtig ist, daß das projektierte Bild wirklich »über Kopf« ist! e): Vortrag vor einem großen Auditorium oder mit Bildfläche ab 5 m^2. In dieser Situation können Sie sogar mit Mikrofon arbeiten.

- Tip: **Reflexionsgeräte nur für Mobileinsatz!** Bei Reflexions- oder Auflichtprojektoren sitzt die Lichtquelle oberhalb der Folie und wird über eine Fresnell-Spiegellinse unterhalb der Folie nach oben reflektiert. Dabei muß das Licht zweimal die Folie (und die Hülle) passieren, das bedeutet Lichtverlust. Außerdem ist die Spiegelfläche für Sie als Vortragender besonders hell und anstrengend für die Augen. Für den stationären Einsatz sind Durchlichtprojektoren daher unbedingt zu empfehlen (bei diesen sitzt die Lampe unterhalb der Folie im Gehäuse).

- Tip: **Für Datenprojektion nur Durchlichtprojektoren!** Sollten Sie jemals die Absicht haben, mittels Flüssigkristall-(LC-)Display Computerdaten über Ihren Projektor zu zeigen, kommt nur ein Durchlichtprojektor in Betracht.

- Tip: **Eingebaute Reservelampe – mit Leuchtanzeige.** Ein problemloser Lampenwechsel während der Präsentation sollte selbstverständlich sein; oft weiß man aber nicht, ob die Reservelampe überhaupt funktioniert – eine diesbezügliche Fehlfunktion wird bei manchen Projektoren über eine kleine Leuchtanzeige an der Außenseite des Gerätes signalisiert.

- Tip: **Geräuschloser Ventilator – in die richtige Richtung!** Das Surren eines Ventilators stört, besonders wenn er sich über Thermostatsteuerung unkontrolliert ein- und ausschaltet. Achten Sie aber auch auf die Lage der Entlüftungsöffnung: sie sollte zum Publikum weisen, weder nach links noch nach rechts. Sonst haben Sie das Problem, daß Ihnen Ihre Notizen oder Zwischenblätter davongeblasen werden!

- Tip: **Markanter Ein- und Ausschalteknopf.** Sie selbst werden nach einiger Zeit sicherlich wissen, wo die entsprechenden Schalter sitzen und wie sie zu bedienen sind. Für Gastvortragende sollte die Suche nicht zu einem Intelligenztest werden.

- Tip: **Zoomprojektor für Details.** Bei einigen Geräten (Polaroid) legen Sie die Folie auf eine Glasplatte, die Sie in Richtung Linse verschieben und damit Details der Folie im Großformat zeigen können. Das brauchen Sie auch besonders für die Projektion der Sofortbild-Pocket-Folien. – Eine Alternative ist ein turmähnli-

Bild ⑦②: Mögen Sie solche Präsentatoren?

cher Zusatz (Buhl – Farbtafel ⑨), mit dem Sie ebenfalls Ihre Folie der Linse näher rücken.

- Tip: **Korrekturlinse.** Im Hochformat und bei senkrecht stehender Projektionsfläche ergibt sich der »Grabstein-Effekt« (Keystoning): Die senkrechten Linien laufen nach oben hin auseinander, das Projektionsbild wird breiter. Die damit verbundenen Unschärfen in einem Teil des Bildes wirken ebenfalls störend. Dieses Problem reduzieren spezielle Korrekturlinsen, insbesondere erzielen Sie damit eine gleichmäßige Bildschärfe.

Anderes Zubehör, das Ihnen das Leben leichter macht:

- Tip: **Neigbare Projektionsfläche.** Eine nach oben in Richtung Zuschauer neigbare Projektionsfläche verhindert den Grabstein-Effekt (siehe oben). Auf diese Eigenschaft sollten Sie sowohl bei fest eingebauten als auch bei mobilen Wänden bestehen.

- Tip: **Wasserfeste UND wasserlösliche Folienstifte.** Die wasserfesten brauchen Sie nicht nur für vorbereitete Folien, sondern auch dann, wenn Sie den Projektor als Schreibtafel verwenden – sonst ist die Gefahr des Verwischens und der Flecken auf Gesicht und Händen groß. – Wasserlösliche, dickere Stifte sind für Ergänzungen, Streichungen besonders dann sehr gut geeignet, wenn Sie die Folie mehrmals verwenden wollen; dann genügt einfach ein feuchtes Papiertaschentuch nach dem Vortrag.

- Tip: **Projektorklappe zum Abblenden** (Flip-Flap – Farbtafel ⑬). Diesen Zusatz befestigen Sie mit Haftklebestreifen auf jedem beliebigen Projektor und sparen damit das Ein- und Ausschalten während des Folienwechsels. Das hat gegenüber der »Schaltermethode« einige Vorteile: die Lampen leben länger, das Ventilatorgeräusch bleibt gleichmäßig, und im Arbeitsbereich gibt es keine Lichtkontraste.
Wenn Sie so eine Klappe selbst basteln möchten: auf hitzefestes Material und mattschwarze Innenfläche achten, damit Sie die seitlich Sitzenden nicht blenden.

Praxistips für Overheadpräsentatoren

- Tip: **Kampf dem Foliensalat!** Für größere Folienmengen empfehle ich Ihnen zwei Schachteln, die etwas größer sind als Ihre Folien einschließlich Hüllen. Sie arbeiten aus der einen Schachtel auf den Projektor, dann VERKEHRT (das heißt mit dem Gesicht nach unten) in die zweite Schachtel.

- Tip: **Nicht im Licht STEHEN!** Einerseits verdecken Sie die Sicht, andererseits wissen Sie nie, was Ihnen gerade auf Ihren Körper projiziert wird. – Scheuen Sie sich aber nicht, durch das Bild zu marschieren, um die Seiten zu wechseln: damit signalisieren Sie z. B. ein »... andererseits aber...«. Solche Seitenwechsel aber nur dosiert einsetzen!

- Tip: **Projektionsfläche nicht berühren** – das gibt unschöne Wellen. Ausnahme: Ein Detailpunkt, den Sie mit Ihrem Zeigestab exakt zeigen müssen. In diesem Fall halten Sie den Zeigestab fest gegen die Projektionsfläche.

- Tip: **Sprechen beim Folienwechsel?** Nur bei der Präsentation im Sitzen; beim Stehen müssen Sie den Blick zu weit absenken und laufen daher Gefahr, in das Gerät hinein zu sprechen. Grundsätzlich gilt: Bewegung lenkt ab von Ihren Worten – Pausen sind besser.

- Tip: **Stimmt das projizierte Bild?** Kontrollieren Sie gelegentlich Ihr Bild, auch wenn Sie vom Projektor aus arbeiten (sitzend oder stehend). Vieles kann passieren, was ein anfangs einwandfreies Bild beeinträchtigt: Der Projektorspiegel sinkt ab, die Leinwand verdreht sich, die Feststellschraube für die Scharfeinstellung gibt nach ... Vergessen Sie aber nicht, sich rechtzeitig von der Wand wieder zu lösen!

- Tip: **Erste Folie auflegen.** Beginnen Sie niemals zu sprechen, bevor Ihre erste Folie ordnungsgemäß auf dem Projektor liegt – natürlich ohne diese Folie zu zeigen. Damit entlasten Sie sich während der stressigen ersten Minuten von einer zusätzlichen Tätigkeit.

Ihr Vortragskonzept bestimmt den Einsatz des Mediums

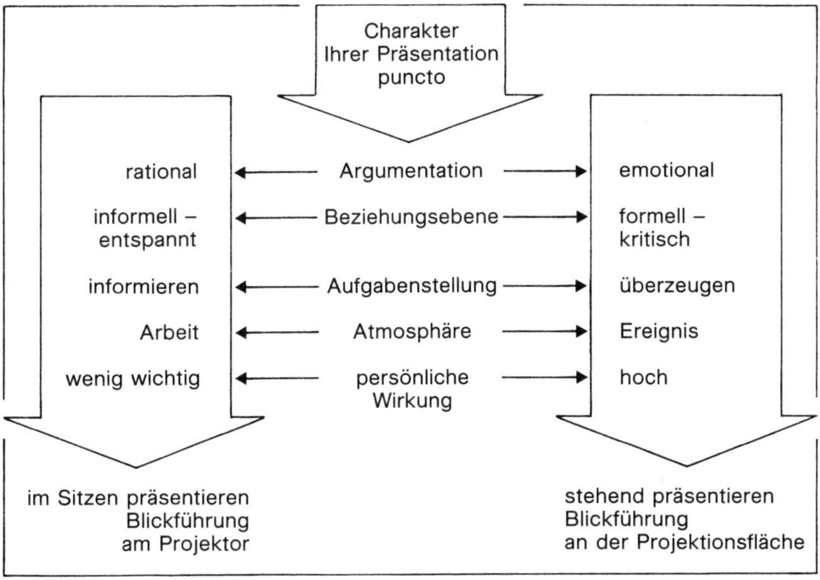

Bild (73)

- Tip: **Der Last-Minute-Check:** Machen Sie es sich zur Routine – insbesondere unter fremden Arbeitsbedingungen –, unmittelbar vor Ihrem Vortrag folgende Dinge zu überprüfen:

  – Wo ist der Ein- und Ausschalter?
  – Funktioniert der Projektor?
  – Ist das projizierte Bild in Ordnung? (Hier hilft eine Einstiegsfolie – Bild (55))
  – Liegen FUNKTIONIERENDE Folienschreiber bereit?
  – Wo ist ein Zeiger (für Wand oder Projektor)?

Sie sehen, bei der Projektion mit dem Tageslichtprojektor kann wirklich praktisch nichts schiefgehen . . .

Das Wichtigste aus diesem Kapitel:

- Ihr Vortragskonzept bestimmt den Einsatz des Mediums und beantwortet die Frage, ob Sie sitzen oder stehen sollen (Bild (73)).
- Vermeiden Sie die beiden schlimmsten Fehler: die Sicht zu verdecken und mit dem Rücken zum Publikum zu sprechen!
- Mit den richtigen Techniken und Hilfsmitteln können Sie aus diesem oft falsch eingeschätzten Medium viel herausholen.

Kapitel 19

Der Diavortrag – wie Sie vermeiden, zur »Stimme im Schlafsaal« zu werden

Vorurteil: »Hauptsache, ich habe schöne Dias!«

Hier geht es nicht um den Lichtbilderabend (»meine zwölfte Reise nach Mallorca«) und auch nicht um die gemeinsame Bildanalyse im kleinen Kreis; wir konzentrieren uns auf die Management-Präsentation und den Fachvortrag. Dazu erfahren Sie in diesem Kapitel

- Lösungsansätze zur zentralen Frage: heller Raum oder wirkungsvolle Bilder?
- Worauf Sie bei der Vorbereitung des Vortragsraumes achten müssen;
- welche Geräte und Materialien Sie brauchen;
- was für Sie selbst bei Ihrem Vortrag besonders wichtig ist.

Das Dilemma: dunkel oder hell?

Mit der Wahl des Mediums »Diaprojektion« haben Sie bereits einige Vorentscheidungen getroffen: Dias sind »starke« visuelle Hilfsmittel, Ihre körperliche Aktion beschränkt sich auf das Wechseln der Bilder und die Blickführung – das Gewicht verschiebt sich vom Vortragenden zum Bild. Das darf aber nicht bedeuten, daß Sie bedeutungslos werden (Bild ⑭)!

Das Dilemma der Diaprojektion

Heller Raum	Dunkler Raum
Dias blaß	Dias leuchtstark
Präsentator wirkt als Person	„Stimme im Dunkel“ oder „Gespenst am Pult“
Publikum wach	Publikum schläft
Ablenkungen im Raum	Konzentration auf Bilder

Bild (74): Kontrollierbare Lichtverhältnisse helfen – aber trotzdem bleibt die Entscheidung bei Ihnen. Was ist Ihr Ziel in dieser Präsentation?

Dieses »Dilemma der Diaprojektion« lösen Sie nach dem Prinzip:

So hell wie möglich, so dunkel wie nötig.

- Tip: **Stufenlose Helligkeitskontrolle.** Ein »Vortragssaal« ohne Dimmer ist keiner; eine gute Ausrüstung besitzt einen eigenen Knopf »Dia«, mit dem die für diesen Raum idealen Lichtverhältnisse automatisch hergestellt werden.
- Tip: **Leinwandbeleuchtung reduzieren.** Wenn das nicht durch entsprechende Schalter möglich ist, greifen Sie zu einer brutaleren Methode: Schrauben Sie die Glühbirnen nahe der Projektionswand heraus!
- Tip: **Spezialobjektive benützen:** Für den stationären Einsatz wählen Sie das lichtstärkste Objektiv für die kürzestmögliche Projektionsdistanz. Für unterwegs brauchen Sie ein lichtstarkes Zoomobjektiv, im Zweifel für kürzere Projektionsdistanz.
- Tip: **Projektor so nahe wie möglich.** Die Lichtstärke sinkt überproportional rasch – mit dem Quadrat der Entfernung! Je näher der Projektor, desto lichtstärker das Bild. Die Kehrseite: der Projektor steht mitten unter den Zuschauern, ist gefährdet und stört.

- Tip: **Rückwandprojektion:** Dabei steht der Projektor HINTER der (lichtdurchlässigen) Projektionsfläche, alle Dias müssen seitenverkehrt eingeordnet sein. Das ist die professionellste und effektivste Methode, die auch bei allen Multi-Image-Projektionen eingesetzt wird.

- Tip: **Spotlight auf den Platz des Vortragenden.** Verlassen Sie sich nicht auf die Leselampe am Rednerpult – die Beleuchtung von unten läßt Sie unnatürlich und gespenstisch aussehen.

Die Vorbereitung des Projektionsraumes

Die grundsätzliche Raumanordnung wählen Sie entsprechend den Gegebenheiten – siehe Bild ⑰⑤ »Diaprojektion vor großem und kleinem Auditorium«. Danach optimieren Sie:

- Tip: **Bildgröße maximieren.** Wenn Sie dem Rat gefolgt sind und ausschließlich Dias im Querformat haben, sind Sie wesentlich besser dran. In jedem Fall aber ist das größte Bild das beste Bild. Zu diesem Zweck gehen Sie aber nicht mit dem Projektor auf Distanz, sondern wählen ein Weitwinkelobjektiv.

- Tip: **Lesbarkeit sicherstellen.** Dazu projizieren Sie eines Ihrer Dias mit kleiner Schrift und überprüfen die Sichtverhältnisse aus der letzten Reihe (wenn Sie den Gestaltungstips gefolgt sind, dann müßte Ihr Text aus der sechsfachen Leinwandbreite gut lesbar sein!) – In einem großen Saal, der vielleicht gar nicht voll wird, sperren Sie die hintersten Sitzreihen mit Schnüren ab.

- Tip: **Projektor absichern.** Neuralgische Punkte sind die Kabelverbindungen, an denen jemand hängen bleiben und den Projektor zumindest verstellen könnte. Kleben Sie alle freiliegenden Kabel mit breiten Klebebändern fest, und lassen Sie die Kabel beim Projektor so locker, daß ein plötzlicher Zug nicht sofort auf das Gerät wirkt. – Den Sitzplatz, auf den der Ventilatorwind bläst, reservieren Sie für Ihren Helfer.

- Tip: **Technik beherrschen:** Wie schaltet man den Projektor ein? Wie funktioniert der Lampenwechsel? Welche Knöpfe geben das

Diaprojektion vor großen und kleinen Auditorien

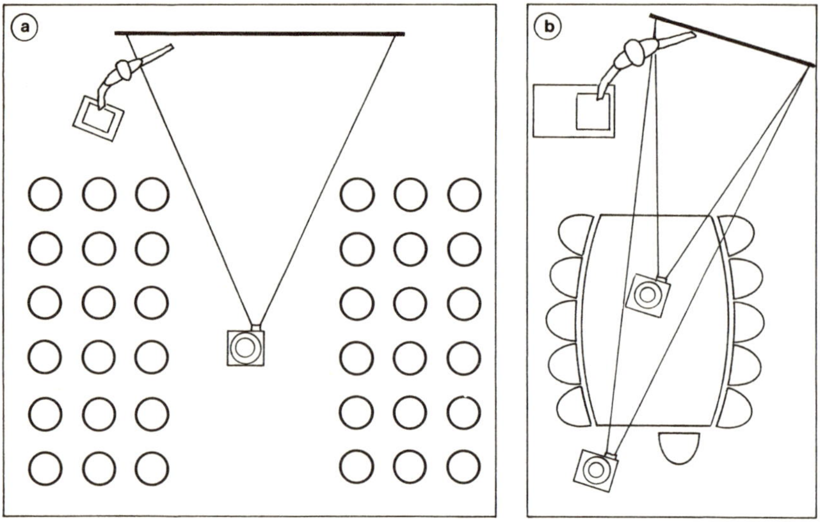

Bild ⑺⑸: Vor einem großen Publikum (a) haben Sie ein Rednerpult, das Ihre Unterlagen, die Fernsteuerung und einen Lichtzeiger/Zeigestab aufnimmt – Sie selbst stehen aber frei! Im Konferenzzimmer (a) versuchen Sie möglichst im Zentrum zu stehen und nur mit der linken Hand zu führen. Ein seitlicher Tisch für Fernsteuerung und Unterlagen genügt. Überprüfen Sie, welche Sitzplätze zum Beispiel durch den Ventilator benachteiligt sind! – Im abgedunkelten Raum und ohne Lichtzeiger führen Sie verbal: »Links unten sehen Sie . . . – die dicke blaue Linie ist . . .«

Magazin für einen schnellen Wechsel frei? Welche Knöpfe der Fernsteuerung haben welchen Effekt?

- Tip: **Fernsteuerung fixieren.** Die Fernsteuerung gehört zum Vortragenden, aber nicht als Spielzeug oder Blitzableiter für seine Nervosität. Am besten, Sie kleben sie mit Klebstoff fest und markieren den »Vorwärts-Knopf« mit einem Klebepunkt in einer Leuchtfarbe; im Notfall tut es auch ein Folienschreiber auf einem Stück Klebeband.

● Tip: **Einstell- und Schwarzdias nicht vergessen.** Für den Vortrag unterwegs brauchen Sie ein Einstelldia zur Kontrolle unmittelbar vor Vortragsbeginn, ansonsten Schwarzdias – zumindestens vor dem ersten und nach dem letzten Bild.

Materialauswahl

Ich beschränke mich hier auf jene Erkenntnisse, für die ich selbst Lehrgeld bezahlt habe.

● Tip: **Karussell-Projektor** (Kodak Carousel). Ich empfehle ungern einen einzigen Hersteller, aber hier mache ich eine Ausnahme. Diese Rundmagazinprojektoren sind Industriestandard für berufliche Präsentationen, und damit vermeiden Sie Probleme, egal wo Sie vortragen (Bild ⑯). Die Magazine sind genormt, überall verwendbar und fassen 80 Dias, die weder herausfallen können noch klemmen. Die Geräte sind ungemein verläßlich, und neuere Modelle haben eine eingebaute Reservelampe.

● Tip: **Priorität für Lichtstärke.** Bei den Objektiven ist die Lichtstärke für Sie wichtiger als alles andere.

● Tip: **Der »Notkoffer«.** Ein paar Kleinigkeiten können lebensrettend sein:

- Verlängerungskabel (5 m);
- Reservelampe;
- 3 leere Diarähmchen (falls eines zerbricht);
- ein fusselfreies Reinigungstuch.

● Tip: **Infrarot-Fernsteuerung.** Damit sind Sie die Probleme des fußangelnden Fernsteuerungskabels los.

● Tip: **Hoch reflektierende Projektionsflächen.** Damit sichern Sie einerseits Leuchtkraft der Bilder, andererseits auch gute Sicht aus schrägem Winkel.

● Tip: **Laserpointer oder Lichtpfeil.** Das brauchen Sie in dunklen Räumen und bei großer Projektionsfläche.

Welche Projektortechnologie wählen Sie?

Rundmagazin	Stabmagazin
80 Dias	50 Dias
Deckel schützt Dias vor dem Herausfallen	Dias können leicht herausfallen
problemloser Diawechsel	Dias verklemmen leicht
schneller Positionswechsel möglich	Magazin im Projektor schlecht beweglich
teuer	billig
Industriestandard für Professionals, Fachvortragende und Präsentatoren	Industriestandard für Amateure und Lichtbilderabende

Bild (76)

Tafel ⑨: Sofortbild-Technologie für Vortragende.
Der Präsentationskopierer verwandelt reale Vorlagen wie Bücher in Vortragsdias.

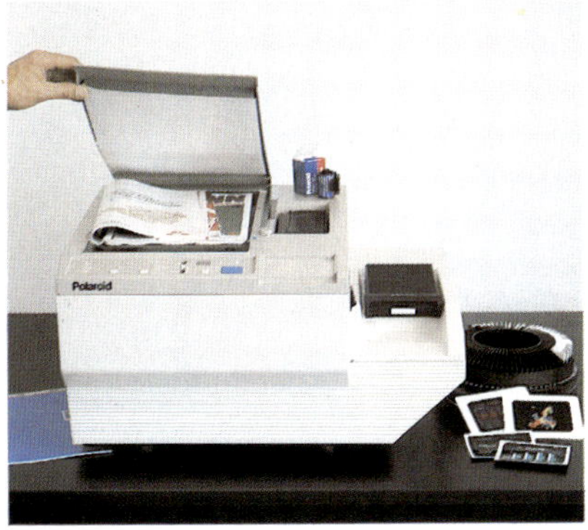

Der Bildrecorder (Palette Plus) belichtet Computergrafik auf Film. Auf beiden Geräten können auch herkömmliche Filme verarbeitet werden, wenn mehr Zeit ist und die Inhalte nicht vertraulich sind.

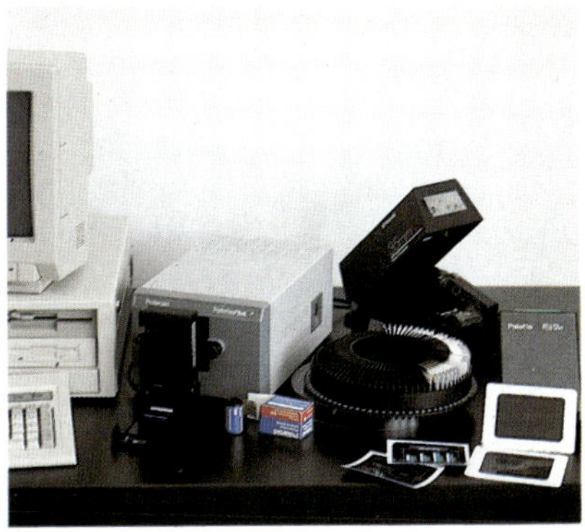

Eine Alternative sind die Instant-Pocket-Folien, die von beiden Geräten produziert werden und die Sie – mit einem speziellen Aufsatz (Buhl) – von jedem Overheadprojektor zeigen können.

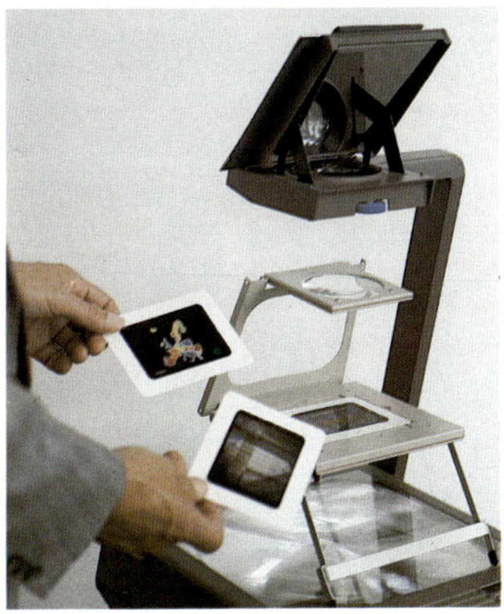

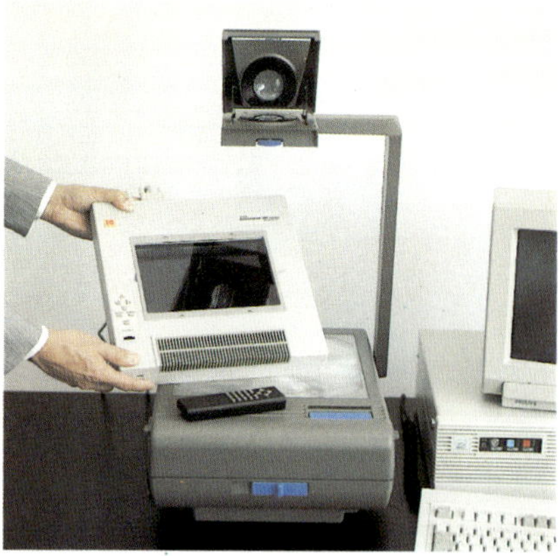

Tafel ⑩: Datenprojektion geht entweder über Flüssigkristall-(LC-) Display und Overheadprojektor oder mittels Videobeam (oben rechts). Das LC-Display ist einfach, billig – aber praktisch nur einfärbig.

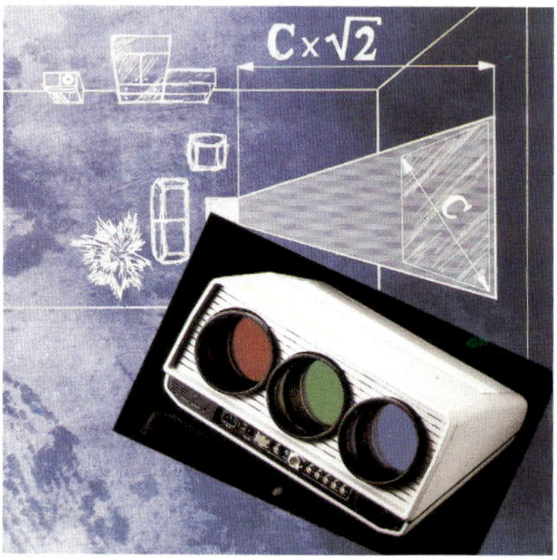

Der Beam bringt Farben, ist aber groß und kostspielig. Das Bild zeigt den Sony VHP-1031QM (28 × 53 × 60 cm – 38 kg!) und im Hintergrund eine Aufstellungserklärung: Geräteabstand = Bilddiagonale × $\sqrt{2}$.

Die Pinwand (Neuland) wird hauptsächlich für Moderationen verwendet. Als Vortragendem hilft Sie Ihnen bei der Punktabfrage und der Posterpräsentation (Farbtafel 1) und zum Sammeln von Fragen, die Sie dann blockweise behandeln können.

Tafel ⑪: Diagramme leicht gemacht. Aus dem Angebot der »Menüs« (= Speisekarte) wählen Sie z. B. »Balken/Linien«. In ein »Formular« tragen Sie die abzubildenden Werte ein – fertig! Das Diagramm Mitte links ist aber nur das »Standardergebnis«. Daneben sehen Sie einige der Parameter, die Sie beeinflussen können. Mit ganz wenigen Tastendrucken verwandelt sich Ihr Diagramm, und Sie überprüfen, welche Form Ihre Aussage am besten unterstützt (Harvard Graphics, Ausgabe über Palette Plus auf Presentation Chrome).

Tafel ⑫: Blickführung. Die oberen 4 Bilder zeigen das Prinzip – nur die Haltung Mitte rechts ist richtig. – Am Overheadprojektor gibt es zwei Zeigepositionen: am Gerät (links) und an der Projektionsfläche (rechts). In beiden Fällen ist es ganz wichtig, daß Sie stets zum Publikum sprechen. Das geht am Gerät leichter als an der Wand – dafür ist die Gefahr größer, die Sicht zu verstellen und in das Gerät hinein- bzw. hinunterzureden.

Tafel ⑬: Projektions-Technologie. Die beiden oberen Bilder zeigen eine Projektorklappe in Aktion (Flip-Flap, Presentation Services). Vor dem Folienwechsel schließen Sie die Klappe – und auch dann, wenn ungeteilte Aufmerksamkeit bei Ihnen sein soll. Das untere Bild stellt 3 Zeigehilfen vor: Ein durchsichtiger Zeigestab (Schwanhäußer), eine »Zeigermaus« (Present-a-Mouse, Presentation Services) und ein gelbes Männchen (Mensch-ärgere-dich-nicht). Damit markieren Sie Punkte, über die Sie gerade sprechen. – Gute Projektoren haben einen markanten Ein-/Ausschalteknopf und Reservelampen mit Funktionsanzeige. Die abgebildeten Geräte (Polaroid, 3M) erfüllen diese Anforderungen.

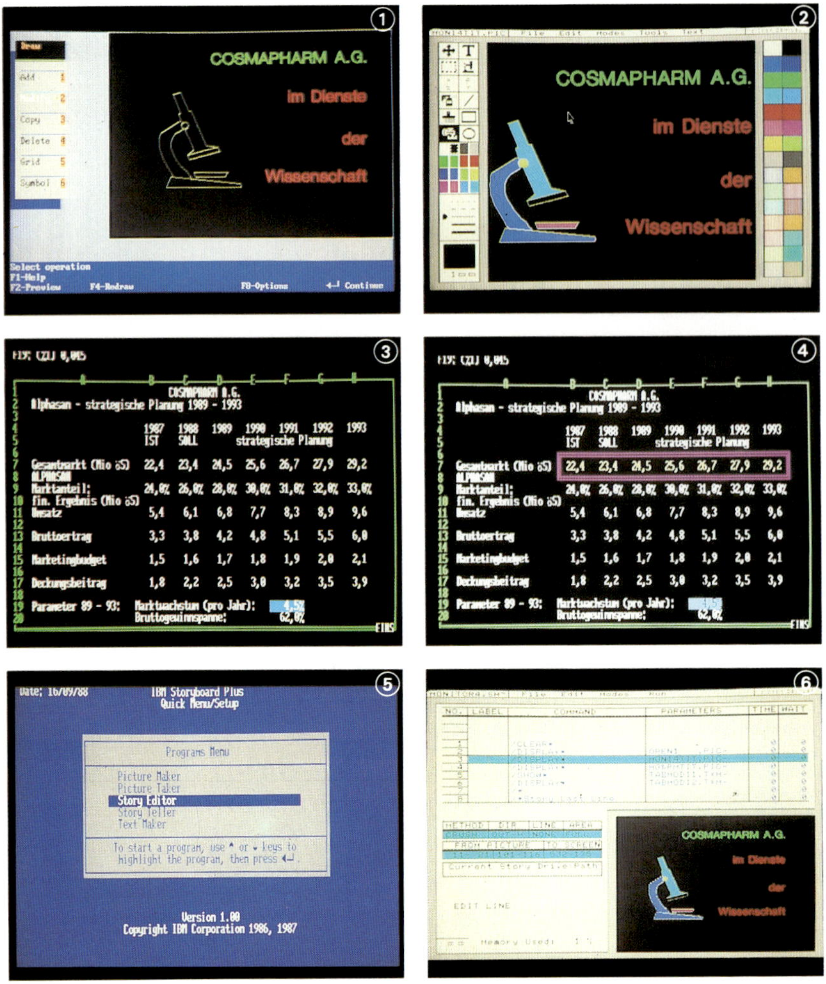

Tafel ⑭: Die elektronische Bilderserie mit Storyboard (IBM). – Sie gestalten zuerst ein Bild, hier in Harvard Graphics (1). Es wird von einem »speicherresidenten« Programm »abfotografiert« und gespeichert. Später überarbeiten Sie es im Programmteil »Picture Maker« (2). Ähnlich machen Sie Lotus-Tabellen (3) präsentabel: z. B. durch Hervorhebungen (4). Sind alle Bilder fertig, wechseln Sie in den »Regiesessel« – in den Programmteil »Story Editor« (5). Dort reihen Sie Ihre Einzelbilder und gestalten filmische Übergänge. Auf einem Monitor verfolgen Sie, wie die Story läuft (6). Achtung: Für eine einzige Präsentation ist das viel zuviel Aufwand!

Tafel ⑮: Haltung bewahren. Die drei oberen Bilder zeigen gute Ausgangspositionen. Die völlig frontale Haltung zeigt mehr »Standpunkt«, ist daher auch weniger konziliant. – Alles andere sollen Sie vermeiden: den saloppen Amerikaner (Die Hand in der Tasche ist OK, gents, aber nur wenn ihr ein Meeting für den Executive Vice President managt – oder es am besten selbst seid!). – Die Barriere (unten Mitte) schafft Distanz und läßt Sie nicht sehr dynamisch wirken – und der Cowboy rechts unten weiß genau, daß vor ihm bloß eine Ansammlung von Gartenzwergen sitzt . . .

Tafel ⑯: Gesten – Energieventil und Bildersatz. Zeigen Sie Dimensionen, Veränderungen, Verhältnisse, Reihenfolgen – aber halten Sie Ihre Hände stets über Gürtelhöhe! Sonst werden es kraftlose Zeichen der Resignation (unten links). – Wenn Sie größere Gesten setzen oder an der Projektionsfläche Blick führen, dürfen Sie Ihre Jacke aufknöpfen.

Verschiedene Vortragstips:

- Tip: **Begrüßung bei vollem Licht!** Wenn Sie das Raumlicht spürbar reduzieren müssen, dann tun Sie das so spät wie möglich.
- Tip: **Bewußt LAUTER sprechen!** Wir neigen instinktiv dazu, in dunklen Räumen leiser zu sprechen; dem müssen Sie gegensteuern. Außerdem verhindert Ihre kräftige Stimme das – ebenfalls automatische – »Zurückschalten« der Zuschauer.
- Tip: **Keine kunstvollen Übergänge!** »Die Testergebnisse auf dem nächsten Bild zeigen Ihnen – klick – oh, pardon, das gehört noch zur Versuchsanordnung. Da haben wir nämlich ...« Wenn Sie nicht hundertprozentig sicher sind: Jedes Bild zu Ende besprechen, Pause, nächstes Dia aufrufen und überprüfen.

Bild ⑦⑦: Im dunklen Vortragsraum geht viel von Ihrer persönlichen Wirkung verloren.

- Tip: **Blickführung akustisch und optisch.** Lichtzeiger sind zwar kein vollwertiger Ersatz für Ihre Hand, aber viel besser als keine Blickführung; gelegentlich kommen Sie sogar ohne visuellen Hinweis aus: »Links oben sehen Sie . . ., das rote Feld rechts unten zeigt Ihnen . . .«

- Tip: **Lichtzeiger kreisen.** Ein stationärer Lichtpunkt zittert immer – unvermeidlich durch die Distanz und die Muskelspannung. Kreisen Sie besser das gemeinte Objekt kurz ein, und schalten Sie das Gerät gleich wieder aus – das Auge bleibt bei dem markierten Punkt.

- Tip: **Bilder genießen lassen!** Eine Todsünde der meisten Präsentatoren: sie sind zu schnell unterwegs. Dias sind – meistens – nicht nur starke, sondern auch »schöne« Bilder. Geben Sie Ihrem Publikum unbedingt Zeit, das Bild ganz aufzunehmen, zu genießen!

- Tip: **Nichts auslassen!** Was Sie bei der Folienpräsentation ungestraft tun können, geht beim Dia nicht: das »Vorblättern« mittels Fernsteuerung. Das bringt den Zuschauern ein frustrierendes Vermissungserlebnis.

Das Wichtigste aus diesem Kapitel:

- Kontrollierte Lichtverhältnisse sind entscheidend: So hell wie möglich (damit man SIE sieht) und so dunkel wie nötig (damit die Bilder wirken können).
- Bei der Materialauswahl sind Lichtstärke und Verläßlichkeit entscheidend.
- Wirken Sie dem »starken« Medium Dia entgegen: durch lautere Stimme, konsequente Blickführung – und durch keine zu langen Diaserien!

Kapitel 20

Computer-Datenprojektion – nicht von der Technik auffressen lassen!

Vorurteil 1: »Das ist mir viel zu technisch – das schaffe ich nicht!«

Vorurteil 2: »Die Zukunft gehört der Datenprojektion und dem Computer!«

In diesem Kapitel wird etwas Fachchinesisch vorkommen – Leser, die mit dem (Personal-)Computer noch nicht »auf DU« sind, können es ruhig überspringen. – Ich beschränke mich aber trotzdem auf grundsätzliche Überlegungen und Empfehlungen, da sich die Technik in diesem Bereich ohnedies so rasch ändert. Womit wir uns hier beschäftigen:

- Mit dem Unterschied zwischen einer Life-Analyse und einer elektronischen Bilderserie;
- mit den Einsatzschwerpunkten bei der Technologie;
- mit der Aufstellung der Geräte bei einer Präsentation im Sitzen und im Stehen;
- mit Rezepten, die uns den Einsatz dieser Medien leichter machen.

Bild ⑦⑧: Solche Situationen waren Anlaß für die Entwicklung der Datenprojektions-Technologie – damit ALLE etwas sehen können.

Life-Analyse: am hohen Seil und ohne Netz

In vielen Besprechungen taucht oft die Frage auf: »Und was wäre, wenn . . .?« Dieses »Wenn« können Marktwachstum, Budgetmittel, Kosten, Temperaturen usw. sein – irgendwelche Parameter, von denen viele andere Ergebnisse beeinflußt werden.
Mit dem Computer können Sie Modelle erstellen, mit denen diese Frage sofort nach Eingabe der neuen Annahme beantwortet ist. Damit dieses Resultat aber nicht nur für Sie als Vortragender sichtbar wird, brauchen Sie sozusagen einen Riesen-Bildschirm: einen Videobeam, ein Flüssigkristalldisplay, einen Großmonitor (Farbtafel ⑩).
Solange Sie diese Technik in einer informellen Arbeitssitzung einsetzen, kann nicht viel passieren. Kritisch wird es erst bei einer Präsentation vor einem größeren Publikum und in einer Situation, in der Sie kompetent, sicher und gut vorbereitet wirken wollen.

Das funktioniert nur unter folgenden Voraussetzungen:

1. Sie beherrschen Ihr Anwendungsprogramm (Lotus, Excel ...) sehr gut – und wissen auch, wie Sie sich bei kleinen Pannen und im Betriebssystem helfen können.
2. Sie haben die Zahlen so aufbereitet, daß die gesamte Tabelle auf einer Bildschirmseite Platz hat (das »Rollen« des Bildschirms verwirrt!).
3. Sie haben Ihr Zahlenmaterial unter extremen Bedingungen getestet und sind sicher, daß es Ihre Argumentation stützt und nicht gefährdet.
4. Die Diagramme, die an den verschiedenen Zahlenreihen hängen, sind vorbereitet (neutrale Titel wählen!) und mit wenigen Tastendrucken aufrufbar.
5. Sie fühlen sich dem doppelten Streß gewachsen: Zur Präsentation kommt noch die Belastung durch ein anspruchsvolles Medium.

Sind diese Bedingungen erfüllt und die Präsentation läuft plangemäß, dann werden Sie sicherlich belohnt: Sie werden nicht nur alle Fragen beantworten und überzeugend argumentieren, Sie haben sich auch als ein Vortragender profiliert, der die moderne Technik beherrscht.

Die elektronische Bilderserie

Im Gegensatz zur Life-Analyse ist diese Präsentation kinderleicht, dafür ist die Vorbereitung aufwendig und für einen einzelnen Vortrag nicht zu empfehlen. – Als erster Schritt werden die geplanten Bilder in einem Grafikprogramm erzeugt – ganz genauso, als ob sie zur Ausgabe auf Folie oder Diapositiv oder Dia bestimmt wären (Farbtafel ⑭).
Danach werden diese (elektronischen) Bilder in einem eigenen Programm in der gewünschten Reihenfolge aneinandergereiht. Führende, bewährte Produkte für Personalcomputer sind Story-

Datenprojektion: Einsatzschwerpunkte und Stärken

Life-Analyse	Elektronische Diaserie
Gemeinsame, offene Analyse aktueller Daten	Bildgestützte Vermittlung von Inhalten (vom Textbild bis zum Symbol)
Weitgehende Flexibilität puncto Reihenfolge	Starre Struktur/Bildfolge nur umständlich zu ändern
(Kalkulations-)Programm und Verknüpfungen müssen perfekt beherrscht werden	Weitgehend »narrensicher« – nächster Bildschritt durch einfachen Tastendruck aufrufbar
Spontane »Was-wäre-wenn . . .-Analyse« bei verknüpften Tabellen	Komplexe Strukturen können schrittweise aufgebaut werden
Diagramme zeigen bei Datenänderung sofort das neue Bild	Leicht zu aktualisieren und zu individualisieren (». . . für Firma Meier«)
Keine hard-copies vertraulicher Daten	Duplizierung und Verteilung einfach und billig

Bild (79)

board (IBM) und Showpartner (Brightbill-Roberts). Aber auch die meisten »Universalprogramme« für Präsentationsgrafik enthalten ein »Show-Modul«, einen Programmteil, mit dem Bilder in beliebiger Reihenfolge gezeigt werden können. Aber meist nur jene Bilder, die in dem betreffenden Programm erzeugt wurden. Dabei können Sie richtiggehend filmische Mittel einsetzen: Überblendungen, Wegschieben des vorhergehenden Bildes usw. Sie können das Bild auch stückweise erscheinen lassen bzw. immer neue Elemente hinzufügen und erzielen damit den gleichen Effekt wie mit einer Überlegerfolie. Nur daß Sie im Gegensatz dazu das Bild in beliebigen Filmschritten aufbauen, ohne immer wieder ein kleines Stückchen Folie auflegen zu müssen.
Das Ergebnis dieser Vorarbeit ist eine einzige Diskette, die sowohl das Steuerprogramm als auch die einzelnen Bilder enthält. Damit können Sie Ihre Präsentation von jedem beliebigen Computer aus starten. Deshalb verwendet man diese Technik auch dann, wenn viele Personen einer Firma zum Beispiel die gleiche Präsentation an verschiedenen Orten halten sollen.
Bei der Vorführung wird im Prinzip nur mehr die Diskette eingelegt und der Computer eingeschaltet – jede beliebige Taste befördert dann das Programm um einen Schritt nach vorwärts. Damit steuert der Vortragende das Tempo der Präsentation und ist – im Gegensatz zum Vorführen eines Videofilmes – aktiv gestaltend tätig.
Eine Gegenüberstellung dieser beiden Techniken der Datenprojektion finden Sie in Bild ⑲ »Einsatzschwerpunkte und Stärken«.

Wie Sie die Geräte anordnen

Computerdaten können Sie auf drei verschiedene Weisen zeigen:

- mit dem (farbigen) Videobeam in Direktprojektion oder über die Leinwandrückseite (»Backscreenprojection«);
- mit dem Großbildmonitor (1m Bildschirmdiagonale);
- mit dem LC-Display über einen Durchlicht-Overheadprojektor.

Datenprojektion über den Overheadprojektor

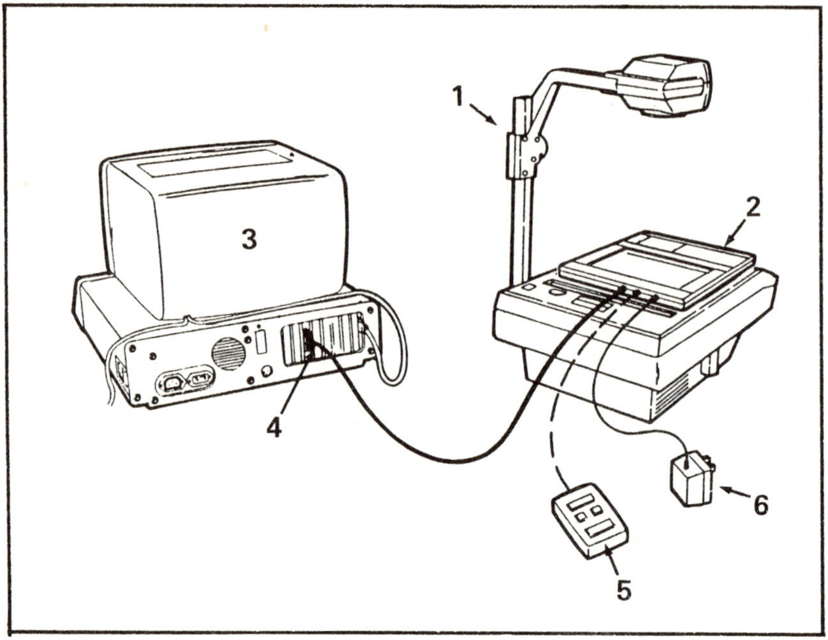

Bild 79a: Eine typische Konfiguration (zum Beispiel 3M LC-Displays): (1) Overheadprojektor – unbedingt System »Durchlicht« – also Lichtquelle unten! – (2) Flüssigkristall-(LC-)Display – (3) Bildschirm und Personalcomputer (Apple oder »Industriestandard«) – (4) Verbindungskabel zum Bildschirmausgang und/oder einer seriellen Schnittstelle – (5) Fernbedienung mit oder ohne Kabel (für Helligkeitskontrolle und sogar Fernbedienung des Computers!) – (6) Netzgerät.

Der Videobeam ist (vorzugsweise) an der Decke fest montiert und daher gegeben. Ansonsten steht er in seiner immer noch beachtlichen Größe mitten im Raum und kollidiert meistens mit dem Overheadprojektor. – Das Flüssigkristalldisplay paßt zwar auf Ihren Overheadprojektor, verkleinert aber dessen Projektionsfläche; da die Datenprojektion ohnedies weniger brillant ist, ist das verkleinerte Bild ein Nachteil. Es empfiehlt sich daher ein zweiter Overheadprojektor für das Display, der etwa einen Meter weiter entfernt steht.

Die »Datenprojektion im Sitzen« (Bild ⑧⓪) werden Sie vor allem für die Life-Analyse verwenden, wenn Sie den Computer als Arbeitsgerät nützen. – Die »Datenprojektion im Stehen« (Bild ⑧①) empfehle ich Ihnen vor größerem Publikum und mit eher wenig Eingaben. Natürlich können Sie auch im Stehen Daten eingeben (Position 2), doch müssen Sie sich dabei so stark nach unten konzentrieren, daß der Kontakt mit Ihrem Publikum gefährdet ist.

Was Sie bei der Datenprojektion sonst noch berücksichtigen sollten:

- Tip: **Datenprojektion ist kein Hauptmedium!** Auch die schönsten Computergrafiken wirken mit der Zeit ermüdend, die lichtschwachen Bilder verstärken diesen Effekt. 20 Minuten für eine Sequenz ist das Maximum. Eine reine Computerpräsentation wirkt zwar modern, aber auch synthetisch, steril, lähmend. Setzen Sie zwischendurch andere Medien ein – Flipchart, Overheadprojektor, Wandtafel.
- Tip: **Hochtechnologie kann ablenken:** Überprüfen Sie, ob Ihr Publikum mit der Datenprojektionstechnologie vertraut ist. Andernfalls müssen Sie damit rechnen, daß die Zuschauer sich während der ersten Minuten interessiert fragen: »Wie funktioniert das? Wo kommen die Bilder her? Was kostet so etwas? Brauchen wir auch so ein Gerät?« Und Ihre Botschaft kommt nicht an!
- Tip: **Sicherheitsaspekt nicht überschätzen!** Bei vertraulichen Daten hat die Datenprojektion den Vorteil, daß es keine Folien oder Dias gibt, die in falsche Hände geraten könnten – das elektronische Bild ist flüchtig. Das gilt aber nur so lange, als Sie mit Ihrem persönlichen, tragbaren PC präsentieren – und niemand außer Ihnen an das Gerät kann.
- Tip: **Sichtkontrolle!** Maximal die vierfache Bildbreite, also deutlich weniger als bei Folie oder Dia. Eine Faustregel für Bildschirmbetrachtung sagt: »Bildschirmdiagonale in Dezimeter = maximale Zuschaueranzahl«.

Datenprojektion im Sitzen

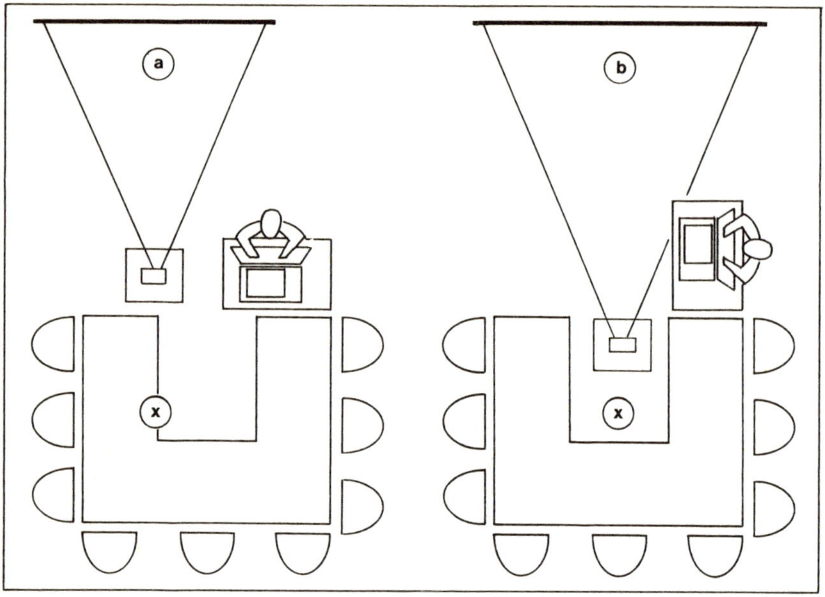

Bild ⑧⓪: Die frontale Position (a) hat den Vorteil, daß Sie alle Zuhörer im Blickfeld haben und auch zwischendurch Folien zeigen können. Die Nachteile: Zur Bildkontrolle müssen Sie sich umdrehen, außerdem ist das Bild bei LCD-Projektion sehr klein. – Die seitliche Position (b) gibt ein größeres, leichter kontrollierbares Bild, aber keinen Blickkontakt zu den Linkssitzenden; zum Folieneinsatz müssen Sie Ihren Platz verlassen. – In beiden Fällen kann die Datenprojektion auch mittels Videobeam erfolgen, der dann am besten an der Decke etwa in Position (X) befestigt ist.

- Tip: **Blickführung:** Cursor, Maus, Laserpointer? In der Life-Analyse verwenden Sie grundsätzlich Cursor und Maus. Einen Lichtzeiger verwenden Sie dann, wenn Sie keine Maus haben und immer wieder quer über das Bild springen müssen. – In der elektronischen Diaserie bringen Sie sich selbst als menschliches Element so oft als möglich ein – zeigen Sie an der Wand mit Ihren Händen. Ist dies nicht möglich, verwenden Sie einen Laserpointer oder einen Zeigestab. Die über Fernsteuerung beweglichen Bildzeiger sind zu langsam und zu unauffällig.

Datenprojektion im Stehen

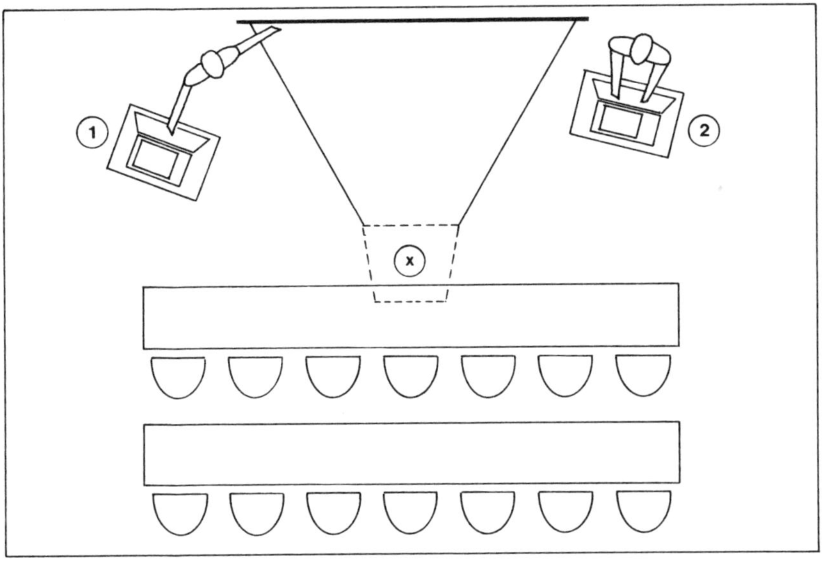

Bild 81: Elektronische Slide Show mit Videobeam (Deckenmontage – X). Sie verwenden die Tastatur weniger zur Dateneingabe als vielmehr als Impulsgeber für das nächste Bild (1). – Müssen Sie zahlreiche Daten eingeben, dann ist Position (2) besser. Je höher die Tastatur und Ihr Kontrollmonitor, desto besser: Dann fällt Ihnen der Blickkontakt zum Publikum leichter.

- Tip: **Projektion kontrollieren!** Theoretisch haben Sie auf Ihrem Kontrollmonitor zwar genau dasselbe Bild wie Ihre Zuschauer, verlassen Sie sich aber nicht darauf. Plazieren Sie sich deshalb so, daß Sie zwischendurch kurz das Bild an der Projektionsfläche überprüfen können.
- Tip: **Kein Mitleid für den High-Tech-Präsentator!** Die Welt ist ungerecht: Mit der Komplexität Ihrer Präsentationstechnologie steigt naturgemäß die Gefahr, daß etwas nicht funktioniert. Trotzdem verzeiht das Publikum (unverständlicherweise!) einen kaputten Overheadprojektor viel eher als einen Absturz am Computer. Und Ihre Erklärungen, warum das passiert ist, aber

nicht vorhersehbar war, interessieren niemanden. Die »Notfallplanung« ist deshalb besonders kritisch: Reservefolien, Handskizzen auf Flipchart usw.

Das Wichtigste aus diesem Kapitel:

- Eine gut vorbereitete Life-Analyse (»was-wäre-wenn«) und eine sauber aufgebaute elektronische Diaserie gehören zu den wirkungsvollsten Überzeugungsinstrumenten.
- Datenprojektion ermüdet die Zuschaer nicht nur rascher, sie kann auch »zu« technisch wirken – lassen Sie Platz für Ihre Person und für andere Medien!
- Sie MÜSSEN (noch!) nicht Hochtechnologie einsetzen – aber wenn Sie sich dazu entschließen, dann MÜSSEN Sie sie beherrschen!

Teil 6

Ihr persönliches Auftreten – im Vortrag überzeugen

Kapitel 21

Haltung, Blickkontakt, Gesten – und wie Sie mit Ihrer Nervosität umgehen

Vorurteil 1: »Die Leute müssen mich so nehmen, wie ich bin.«

Vorurteil 2: »Nervosität ist ein Zeichen von Schwäche – GUTE Präsentatoren sind nicht nervös!«

Den Inhalt dieses Kapitels finden Sie auch in Büchern über Rhetorik – er betrifft jene Dinge, die Sie richtig oder falsch machen können, bevor Sie noch das erste visuelle Hilfsmittel eingesetzt haben. Was wir hier behandeln:

- Typische Störfaktoren im Bereich des persönlichen Auftretens;
- eine Analyse von Ursachen der Nervosität;
- fünf Strategien zum sicheren Auftritt.

Wie Sie Ihrem Publikum erfolgreich auf die Nerven fallen

Diesmal müssen wir von der negativen Seite her beginnen: Alle Analysen zeigen immer dasselbe knappe Dutzend »Störfaktoren«, die es zu vermeiden gilt (Bild 82). Das Schlimme daran ist, daß wir als Zuschauer sehr sensibel auf »Kleinigkeiten« reagieren, die uns zuerst ablenken, dann irritieren und schließlich frustrieren. Wenn das Auftreten nicht stimmt, hat der Vortragende unerhörte Probleme, seinen Inhalt zu vermitteln.

Was die meisten Zuschauer am Auftreten eines Vortragenden stört:

- Der fehlende Augenkontakt,
- ein unsteter, schweifender Blick,
- das nervöse Auf-und-ab-Gehen, aber auch
- das steife und starre Dastehen.
- Gestikulieren mögen wir auch nicht oder
- Geklimpere mit dem Kleingeld in der Tasche.
- Spielereien mit Zeigestab, Kugelschreiber usw. lenken uns ab,
- ebenso das »Putzen« und Herumzupfen an Kleidung und Schmuck.
- Anklammern am Vortragspult und
- Verkriechen im Manuskript irritieren uns ebenfalls.

Bild 82

Das Gute und Gemeinsame dieser Störfaktoren ist, daß sie alle relativ leicht vermeidbar sind. Bei genauer Betrachtung manifestiert sich nämlich in praktisch allen von ihnen eine gemeinsame Hauptursache: die Nervosität. Diese Nervosität äußert sich – unterschiedlich von Person zu Person – entweder in gesteigerter Motorik oder in totalem Krampf.
Die Nervosität des Vortragenden hat zwei Ursachen, die sich auch gegenseitig hochschaukeln können:

> **Sachliche Unsicherheit:** Beherrsche ich das Thema? Habe ich alles berücksichtigt? Werde ich die Fragen beantworten können? Wird mein Vorschlag angenommen werden?
>
> **Lampenfieber:** Die »irrationale« Angst vor der ersten Minute – das Gefühl der Panik vor dem Versagen, das auch Profis und absolut sattelfeste Vortragende kennen.

Lampenfieber = Energie pur

Die sachliche Unsicherheit als Quelle der Nervosität können Sie durch entsprechende Vorbereitung und einige zusätzliche Kunstgriffe relativ leicht beherrschen; anders verhält es sich mit dem »unvernünftigen« Lampenfieber. Hier müssen Sie verstehen, was dabei in Ihrem Körper vorgeht, um zu begreifen, daß Lampenfieber an sich nicht nur natürlich ist, sondern positiv sein kann.

Wer vor eine Gruppe tritt, ist in Gefahr.

Es geht nicht um das Leben, oft nicht einmal um materielle Dinge. Aber es geht um Prestige, und unsere Urangst ist, »das Gesicht zu verlieren«, sich bloßzustellen und in der Hierarchie zurückgereiht zu werden.

Bild ⑧③

Das sind durchaus reale, verständliche Ängste und unser Körper erkennt den Vortrag richtig als kritische Situation. Im Laufe der Evolution hat der Mensch immer wieder kritische Situationen zu meistern gehabt – Gefahren lauerten ja überall. Nun sind wir Menschen als Art nicht besonders gut ausgestattet, uns in einer körperlichen Gefahrensituation sicher und überlegen zu fühlen: Es fehlen uns Panzer, Stacheln, Klauen und Reißzähne. Das Überlebensrezept des Urmenschen war daher ganz einfach: Flucht!
Lang bevor das erste Werkzeug erfunden, die erste Kampfgemeinschaft gegründet war, haben sich unsere Vorfahren durch Flucht gerettet. Dieses erfolgreiche Überlebensrezept ist heute noch genauso in uns programmiert. Und die Vorbereitungen dafür laufen an, sobald wir eine Gefahrensituation wittern. Das ist unweigerlich dann der Fall, wenn der Moment näher rückt, in dem wir mit unserem Vortrag beginnen.
Zur Flucht brauchen wir Kraft, Energie. Die stellt unser Körper dadurch zur Verfügung, daß die Nebennierenrinde das Streßhormon Adrenalin ausschüttet und damit Muskeln in Hochleistungsbereitschaft versetzt. Leider nur bestimmte Muskelpartien, nämlich in erster Linie die zur Flucht notwendigen Beine.
Das Problem des Präsentators besteht nun darin, daß zwar der Körper fort will, der Verstand aber – realistisch und vernünftig – das verbietet. Das Ergebnis: nervöses Zappeln und Wackeln des Körpers bei gleichzeitiger teilweiser Paralysierung und Verkrampfung der Arme.

Fünf Strategien zum sicheren Auftreten

Strategie 1: Negative Fluchtenergie in positive Überzeugungskraft wandeln!

Das Lampenfieber, die nervöse Energie, ist an sich ein gutes Zeichen: Ihr Körper funktioniert und ist bereit, Sie durch Generalmobilmachung aller Kräfte beim Meistern der kritischen Situation zu unterstützen. Sie brauchen bloß die Energie ein bißchen anders zu verteilen. Der Schlüssel dazu heißt:

Energieventile

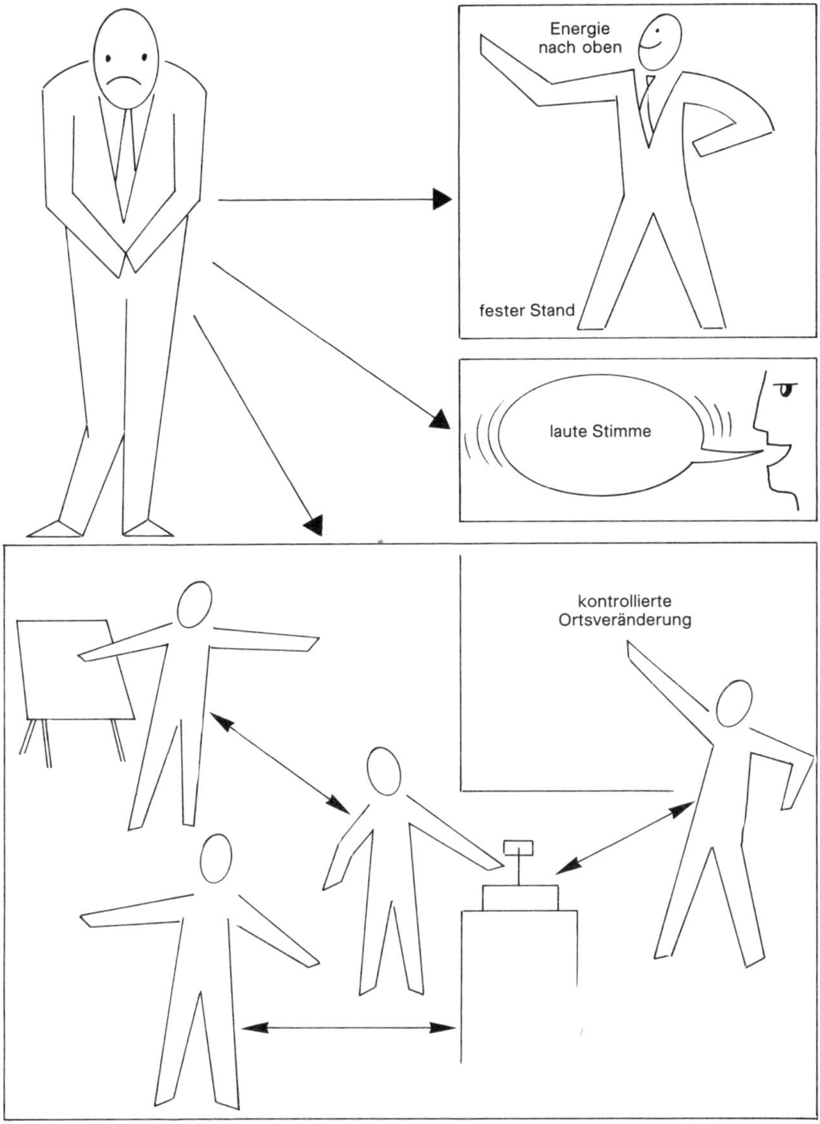

Bild ⑧④: Wie Sie nervöse Fluchtenergie in produktive Überzeugungskraft wandeln.

Füße betonieren – Energie nach oben!

Bild (84) zeigt Ihnen, wie das gemeint ist: Sie bleiben einfach ganz fest stehen – mit beiden Füßen und voller Sohle am Boden, die Füße etwa schulterbreit auseinander, den Körper aufgerichtet und dem Publikum frontal zugewendet (Farbtafel (15)). Wenn wir das Energieventil unten verschließen, müssen wir aber gleichzeitig andere aufmachen:

- bildhafte große Gesten;
- laute Stimme;
- kontrollierte Ortsveränderung.

Das produktivste Energieventil sind Ihre Arme und Hände, denn mit diesem Instrument besitzen Sie mehr als nur ein Energieventil: Bildhafte Gesten unterstützen das gesprochene Wort und helfen dem Zuschauer beim Verständnis (Farbtafel (16)). Ihr Körper hat ein beachtliches Vokabular an solchen sinnvollen Arm- und Handbewegungen – beobachten Sie sich bloß einmal selbst in einer entspannten Gesprächssituation! Unter dem Streß der ersten Minuten eines Auftrittes blockieren wir diese natürlich fließende Gestik und müssen sie mit einer bewußten Willensanstrengung freisetzen. Das geschieht leichter, wenn wir unsere Hände zu Beginn frei hängen lassen oder sie locker vor dem Bauch ineinander legen. (Kleiner Finger auf Gürtelhöhe!)
Eine laute Stimme ist nicht nur gut für das Verständnis entfernt sitzender Zuschauer und ein Signal der Sicherheit. Lautes Sprechen braucht mehr Energie und hat noch einen weiteren, positiven Nebeneffekt: Der Klang Ihrer eigenen Stimme wirkt umso beruhigender, je kräftiger er ist.

**Nur wer sich selbst bewegt zeigt,
kann auch andere bewegen!**

Blickkontrolle

Bild ⑧⑤: Sprechen Sie jeweils zu EINEM Zuschauer – einen ganzen Gedanken lang! (3–5 Sekunden). – Gehen Sie dabei punktweise durch Ihr Publikum, wobei Sie einem großen »M« folgen.

Die kontrollierte Ortsveränderung ist die Ergänzung des etwas brutalen Rezeptes der fest betonierten Füße: Sie können, Sie sollen sich bewegen – aber nicht in nervösem, ziellosem Auf-und-ab-Wandern! Gehen Sie ruhig – zu einem Fragesteller hin, zur Tafel, zu einem Projektor oder, wenn Sie gerade über das Wetter sprechen, zu einem Fenster. Dazwischen aber bleiben Sie demonstrativ stehen und signalisieren »Standpunkt«.

Strategie 2: Statt passiver visueller Überlastung aktive Blickkontrolle!

Unsere Augen sind ein Informationskanal von ungeheurer Kapazität: Angeblich leiten sie 1,4 Millionen Informationen pro Sekunde an das Gehirn. Armes Gehirn, das ohnedies unter Streß steht! In dieser Situation müssen wir die Menge der visuellen Eindrücke reduzieren und unser Hirn vor Überlastung schützen. Der oft angepriesene »schweifende Blick über alle Zuhörer hin« macht Sie nervös, ohne Ihnen echte Kontakte zu vermitteln. Unser Rezept heißt

---

Blickkontrolle – einen nach dem anderen – einen ganzen Gedanken lang!

Sie suchen sich einen Gesprächspartner und sprechen einen ganzen Gedanken zu dieser Person – das sind etwa 3 bis 5 Sekunden. Anfangs wird Ihnen diese Zeit unendlich lang erscheinen, aber es zahlt sich aus, diese Technik zu trainieren. Sie erzielen damit nicht nur eine Reduktion der visuellen Eindrücke, Sie nehmen auch wirklichen Kontakt mit Ihren Zuhörern auf. Außerdem verleiht der ruhige Blick Ihren Worten ungleich mehr Nachdruck als visuelles Hin-und-her-Geblitze.
Bei Ihrer Kontaktnahme suchen Sie sich die fünf Punkte eines großen »M« als Ankerpunkte für Ihre erste Kontaktnahme (Bild ⑧⑤); danach ein großes »W«. Ab einer Entfernung von etwa 10 m können die Zuschauer übrigens nicht mehr identifizieren, wen genau Sie ansehen – es fühlen sich dann etwa vier bis acht Personen gleichzeitig persönlich angesprochen.

Strategie 3: Visuelle Hilfsmittel benützen – als Stichwortbringer und Zielpunkte!

Diese Strategie packt die Nervosität bei beiden Wurzeln: der (sachlichen) Unsicherheit und dem (emotionalen) Lampenfieber. Eine durchgehend visualisierte Präsentation ist vor allem die Garantie dafür, daß Ihre Gedanken verständlich sind und Sie selbst vor einem »Blackout« sicher. Sie erinnern sich noch, was wir in Kapitel 7 über die Kraft der Visualisierung gesagt haben: Sollten Sie wirklich einmal eine »Mattscheibe« haben, dann brauchen Sie nur vorlesen, was auf Ihrem Bild drauf ist – offiziell für die Zuschauer, tatsächlich für sich selbst. Sobald Sie damit fertig sind, ist Ihre Mattscheibe vorbei.

Positive Körpersignale für Kompetenz, Sicherheit, Glaubwürdigkeit

Körperhaltung:	Senkrecht, frontal, »zugewendet« offen, nicht versteckt, beidbeinig, fest — »Standpunkt« erhobener Kopf — aber nicht hochnäsig
Arme und Hände:	Ruheposition seitlich hängend oder locker die Hände auf Nabelhöhe ineinander legen bildhafte Gesten — kein Gestikulieren im Sprachrhythmus, Bewegungen oberhalb der Gürtellinie und außerhalb des Brustkorbes, langsame, ruhige Bewegungen
Gesicht:	Gesicht zuwenden — kein »scheeler Blick« aus den Augenwinkeln, Blickkontrolle: 3—5 Sekunden pro Person, freundliche Miene
Bewegungen:	Zielstrebige Ortsveränderungen, kein »Auf-und-ab« ruhiges Hantieren mit Hilfsmitteln, kontrollierte Bewegungen gelegentlicher »Frontenwechsel« (an die Seite der Zuschauer)
Stimme:	Pausen — besonders während Bewegungen, langsames Sprechtempo laute Stimme

Bild (86)

Visuelle Hilfsmittel sind aber auch hervorragende »Energieableiter«: Damit können Sie sich Wege einbauen (vom Projektor zur Leinwand, von einem Medium zum anderen), und Sie haben auch Zielpunkte für große Armbewegungen. Gleichzeitig sind diese großen Armbewegungen des Hinweisens und Blickführens Signale der Sicherheit, denn sie lassen den Körper größer, raumfüllender erscheinen.

Strategie 4: Nur der Sichere kann sich Zeit nehmen – wer sich Zeit nimmt, wirkt sicher!

Schnelle, hektische Bewegungen, pausenloses Sprechen, erhöhtes Sprechtempo – alles doppelt unproduktive Verhaltensweise: Sie wirken unsicher und machen nervös!
Viele Vortragende sind von der fixen Idee besessen, daß jedes Atemholen vom Publikum als »Hänger« interpretiert werden könnte. Oder daß wir mit Rücksicht auf die knappe Zeit unserer geschätzten Zuhörer möglichst komprimiert und schnell vorzutragen hätten. Beobachten Sie den Sprechstil erfolgreicher Redner – von deren Pausentechnik können wir viel lernen. Und auch die sogenannten »dynamischen Typen« verstärken diese Dynamik durch bewußte Pausen.
Signalisieren Sie daher, daß Sie Herr der Lage sind – auch wenn es Ihnen anfangs ganz anders zumute ist. Pausen brauchen Sie insbesondere in folgenden Situationen:

- zu Beginn Ihres Vortrages, vor dem ersten Satz;
- jedesmal, wenn Sie den Blick vom Publikum weg und auf die Leinwand richten;
- wenn Sie mit Unterlagen oder Geräten hantieren;
- wenn eine kleine Panne auftritt – wenn z. B. etwas zu Boden fällt und Sie es aufheben.

Strategie 5: Den Start optimieren!

Auch diese Strategie zielt auf Unsicherheit und Lampenfieber gleichzeitig. Wir haben dem Einstieg deshalb das ganze Kapitel 23 gewidmet.
Mit diesen Strategien haben Sie nicht nur Unsicherheit und Lampenfieber im Griff, Sie senden auch »positive Körpersignale für Kompetenz, Sicherheit, Glaubwürdigkeit« (Bild ⑧⑥).

Das Wichtigste aus diesem Kapitel:

- Nervosität, Lampenfieber sind Anzeichen dafür, daß Ihr Körper funktioniert und Energie für eine kritische Situation bereithält.
- Das Erfolgsrezept heißt: Nervosität nicht unterdrücken, sondern sie in positive Überzeugungsenergie umwandeln – durch bildhafte Gesten.
- Visuelle Hilfsmittel sind nicht nur verläßliche Stichwortbringer, sie helfen Ihnen auch als Energieventile: Blickführung mit großen Bewegungen und kontrollierte Ortsveränderung (von einem Medium zum anderen) bauen Nervosität ab und signalisieren Ruhe und Sicherheit.

Kapitel 22

Stimmt die Sprache? – Tips für verbale Optimierung

Vorurteil: »Bei guten visuellen Hilfsmitteln ist die Sprache nebensächlich.«

Über Sprechtechnik werden ganze Bücher geschrieben – wir beschränken uns hier im wesentlichen auf jene Punkte, die in der Präsentationssituation besonders wichtig sind:

- Was Sie sagen, während Sie mit Ihren Hilfsmitteln hantieren;
- wie Sie bei der Blickführung und Bilderklärung sprechen;
- worauf es in kritischen Phasen Ihres Vortrages ankommt.

Kommunikation = Bild + Ton

Wir haben bisher den non-verbalen Elementen der Präsentation unser Hauptaugenmerk geschenkt: den Signalen Ihres Körpers, den visuellen Hilfsmitteln und der Technik im Umgang mit diesen Hilfsmitteln. Die Sprache haben wir dagegen ziemlich vernachlässigt. Nicht deshalb, weil sie eine vernachlässigbare Größe darstellt, sondern weil unsere ganze Erziehung ohnedies die Sprache so stark in den Vordergrund stellt. Es ist auch viel leichter, Rechtschreibfehler zu zählen, als die kommunikative Wirkung eines Schülers zu benoten.
Die folgenden Empfehlungen betreffen ALLE Ihre Kommunikationssituationen – nicht nur im Vortrag!

- Tip: **»DU« statt »ICH«** – sprechen Sie mehr davon, was der Zuschauer sieht, hört, wissen will. Und weniger davon, was SIE zeigen, sagen, für wichtig halten.
- Tip: **»ICH« gezielt verwenden** – sprechen Sie aber ruhig von sich, wenn das wichtig ist. Verstecken Sie sich nicht unnötig hinter »man« und unpersönlichen Formulierungen!
- Tip: **Ersetzen Sie abstrakte Konstruktionen durch plastische Beispiele!** Das hilft nicht nur dem Verständnis, damit mobilisieren Sie auch das gestische Potential Ihres Körpers!
- Tip: **Bauen Sie nur kurze Sätze!** 15 Worte pro Satz ist ein guter Richtwert. Bei längeren Sätzen vermeiden Sie Schachtelungen. Maximal 1 Nebensatz pro Hauptsatz!
- Tip: **Vorsicht bei Fachchinesisch!** In einer Expertenrunde brauchen Sie es, außerhalb dieser Umgebung müssen Sie solche Kürzel immer wieder – wie beiläufig! – erklären.
- Tip: **Sprechen Sie laut und langsam!!!**

Als Vortragender brauchen Sie die Sprache aber nicht nur als Träger jener (vorwiegend digitalen) Informationen, die Sie nicht bildhaft dargestellt haben, sondern vor allem, um aus Ihren visuellen Hilfsmitteln alles herauszuholen, was drinsteckt. Wir brauchen die Sprache also als notwendige Ergänzung für unser »Gesamtkunstwerk Präsentation«. Und in diesem Zusammenhang gilt es zu vermeiden, daß der verbale Teil Ihre Zuhörer irritiert und vom Inhalt und Ihrer Botschaft ablenkt.

Beim Bilderwechsel sprechen?

Zum Stereotyp des »geläufigen Vortragenden« gehört der kontinuierliche Fluß von Worten, unabhängig davon, was gerade geschieht. »Hier zeichnet sich eine Entwicklung ab, die (Dia- oder Folienwechsel ohne Unterbrechung des Redeflusses) zu drei Ergebnissen geführt hat. . .« Natürlich wirkt das sehr souverän – und wenn dieser Eindruck Ihr wichtigstes persönliches Ziel ist, wichtiger als effektive Übermittlung von Inhalten, dann liegen Sie mit dieser Technik richtig. Manchmal allerdings auch auf dem Bauch, z. B. dann, wenn das nächste Bild nicht zu Ihrem begonnenen Satz paßt.

Saubere Überleitungen bauen!

In Kapitel 17 haben Sie einiges über Blickführung und Aufmerksamkeitssteuerung erfahren. Dort finden Sie die einzelnen Phasen Ihres Umganges mit Ihrem visuellen Hilfsmittel – jedes Bild wird sinnvollerweise vorher angekündigt! Diese Ankündigung kann vielerlei Gestalt annehmen: Hinweis (»als Nächstes kommt . . .«), Aufforderung (»Denken wir an . . .!«) oder Frage (»Welche Folgen hat das?«) In jedem Fall signalisieren Sie, daß etwas Neues kommt und worum es sich ungefähr handelt.
Was Sie aber nicht dürfen: Ihre Aussage komplett vorwegnehmen, z. B.

> »Die nächste Folie zeigt Ihnen die Umsatzentwicklung, aus der Sie einen dramatischen Rückgang bei unserem Hauptprodukt entnehmen können.«

Eine richtige Überleitung kündigt das Thema an, spart aber die Botschaft aus:

> »Sehen wir uns die Umsatzentwicklung bei den einzelnen Produkten an!«

Eine wirkungsvolle Überleitung sprechen Sie komplett zu Ende, bevor Sie das nächste Bild freigeben. Bei der Diapräsentation ist das einfach, da drücken Sie am Ende Ihres Satzes auf den Knopf der Fernsteuerung. Ebenso bei der elektronischen Diaserie. Was aber ist bei der Folie?

Nervenkitzel Folienwechsel

Auch bei einem geübten Präsentator dauert ein Folienwechsel 3 bis 5 Sekunden, wenn die gezeigte Folie sauber abgelegt und die nächste Folie ordentlich justiert wird. In dieser Zeit sind Ihre

Bild ⑧⑦: Da geben Ihre Zuhörer auf: Wenn Sie zu schnell sprechen, zu abstrakt formulieren und zu komplizierte Sätze bauen!

Augen und Hände voll beschäftigt. Wann sprechen Sie Ihre Überleitung – vor dem Folienwechsel, während oder nachher?
Die Angst vor einer »so langen« Pause verführt viele Vortragende, die Zeit des Folienwechsels verbal zu überbrücken. Das hat verschiedene Nachteile:

- Hantieren und gleichzeitiges Sprechen ist eine größere Belastung, macht Sie selbst nervös und läßt Sie hektisch wirken.
- Ihre Worte gehen unter, da sich Worte gegen Bewegungen nicht durchsetzen.
- Sie sprechen ohne Blickkontakt zum Publikum.
- Sie blockieren Ihren »Ladeprozeß«, der Sie auf Ihr nächstes Hilfsmittel vorbereiten soll.

Genug Gründe für eine klare Empfehlung:

Legen Sie eine Sprechpause ein, während Sie mit Ihren visuellen Hilfsmitteln hantieren!

Diese Pause wird Ihnen anfangs schwerfallen, da Sie sie als peinlich und endlos empfinden. Für den Zuschauer wirkt diese Pause jedoch weder lange noch endlos. Sie gibt im Gegenteil Gelegenheit, die Gedanken zu ordnen, und erleichtert den Einstieg in den nächsten thematischen Schritt. – Natürlich darf die Pause nicht ZU lange werden – bei 10 Sekunden wird es tatsächlich peinlich! Durch richtiges »Timing« Ihrer Überleitung verkürzen Sie die Pause aber psychologisch: »Welche Ursachen sind für diese Entwicklung verantwortlich?« – Folienwechsel in Ruhe, während die Zuschauer durch Ihre Frage angeregt sind, ihre bisher vorliegenden Informationen zu diesem Thema zu aktivieren.
Damit das funktioniert, ist entscheidend, daß Sie Ihre Frage oder Denkaufforderung auch als solche deklarieren – wichtig ist hier der Blickkontakt, der etwas länger verweilt als bis zur letzten Silbe. – Das verleiht Ihren Worten Nachdruck und fordert auf, sich mit Ihrer Frage oder Ihrem Denkanstoß auseinanderzusetzen.

Blickführung und Erklärung

Das wichtigste Rezept in diesem Zusammenhang ist das der Pause während Ihres Blickes zum Hilfsmittel – egal, ob Sie an der Wand den Blick führen oder am Projektor. In der Erklärungsphase ist die Pause entscheidend dafür, daß Ihre Zuschauer die einzelnen Elemente richtig erfassen. Der kontinuierliche Sprachfluß stört hier nur.

Zeichen der Schwäche vermeiden

Gehen Sie davon aus, daß ohne Ihre Erklärung nichts selbstverständlich ist, mit Ihrer Erklärung aber alles klar wird. Man kommt zu Ihrem Vortrag nicht, um perfekte Zeichnungen zu sehen, sondern wegen IHRER Inhalte – entschuldigen Sie sich deshalb nicht für mangelndes zeichnerisches Talent, sondern stellen Sie einfach klar, was was ist! (Für weitere Beispiele siehe Bild 67!)

Kritische Phasen verbal meistern

- Tip: **Je wichtiger die Idee, desto wichtiger die Ankündigung:** »Die folgende Darstellung ist von zentraler Bedeutung für das Verständnis des Problems.«
- Tip: **Je wichtiger die Idee, desto wichtiger die Pause danach.** Erfahrene Vortragende lassen entscheidende Tatsachen richtig »einsickern«, bevor sie zum nächsten Punkt weitergehen.
- Tip: **Ersetzen Sie Behauptungen durch Schlußfolgerungen!** Menschlich verständlich, aber gefährlich: Ein Bild zu zeigen und sofort die Aussage zu verkünden, die Sie mit diesem Bild meinen. Beschreiben Sie zuerst, was auf dem Bild zu sehen ist, und ermöglichen Sie es Ihren Zuhörern, gemeinsam mit Ihnen die Aussage nachzuvollziehen: »Was bedeutet das für uns?« – »Daraus können wir schließen . . .« – »Diese Informationen lassen nur eine einzige Interpretation zu: . . .«
- Tip: **Bankrott-Phrasen vermeiden!** Ihre Zuhörer sind gekommen, um von Ihnen etwas Neues, Interessantes, Wissenswertes zu erfahren; folgende Redewendungen sind daher tödlich:

  »Es ist nicht viel, was ich Ihnen zu bieten habe . . .«
  »Eigentlich bringt der nächste Abschnitt nichts Neues . . .«
  »Die meisten Informationen betreffen Sie gar nicht.«

Natürlich haben wir Angst vor zu hohen Erwartungshaltungen – aber solche verbale Kapitulationen sind ungeeignete Mittel, die Erwartung zu reduzieren – damit frustrieren Sie bloß.

- Tip: **»Weichmacher« gezielt einsetzen!** »Weichmacher« sind Worte, Phrasen oder grammatikalische Konstruktionen, mit denen Sie einer Konfrontation ausweichen:

Die **Möglichkeitsform:** »Das würde bedeuten ...«, »Eine Interpretation wäre ...«
Die **Leideform:** »Es wurde festgestellt ...«, »Die Meinung wird vertreten, daß ...«
Unpersönliche Konstruktionen: »Dazu kann man folgendes aussagen ...«, »Es ist schon verschiedentlich aufgefallen, ...«
Polsterwörter: »wahrscheinlich«, »vielleicht«, »möglicherweise«.

Verwenden Sie diese Weichmacher nicht routinemäßig, sondern nur gezielt! Weichmacher sind immer dann besonders gefährlich, wenn Sie etwas ganz Konkretes erreichen wollen: einen Aktionsvorschlag aussprechen, eine Genehmigung brauchen, Kompetenzen klarstellen.

- Tip: **Sprechen Sie lauter als normal!** In der Präsentationssituation wollen Sie nicht nur als Person wirken, Sie müssen sich auch gegen Ihre eigenen visuellen Hilfsmittel durchsetzen. Dazu ist etwas mehr Stimmvolumen notwendig als sonst. Machen Sie es sich zur Gewohnheit, von der Lautstärke her zu einem Zuhörer in der letzten Reihe zu sprechen! – Bei Diavorträgen muß Ihre Stimme noch zusätzlich die Dunkelheit überwinden.

Das Wichtigste aus diesem Kapitel:

- Als Vortragender brauchen Sie die Sprache vor allem, um Ihre Bilder »aufzuschließen«.

- Die wichtigsten sprachlich-stimmlichen Mittel sind die Überleitungen bzw. Ankündigungen und – die Pause. Besonders während irgendwelcher Bewegungen.

- Vermeiden Sie alles, was Sie selbst und Ihre Aussage heruntermacht, entkräftet: besonders »Weichmacher« und »Bankrott-Phrasen«.

Kapitel 23

Ihr Einstieg in den Vortrag – was Ihnen zu einem gelungenen Start verhilft

Vorurteil: »Das wichtigste ist, möglichst schnell zum ersten Bild zu kommen.«

Vor der ersten Minute haben praktisch alle Vortragenden Angst – egal, ob sie mit oder ohne visuelle Hilfsmittel arbeiten. Dementsprechend gibt es zu diesem Thema auch eine Fülle von Tips. Wir beschränken uns auf die besonders wichtigen Aspekte:

- Warum die ersten Sekunden so kritisch sind;
- wie Sie bei der Vorbereitung Ihres Starts vorgehen;
- welches die kritischen Punkte dieser ersten Minuten sind;
- was Ihnen gegen Lampenfieber und zu mehr Sicherheit hilft.

30 Sekunden reichen für ein Etikett!

Versetzen wir uns in die Lage der Zuschauer: Was interessiert uns zu Beginn eines Vortrages am meisten?

> Wer ist der/die da draußen? Wie sieht er/sie aus, was ist das für ein Typ?
> Worum geht es überhaupt?
> Zahlt es sich für mich überhaupt aus aufzupassen?
> In welcher Stimmung ist er/sie?

Bevor diese Fragen nicht beantwortet sind, haben Ihre Inhalte es schwer, begriffen oder gar angenommen zu werden.
Wir neigen alle dazu, uns möglichst schnell ein (Vor-)Urteil zu bilden, um eine Sache abhaken zu können, um uns zu orientieren. Das hilft uns bei der Bewältigung des Alltags: Sonst müßten wir uns z.B. beim Anblick eines Polizisten fragen: »Ist das wirklich ein Polizist?« So aber sehen wir die Uniform und schließen auf den Inhalt. Und abgesehen von Krimiszenen stimmt dieser Schluß auch.
Diese Tendenz, möglichst schnell Etiketten zu verteilen und die Mitmenschen in Schubladen unterzubringen, bedeutet, daß die ersten Sekunden eines Auftrittes besonders kritisch sind. In diesen Momenten schätzen wir den ein, der da vorne steht. Ist er sicher oder nervös? Ist er überheblich oder sympathisch? Nach 30 Sekunden sind wir damit fertig.
Dieses erste Urteil ist natürlich nicht das endgültige – aber es beeinflußt unsere folgenden Wahrnehmungen. Wer mir in den ersten Sekunden zu verstehen gibt »Das wird interessant!«, dem gegenüber öffne ich mich eher, als wenn einer Langeweile ausstrahlt. Deshalb sollte Ihre Devise für den Einstieg lauten:

Eine Brücke schlagen – die gemeinsame Basis sichern!

Natürlich besteht ein gewaltiger Unterschied zwischen einem formellen Vortrag vor einem großen Publikum und einer informellen Arbeitssitzung. Je informeller die Situation, je besser entwickelt die Beziehung, je größer die Nähe aller zum Thema, desto kürzer kann die Einleitung ausfallen. Sie sollten sie aber nie gänzlich weglassen.

Die Vorbereitung Ihres Einstieges

Der natürlichste Moment, sich über den Anfang den Kopf zu zerbrechen, ist nach Fertigstellung des Hauptteiles. Vor allem wissen Sie jetzt ganz genau, was Sie z. B. ankündigen können.

Was alles in die Einleitung gehört . . .

Begrüßung

↓

Einleitung		
	Eröffnung	Aufhänger (aktuelles Ereignis) Zitat, interessantes Beispiel, ungewöhnliche Statistik, Anekdote
	Thema !	
	Einführung	Relevanz des Themas Definitionen, Ausgrenzungen Vorgeschichte persönlicher Bezug des Vortragenden
	Orientierung	**Inhaltsübersicht !** Zeitplan Modalität für Fragen

↓

Hauptteil

. . . aber nur die mit ! gekennzeichneten Punkte müssen sein.

Bild (88)

»Was alles in die Einleitung gehört«, sehen Sie in der Übersicht von Bild (88); welche Elemente Sie davon realisieren, hängt ganz von der Situation ab. Das Thema und eine kurze Inhaltsübersicht sollten Sie aber auf jeden Fall bringen.

Verläßliche Rezepte für den rednerischen Selbstmord sind:

- Minustip: **Der gewaltsame Witz.** Humor ist gut, aber besser nicht am Anfang – außer der Witz paßt genau zum Thema, und Sie sind sicher, daß er gut ankommt.

- Minustip: **Plumpe Schmeicheleien.** Sicherlich ist es gut, von den Zuhörern angenommen zu werden – aber nicht um diesen Preis! Ersetzen Sie Lob durch Anerkennung – statt ». . . vor einem so exzellenten Auditorium . . .« besser ». . . vor einem Auditorium, das folgende Leistungen vollbracht hat: 1. . . ., 2. . . .« Vor allem aber: Bleiben Sie ehrlich!

Die erste Minute einer Präsentation

informeller Rahmen	**formeller Rahmen**
1. Material bereithalten (Folien, Manuskript, Stifte, Notizblock . . .)	1. Material bereithalten (Folien, Manuskript, Stifte, Notizblock . . .)
2. Schwungvoll (!) aufstehen und zum Vortragsort gehen	2. Schwungvoll (!) aufstehen und zum Vortragsort gehen
	(3. Vorstellungszeremonie mit freundlichem Gesicht in Richtung Zuhörer ertragen)
3. Arbeitsplatz herrichten (Feinsteuerung, Zeiger, Stifte, Uhr . . .)	4. Arbeitsplatz herrichten (Feinsteuerung, Zeiger, Stifte, Uhr . . .)
(4. Wenn vorher nicht möglich: Geräte mit Einstellung überprüfen)	(5. Wenn vorher nicht möglich: Geräte mit Einstellung überprüfen)
5. Diaprojektor mit Schwarzdia einschalten, erste Folie auflegen, aber ohne Licht	6. Diaprojektor mit Schwarzdia einschalten, erste Folie auflegen, aber ohne Licht
	7. Blicke sammeln – schweigender Rundblick
6. Begrüßung (»Guten Morgen!«)	8. Begrüßung (»Meine sehr geehrten Damen und Herren!«)
	(9. Wenn noch nicht erfolgt: Selbstvorstellung)
7. Direkte Einleitung (»Der nächste Punkt auf unserer Liste sind also die Rationalisierungsreserven . . .«)	10. Indirekte Einleitung (Aufhänger, Einführung, Thema . . .)
8. Erstes Bild zeigen	11. Erstes Bild zeigen

Bild 93

- Minustip: **Minus-Meldungen.** Wir vertragen als Zuhörer durchaus die Wahrheit – sie muß allerdings nicht wie eine kalte Dusche kommen. Minus-Meldungen sind: »Sie haben es wieder nicht geschafft ...«, »Erwarten Sie sich von mir nichts Neues!«

- Minustip: **Entschuldigungen.** Unterdrücken Sie Ihren Geständniszwang (»Ich konnte mich leider nicht richtig vorbereiten«) – machen Sie das Beste aus der Situation, denn Absolution gibt's keine, und Mitleid ist ein schlechter Bundesgenosse.

- Minustip: **Eine Einleitung, die länger dauert als 10%** der Vortragszeit.

Die kritischen Minuten

Diese sind je nach Präsentationssituation sehr unterschiedlich – für eine extrem formelle und eine sehr informelle Situation haben wir Ihnen die Schrittfolge vorgeschlagen (Bild ⑱⑨).
Punkte, die auch von routinierten Vortragenden regelmäßig vernachlässigt werden, sind:

- Tip: **Die schweigende Vorbereitung des Arbeitsplatzes.** Es ist nur zu verständlich, daß wir unter dem Druck des Adrenalins schon loslegen wollen – tun Sie es nicht!

- Tip: **Geräteüberprüfung – erste Folie auflegen.** Nehmen Sie sich JETZT die Zeit, diese notwendigen Handgriffe zu tun – sonst müssen Sie sich mitten im ersten Schwung nochmals unterbrechen!

- Tip: **Pause vor dem Start:** Dazu gehört eine Menge Selbstüberwindung, aber es zahlt sich aus. Beginnen Sie erst zu sprechen, wenn praktisch alle Blicke bei Ihnen sind. Sie werden merken, wie dabei auch der Geräuschpegel im Saal sinkt.

Bild ⑨⓪: Suchen Sie positive »Gesprächspartner« für die ersten Sekunden – aber bleiben Sie dort nicht hängen!

Tips gegen Lampenfieber

- Tip: **Die positive Einstellung.** Eine Technik, die ich selbst immer wieder verwende, besteht darin, an 4 stets gleichbleibende Sätze den geplanten ersten Satz des Vortrages anzuhängen und diese Satzreihe wie eine tibetanische Gebetsmühle ununterbrochen vor mir herzusagen. – Bis zur letzten Sekunde! Hier sind die Sätze:

  1. **Ich freue mich, daß ich hier bin.**
  2. **Ich freue mich, daß SIE hier sind.**
  3. **SIE sind mir wichtig.**
  4. **Ich bin meiner Sache sicher.**
  5. **»Guten Morgen, meine Herren – wie könnte Ihre Projektplanung reibungsfrei ablaufen?«**

Die StichBILDliste für einen sicheren Start

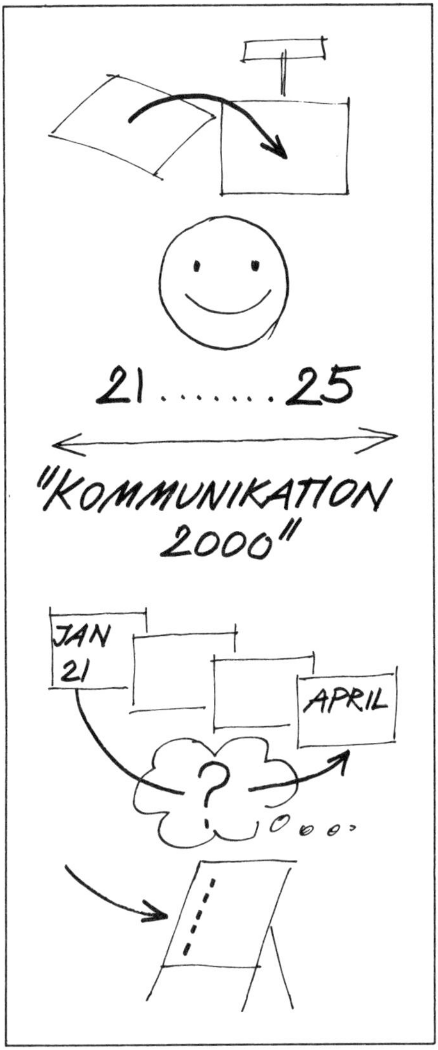

Was ich zu tun habe	Was ich sage
Erste Folie auf Projektor legen, Stifte usw. ordnen.	
Freundliches Gesicht machen.	
5 Sekunden Pause einlegen, alle ansehen.	
	»Guten Morgen – willkommen bei unserer Konferenz zum Thema ‚Kommunikation 2000'.«
	»Seit unserem letzten Treffen am 21. Jänner sind 3 Monate vergangen – was ist in der Zwischenzeit geschehen? Das fragen Sie sich mit Recht.«
Zum Flipchart gehen, Tagesordnung aufschlagen.	
	»Folgende Punkte behandeln wir heute . . .«

Bild (91): Stichbildlisten sind eine persönliche Angelegenheit – nur Sie selbst müssen wissen, was Sie mit den Symbolen meinen.

- Tip: **Der positive Anker im Publikum.** Für den Start suchen Sie sich einen »Gesprächspartner«, der Sie aufmunternd, fröhlich, interessiert, zustimmend ansieht (Bild ⑨⓪). Das gibt Ihnen Kraft und Zuversicht und macht es Ihnen leichter, dann auch die mißmutigen, kritischen, gelangweilten Typen in Angriff zu nehmen. – Lassen Sie sich aber nicht von gewohnheitsmäßigen Nickern über Gebühr verführen, sonst frustrieren Sie einen wichtigen (aber weniger fröhlichen) Entscheidungsträger!

- Tip: **Die StichBILDliste.** Sie ersetzt die bekannte StichWORTliste – Bilder sind leichter aufzunehmen als Worte, und das ist gerade am Anfang sehr wichtig. Damit können Sie sicher sein, daß Ihnen keine »Mattscheibe« passiert (Bild ⑨①).

- Tip: **Die geplante Ortsveränderung.** Sie wissen bereits: Lampenfieber ist pure Energie, die leider vorwiegend in den Beinen sitzt. Bauen Sie sich von Anfang an ein Ventil dafür ein, indem Sie an einem Punkt mit dem ersten Satz beginnen und dann sofort zu einem anderen Punkt marschieren. Zum Beispiel beginnen Sie fünf Schritte von der Tafel entfernt, auf der Ihre Tagesordnung zu sehen ist. Dann können Sie nach Ihrem ersten Satz sofort »flüchten«, ohne daß das irgend jemand so erlebt.

- Tip: **Tagesordnung groß und hoch plazieren.** Die Struktur Ihres Vortrages können Sie nicht nur als Zielpunkt für eine Ortsveränderung benutzen, sondern auch, um dort mit Ihrer Hand auf die einzelnen Punkte hinzuweisen. Das baut ebenfalls nervöse Energie ab und erinnert Ihren Körper daran, daß er die Arme gefälligst nach oben senden soll.

Was signalisiert Sicherheit?

- Tip: **Schwungvoll,** aber nicht hektisch. Das betrifft vor allem Ihr Aufstehen und den Gang zum Vortragstisch.

- Tip: **Schweigend Ordnung schaffen.** Beginnen Sie nicht zu sprechen, bevor nicht alles bereit liegt, einschließlich der ersten Folie am Projektor.

- Tip: **Blicke sammeln.** Damit signalisieren Sie vor einem großen Zuhörerkreis Autorität, denn diese Pause heißt: Aufpassen! – Ausnahme: Im informellen Kreis legen Sie gleich los, da ein solcher Autoritätsanspruch die Kollegen irritieren würde.

- Tip: **Privatgespräche freundlich unterbrechen.** Räuspern und an ein Glas klopfen gehört zur Festansprache bei Tisch, aber nicht ins Konferenzzimmer. Bei einer U-Tafel treten Sie schwungvoll in die Mitte und begrüßen die Teilnehmer. Oder begrüßen Sie den Ranghöchsten mit Namen oder Titel. »Herr Generaldirektor, Sie haben einen Bericht über ... verlangt ...« – Damit ist alle Aufmerksamkeit bei Ihnen.

- Tip: **Freier Stand.** Verstecken Sie sich nicht hinter dem Rednerpult, treten Sie – wenn irgend möglich – daneben hin. Zeigen Sie sich in Ihrer ganzen Größe dem Publikum, zeigen Sie durch Ihre frontale Haltung, daß Sie bereit sind, sich wenn nötig auch allen Angriffen auszusetzen.

- Tip: **Geben Sie die Struktur Ihres Vortrages bekannt.** Damit beweisen Sie nicht nur, daß Sie gut organisiert sind, sondern auch, daß Sie es sich leisten können, sich festzulegen. Schließlich bedeutet der »veröffentlichte« Fahrplan ein Versprechen, bestimmte Punkte zu behandeln.

Das Wichtigste aus diesem Kapitel:

– Die ersten 30 Sekunden entscheiden über das erste Urteil, das Ihr Publikum über Sie fällt.

– Weil Sie zu Beginn Ihres Vortrages besonders »nervös« sind, hilft Ihnen eine StichBILDliste.

– Ihre Zuhörer wünschen sich einen souveränen, interessanten Präsentator. Die ruhige Vorbereitung des Arbeitsplatzes, eine Pause vor dem Beginn und ein freundlicher Blickkontakt wirken in diese Richtung.

– Erarbeiten Sie eine positive Grundeinstellung zu Ihren Zuhörern und Ihrem Thema!

Kapitel 24

Der Abschluß Ihrer Präsentation – wie Sie den entscheidenden letzten Eindruck für sich nützen

Vorurteil: »Wenn ich nur den Hauptteil schaffe – ein Schluß wird sich schon finden!«

Viele Vortragende vernachlässigen die Vorbereitung des Abschlusses oder opfern ihn aus Zeitgründen; hier beantworten wir folgende Fragen:

- Warum der Abschluß so besonders wichtig ist;
- wie Sie mit einfachen Mitteln einen starken abschließenden Eindruck erzielen;
- was Sie dabei nicht tun dürfen.

Was zählt: der erste oder der letzte Eindruck?

Wie immer Ihre Antwort ausfällt, eines steht fest: Es ist NICHT »der mittlere Eindruck«! Und genau dorthin arbeiten die meisten Vortragenden bei ihrer Vorbereitung – sie konzentrieren sich voll und ganz auf den Hauptteil, auf die inhaltlichen Argumente. Die sind natürlich wichtig, müssen aber in einem wirkungsvollen Rahmen – Einleitung und Abschluß – gesetzt werden. An den Einstieg in den Vortrag denkt man auch noch meistens (»Womit soll ich beginnen? Soll ich eine Anekdote erzählen? Wen muß ich begrüßen?«), aber für den Abschluß bleibt oft keine Zeit.

Der letzte Eindruck ist der stärkste ...

Bild ⑨②: Der letzte Eindruck ist der stärkste. Nützen Sie die Gelegenheit und wiederholen Sie Ihre wesentlichen Anregungen und Vorschläge!

Bei vielen Präsentationen gewinnt man den Eindruck, daß der Vortragende selbst überrascht ist, daß er jetzt am Ende angelangt ist. Mit gewisser Erleichterung – oder Überraschung, daß er es doch geschafft hat – stellt er dann nach seinem letzten inhaltlichen Punkt fest: »Ich danke Ihnen für Ihre Aufmerksamkeit.« Mit dieser Floskel ist dann immerhin allen klar, daß es jetzt endlich zu Ende ist.

Dabei bietet der richtige Abschluß interessante Möglichkeiten:

- Die Zuhörer passen noch einmal genau auf – die Aufmerksamkeitskurve steigt vor dem Ende an.

- Sie können Ihre wichtigsten Punkte nochmals in Erinnerung rufen.
- Sie können (nochmals) klarstellen, was jetzt passieren soll.
- Durch einen sauberen Schluß profilieren Sie sich als professioneller Vortragender.

Die Vorbereitung auf einen wirkungsvollen Schluß Ihrer Präsentation dauert nur wenige Minuten, wenn Sie sich an das Schema »Wie Sie Ihren Vortrag abschließen« (Bild ⑨③) halten; haben Sie keine Diskussion vorgesehen, dann sind es sogar nur drei Schritte.

1. Ankündigung

Sie wollen von der höheren Aufmerksamkeit profitieren, die dem Ende vorausgeht? Dann müssen Sie auf diesen Zustand entsprechend aufmerksam machen: »Ich komme jetzt zum Schluß.« Mißbrauchen Sie aber dieses Mittel nicht: Länger als 2 Minuten darf dieser angekündigte Schluß nicht sein (abgesehen natürlich von der Diskussion)!

2. Rückblick oder Essenz

Fassen Sie die wesentlichen Elemente Ihrer Präsentation zusammen – am besten mit einem visuellen Hilfsmittel, das mit bereits verwendeten Symbolen arbeitet. Angenommen, ein Teil Ihrer Argumentation hat sich mit der schwierigen gesetzlichen Situation befaßt und Sie haben dabei mit dem Symbol eines Paragrafen gearbeitet: Dann können Sie in Ihrem Abschlußbild ohne weiteres nur mehr einen Paragrafen zeigen und an die entsprechende Passage erinnern.
Auf keinen Fall bringen Sie neue Argumente oder Informationen in dieser Phase; wenn Sie jetzt draufkommen, daß Sie etwas vergessen haben: dann halten Sie es bis zur Diskussion zurück!

Wie Sie Ihren Vortrag abschließen

1. Ankündigung	»Ich komme jetzt zum Schluß:« »Fassen wir abschließend zusammen . . .«
2. Rückblick oder Essenz	»Unser Problem ist . . . wir müssen handeln, damit wir die Konsequenzen a, b, c vermeiden . . . unser Vorschlag ist . . . und bringt die positiven Ergebnisse x, y, z.«
3. Anliegen oder Appell	»Ich ersuche Sie deshalb, der Budgeterhöhung zuzustimmen . . .«
	»Bitte, überlegen Sie die Einsatzmöglichkeit in Ihrem Bereich!«
4. Brücke zur Diskussion	»Dazu gibt es sicher einige Fragen – wir haben 15 Minuten für die Diskussion eingeplant.«
5. Stimulation	»Was ich oft gefragt werde, ist zum Beispiel . . .«
6. Resümee	»Die Diskussion hat einige zusätzliche interessante Gesichtspunkte aufgezeigt, nämlich . . .«
7. Finale	»Vielen Dank für die lebhafte Diskussion. Damit ist dieses Thema abgeschlossen, und wir kommen zum nächsten Punkt . . .«

Bild (93): Die Punkte 4–7 dienen Ihnen im Fall einer Diskussion dazu, diese anzukündigen bzw. in die richtige Richtung zu lenken (4) und zögernde Fragesteller zu ermutigen (5). Versäumen Sie niemals die Chance, am Schluß der Diskussion wieder das Heft fest in der Hand zu haben! (6 und 7)

3. Anliegen oder Appell

Eigentlich die einfachste Sache der Welt: Wenn ich etwas haben möchte, dann ersuche ich darum. Offensichtlich fällt es uns aber unglaublich schwer, unsere Wünsche klar zu formulieren. Es geht hier um das vierte Element, das von Iacocca an die bekannte dreistufige Empfehlung für Vortragende gehängt wurde:

»Tell them what you are going to tell them;
tell them;
tell them what you have told them;
TELL THEM TO DO SOMETHING ABOUT IT!«

Diese Handlungsaufforderung sollten Sie höflich, aber fest und klar aussprechen:

> »Ich ersuche Sie deshalb, der Budgeterhöhung zuzustimmen.«
> »Bitte, prüfen Sie diese Argumente gründlich und berücksichtigen Sie sie bei Ihrer Entscheidung!«
> »Fragen Sie bei Problemen zuerst Ihren Vertrauensmann in der Abteilung X, bevor Sie eine Beschwerde einreichen!«
> »Nennen Sie mir bitte einen Termin, an dem ich Sie auf dieses Thema ansprechen kann!«
> »Die nächsten Schritte sind daher 1. . . ., 2. . . ., 3. . . ., sind Sie damit einverstanden?«

In dieser kritischen Phase ist Ihre Person besonders wichtig. Entfernen Sie daher jedes visuelle Hilfsmittel – außer es verstärkt genau Ihren Appell.
Ihre Aufgabe ist es, an dieser Stelle zweifelsfrei klarzustellen, wer was als nächstes zu tun hat. Ihren Zuhörern ist nicht damit gedient, wenn Sie sich hinter Weichmachern verstecken! Häufig mißbrauchte Weichmacher sind Möglichkeitsform und unpersönliche Ausdrucksweise:

Warum der Abschluß wichtig ist:

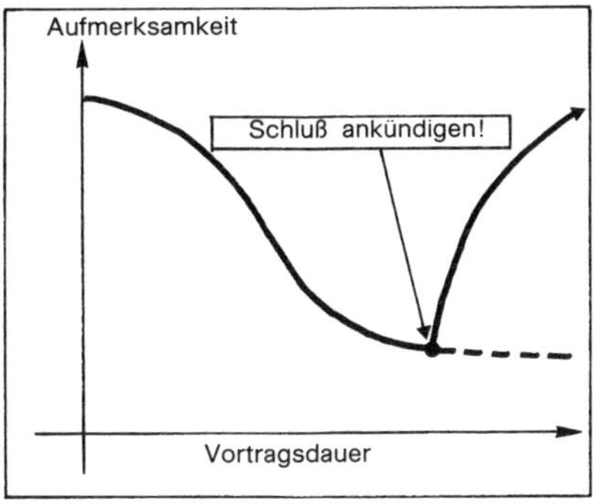

Die Ankündigung des bevorstehenden Abschlusses erhöht nochmals die Aufmerksamkeit.

Aktionsorientiert schließen: Wiederholen Sie Ihren Vorschlag – und die konkreten nächsten Schritte!

Bild (94): Nützen Sie die Möglichkeiten, die Ihnen eine gut vorbereitete Abschlußphase bietet!

> »Der nächste Schritt wäre nun, darüber zu entscheiden . . .«
> »Man könnte nun diese Maßnahme einleiten . . .«

Die Leerformel »Ich danke Ihnen« ist wegen ihres häufigen Gebrauches unschädlich, aber ein Zeichen der Einfallslosigkeit. Überlassen Sie diese Phrase denjenigen Vortragenden, denen kein stärkerer Abschluß einfällt.

4. Brücke zur Diskussion

Eine mögliche Sonderform des Appells ist die Aufforderung, Fragen zu stellen; damit signalisieren Sie auch ganz deutlich, was Sie jetzt von Ihren Zuhörern erwarten.
In dieser Überleitungsphase haben Sie die Möglichkeit, die Diskussion einzugrenzen und damit von vornherein ein Ausufern zu verhindern:

»Ich schlage vor, wir beschränken uns vorerst auf einen Bereich, der uns alle betrifft, nämlich ...«

Bei großen Vorträgen empfiehlt sich das Sammeln von Fragekärtchen: Legen Sie vor Beginn des Vortrages in jeder Sitzreihe Kärtchen und Schreibmaterial bereit, und fordern Sie die Teilnehmer auf, Fragen während des Vortrages einzeln auf die Kärtchen zu schreiben. Unmittelbar vor der Diskussion legen Sie eine kurze Pause ein und ersuchen das Publikum, die Kärtchen auf einigen bereitstehenden Pinwänden anzuheften. Sie können dann diese Kärtchen themenweise gruppieren und wesentlich sinnvoller abhandeln als einzelne Fragen.

5. Stimulation

»Und was ist, wenn keiner fragt?« Rechnen Sie damit, daß eine Diskussion, auf die Sie sich gut vorbereitet haben, die Sie dringend brauchen, nicht in Gang kommt! Bereiten Sie dafür ein paar allgemein interessante Fragen (und die Antworten dazu!) vor. Wenn nach ein paar Sekunden noch keine Frage kommt, dann stellen Sie sie selbst:

»Was ich oft gefragt werde, ist z. B. ...«
»Was viele von Ihnen sich jetzt vielleicht fragen, ist folgendes ...«
»Eine Frage, die jetzt wahrscheinlich im Raum steht, ist ...«

6. Resümee

Eine lebhafte und längere Diskussion zeigt zwar das Interesse des Publikums an Ihrem Thema, kann aber Ihr Ziel gefährden: Starke, neue Gedanken, ein engagierter Fragensteller, eine tatsächlich aufgedeckte Schwachstelle in Ihrer Argumentation – das überlagert Ihre zentralen Aussagen.

Sie haben noch eine hervorragende Gelegenheit, den Eindruck zu beeinflussen: durch Ihre Zusammenfassung der Diskussion. Damit stehen Sie wieder im Zentrum der (neuerlich hohen) Aufmerksamkeit und können kurz und prägnant die für Sie günstigen Elemente der Diskussion verstärken, weniger günstige kritisch würdigen und mit einer letztmaligen Wiederholung Ihrer Botschaft die Präsentation abschließen.
Dieses Resümee ist Ihr gutes Recht – aber Sie müssen es sich oft nehmen. Sorgen Sie dafür vor, daß Sie am Schluß der Diskussion noch einmal das Wort erhalten – der Veranstalter ist vielleicht überrascht über Ihr Ersuchen, wird es in der Regel aber akzeptieren.

7. Finale

Damit schließen Sie Ihren Vortrag formal ab. Ein Dank an das Publikum kann durchaus angebracht sein – aber sagen Sie auch, wofür Sie sich bedanken: für die lebhafte oder sachliche Diskussion, für die ergänzenden Vorschläge, für die konstruktive Kritik ... Aber NICHT »für Ihre Geduld«!!!
Je nach der Art der Veranstaltung werden jetzt Unterlagen verteilt, eine Kaffeepause angekündigt, eine Besichtigung begonnen – oder es geht mit dem nächsten Thema weiter.

Das Wichtigste aus diesem Kapitel:

- Widerstehen Sie der Versuchung, den Abschluß zu vernachlässigen, und Ihre Chancen mit einem bloßen »Danke für Ihre Aufmerksamkeit!« zu vertun!
- Wiederholen Sie wichtige Botschaften am Schluß nochmals – und kündigen Sie das bevorstehende Ende an!
- Behalten Sie sich nach einer Diskussion das Schlußwort vor – damit bleibt IHR Beitrag besser verankert.

Teil 7

Strategien für kritische Augenblicke

Kapitel 25

Höhepunkte und Vampire – wie Sie in heiklen Momenten die Aufmerksamkeit steuern – auf das richtige Objekt!

Vorurteil 1: »Wenn ein Thema interessant ist, passen die Zuhörer die ganze Zeit genau auf.«

Vorurteil 2: »Ein interessantes Bild kann man ruhig länger zeigen.«

In diesem Kapitel sehen wir uns ein paar dramaturgische Kunstgriffe an:

- Warum die natürliche Aufmerksamkeitskurve wichtig ist;
- wie Sie mit stimmlichen und nonverbalen Mitteln punktuelle Aufmerksamkeit erzielen;
- was Sie gegen visuelle Vampire tun können und müssen;
- was Sie gegen Müdigkeit und Langeweile im Publikum unternehmen.

Nach 5 Minuten sinkt die Aufmerksamkeit ...

»Kein Wunder dauert länger als 3 Tage« – und als Durchschnittspräsentator müssen Sie einfach damit rechnen, daß der Neuigkeitswert Ihres Auftritts sehr rasch verblaßt. Rechnen Sie damit, daß das nach 5 Minuten, sicherlich aber nach 10 Minuten der Fall ist. Als Zuschauer haben wir uns dann eben auf den Vortragenden, das Thema und seinen Präsentationsstil eingestellt – natürlich hält uns

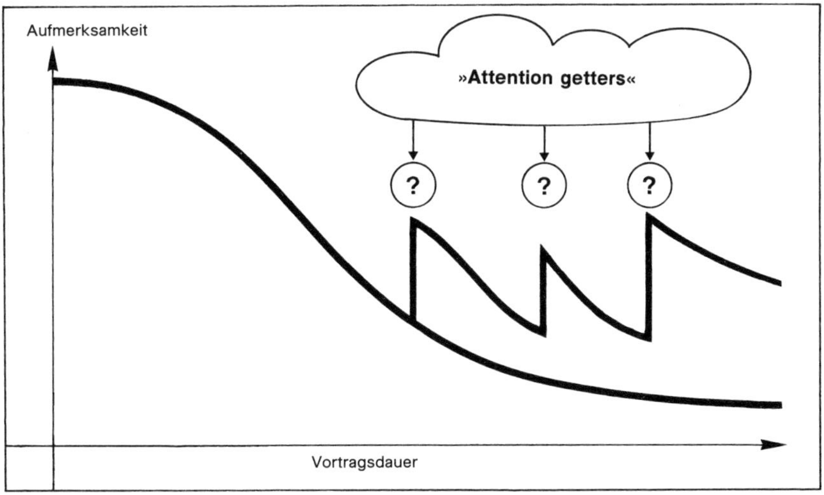

Bild: ⑨⑤: Nach dem Start sinkt die Aufmerksamkeit ab. Mit speziellen visuellen und akustischen Signalen sichern Sie die volle Aufmerksamkeit an den für Sie wichtigen Stellen.

das sachliche Interesse wach, aber ohne konzentrierte Aufmerksamkeit. Diese mobilisieren wir dann noch einmal, wenn wir merken, daß der Schluß nahe ist: Wir wollen ja schließlich nichts versäumen!

Gute Vortragende plazieren wichtige Aussagen daher möglichst bald – und auf jeden Fall nochmals am Ende. Aber schließlich haben Sie auch Wichtiges für die 10 bis 30 Minuten dazwischen vorbereitet. Zuerst müssen Sie entscheiden, welches die wirklich wichtigen Momente sind, in denen Sie punktuell die Aufmerksamkeit Ihres Publikums besonders brauchen (Bild ⑨⑤).

»Attention getters« – »Achtung, jetzt!«

Wir beschränken uns hier auf die »normalen« Methoden – also ohne Knallkörper, Show-Girls oder Zaubertricks. Es bleibt aber noch genug übrig:

1. Stimmliche Mittel

- Tip: **Lautstärke variieren.** Die Betonung liegt hier auf VARIIEREN – nicht auf LAUT! Ein plötzliches Zurücknehmen des Stimmvolumens wirkt nämlich genauso stark wie das Erheben der Stimme.

- Tip: **Pausentechnik.** Wir haben die Pause schon als starkes Gestaltungsmittel kennengelernt, sie steigert auch die Aufmerksamkeit des Publikums. Stille bringt Spannung – besonders,wenn Sie durch gleichzeitigen ruhigen Blickkontakt signalisieren, daß Sie keineswegs den Faden verloren, sondern etwas sehr Wichtiges zu verkünden haben.

2. Sprachliche Mittel

- Tip: **Reizwörter einsetzen.** Sie kennen alle diese Worte aus der Werbung, sie sind abgedroschen, mißbraucht – aber nach wie vor wirksam:

  »JETZT erfahren Sie, worauf es wirklich ankommt . . .«
  »Die folgende Information ist völlig NEU . . .«
  »ACHTUNG! Hier kommt es oft zu kostspieligen Mißverständnissen!«

- Tip: **Aktivierungsphrasen.** Damit sprechen Sie Ihre Zuhörer einzeln oder insgesamt direkt an und stimulieren sie dadurch zu größerer Aufmerksamkeit:

  »SIE, Herr MAYER, haben bei der Qualitätskontrolle wahrscheinlich schon folgende Erfahrung gemacht . . .«
  »Die Damen, die DAS ERSTE MAL einen Informationsvortrag über Textverarbeitung besuchen . . .«
  »Was bedeutet dieses Gesetz für SIE ALS STEUERBERATER?«

»Sie, Herr Doktor HEINRICH, werden sich jetzt sicher FRAGEN, woher wir diese Information haben . . .«
»STELLEN Sie sich folgende Versuchsanordnung VOR!«

- Tip: **Emotionales Bekenntnis.** Zeigen Sie, wie es Ihnen gefühlsmäßig jetzt geht oder in einer bestimmten Situation gegangen ist – auch und gerade in besonders »vernünftigen« Vorträgen mobilisieren Sie damit eine zusätzliche Aufmerksamkeitsdimension: auf den Vortragenden als Menschen. Beispiele:

»Das folgende Problem hat mich einige schlaflose Nächte gekostet.«
»Als ich die Ergebnisse zu sehen bekam, habe ich mich gefreut wie ein Kind. Hier sind die Daten:«

In Rhetorikbüchern finden Sie noch zahlreiche, sehr wirksame Figuren, die allerdings eher in einer Festrede oder in einer politischen Ansprache Platz haben als in einer geschäftlichen Präsentation oder in einem Fachvortrag; wir lassen sie deshalb hier weg.

3. Visuelle Mittel

- Tip: **Ein (neues) Bild.** Jede Neuigkeit bringt zwangsläufig Aufmerksamkeit. Bei einer durchgehenden, mit visuellen Hilfsmitteln unterstützten Präsentation nützt sich der Effekt des Bilderwechsels allerdings auch rasch ab. Trotzdem gibt es immer wieder kleine Spannungsmomente, wenn das nächste Bild erscheint – nützen Sie das, indem Sie die wichtigen Botschaften möglichst unmittelbar nach der Erklärung des Bildinhaltes bringen!
- Tip: **Medienwechsel.** Wenn Sie nach 10 Minuten Folienpräsentation einen Diaprojektor in Betrieb nehmen oder das Flipchart – dann entsteht für die Zuschauer eine neue Situation, die wiederum Aufmerksamkeit mobilisiert. Planen Sie diesen Wechsel also nicht zu früh, sonst verschießen Sie wertvolles Pulver!

- Tip: **Bewegung, Bewegung!** Bewegte Objekte ziehen stets vorrangig unsere Aufmerksamkeit auf sich – schon seit Urzeiten. Schließlich ist Bewegung in allererster Linie ein Signal für Gefahr. Diesen Mechanismus nützen wir bei der Gestik und der Blickführung. Als Aufmerksamkeitsstimulans brauchen wir größere, dramaturgisch noch wirksamere Bewegungen: Wechseln Sie die Seiten, gehen Sie auf Ihr Publikum zu, gehen Sie ans hintere Ende des Vortragsraumes.

- Tip: **Ein Bild kreieren.** Ein Vortrag besteht zum großen Teil aus fertigen Folien oder Dias. Für punktuelle Aufmerksamkeit brechen Sie dieses Schema und schaffen Sie ein Bild – jetzt und hier, ganz neu und nur für Ihre Zuseher! Voraussetzung ist natürlich, daß Sie dieses Bild bereits fertig in Ihrem Kopf haben und auch die Realisierung geplant ist (auf welches Medium, mit welchen Stiften, in welcher Schriftgröße?)

- Tip: **Demonstration.** Eine aktuelle Vorführung ist immer stärker als jedes Bild – besonders, wenn Sie Ihre Zuhörer einbeziehen können. Dazu müssen Sie ihnen nicht Münzen aus der Nase ziehen, es genügt, wenn Sie sich irgendeinen Gegenstand ausborgen, den Sie für eine Analogie brauchen:

> »Darf ich mir bitte einen Moment Ihre Füllfeder ausborgen, Herr Huber? Danke. Diese Füllfeder funktioniert, Herr Huber hat gerade noch damit geschrieben. Was aber nützt uns die Füllfeder, wenn die Tinte verbraucht ist? Genauso verhält es sich . . .«

Natürlich könnten Sie dazu den eigenen Füllhalter nehmen, aber der Effekt wäre weniger stark.

- Tip: **Unterbrechung.** Es gibt Situationen, in denen Sie zwangsläufig sehr viele Informationen vor dem eigentlichen Höhepunkt geben müssen. In dieser Situation scheuen Sie sich nicht, eine kurze Pause einzuschieben mit dem Hinweis, daß das Wichtigste erst kommt.

Bild ⑯: Achtung – Vampire! Entfernen Sie alles, was von Ihnen und Ihrer Botschaft ablenken könnte!

Dracula läßt grüßen – Vampire beim Vortrag

»Richtige« Vampire saugen Blut; das Blut jeder Präsentation ist die Aufmerksamkeit des Publikums. Alles, was diese Aufmerksamkeit von Ihnen und Ihrer Botschaft absaugt, nennen wir Vampire. Alles, was Sie tun und zeigen, kann zum Vampir werden: wenn es nicht genau zu dem Inhalt paßt, den Sie gerade vortragen. Besonders verbreitete Vertreter der Spezies des Vampirs sind z. B.:

- ein zu früh gezeigtes Bild (während Sie noch mit der Vorrede oder Überleitung beschäftigt sind);

- ein Bild, das länger sichtbar bleibt, als Sie darüber sprechen;
- ein Bild mit zu vielen Details;
- ein Bild, das gar nicht zu Ihrem Vortrag gehört (»Überreste« des Vorredners auf Wandtafel und Flipchart; Plakate, Geräte, die zu einer anderen Veranstaltung gehören);
- schriftliche Unterlagen, die erst zu Beginn der Veranstaltung verteilt wurden;
- Muster, Bilder usw., die man »kurz durchgehen läßt«.

Das Rezept dagegen ist ganz einfach: exaktes Timing (jedes Bild erst dann, wenn es gebraucht wird – und nur so lange wie nötig) und gnadenlose Reinhaltung der »Bühne«! Wenn Sie als Vortragender im Zentrum bleiben wollen, dann sorgen Sie für einen sauberen, »reizlosen« Hintergrund.

Rezepte bei Müdigkeit

Für Müdigkeit Ihres Publikums können Sie nichts – bei einer Abendveranstaltung nach einem anstrengenden Tag. Müdigkeit ist auch kein aggressiver Akt, über den Sie böse sein sollten.
Zusätzlich zu den oben beschriebenen Mitteln zur Aufmerksamkeitssteigerung können Sie noch einige Mittel einsetzen, um Energiereserven zu mobilisieren:

- Tip: **Akustisches Signal.** Riskieren Sie ruhig einmal einen Schlag auf das Flipchart oder auf das Pult – nicht als cholerischen Wutausbruch, sondern einfach zum Unterstreichen Ihrer Worte. Einen ähnlichen Effekt erzielen Sie, wenn Sie einen großen Ordner »versehentlich« fallen lassen.
- Tip: **Persönliche Ansprache:** Wenn Sie sehen, daß jemand mit dem Schlaf kämpft, dann beziehen Sie ihn – möglichst mittels Namensnennung – in die Argumentation ein. Das müssen Sie aber sehr früh tun, nicht erst, wenn der Betreffende eingenickt ist (sonst fühlt er sich ertappt und ist sehr böse auf Sie!).

- Tip: **»Fast getroffen!«** Das kann auch in heiklen Vorstandspräsentationen passieren: Der wichtigste Ihrer Ansprechpartner droht einzunicken. Eine direkte Ansprache wollen Sie nicht riskieren – was tun? Sprechen Sie den Nebenmann an, und versuchen Sie, von diesem irgendeine Antwort zu bekommen; der unvermutete Klang einer anderen Stimme aus nächster Nähe löst einen Adrenalinstoß aus und sichert Ihnen die volle Präsenz Ihrer Schlüsselfigur, ohne daß dabei ein Gesichtsverlust riskiert wird.

Rezepte bei Langeweile

Wenn Ihren Zuhörern langweilig wird, haben Sie wahrscheinlich irgend etwas falsch gemacht: die falschen Leute eingeladen, sich nicht genügend über ihre Interessen den Kopf zerbrochen oder nicht genügend visualisiert. Beim nächstenmal werden Sie es sicher besser machen, aber was jetzt?

- Tip: **Tempo zulegen.** Das heißt nicht, daß Sie schneller sprechen, sondern daß Sie Inhalte weglassen, straffen, sich auf das wirklich absolut Notwendige konzentrieren.
- Tip: **Bündnisstrategie.** Ist die Langeweile nicht gleichmäßig verteilt, dann versuchen Sie, den oder die besonders Gelangweilten speziell einzubeziehen. Lassen Sie sich von Erfahrung berichten, werten Sie sie auf, sprechen Sie diese Personen jedenfalls gezielt an.
- Tip: **KEINESFALLS das Problem zugeben:** Mit der Aussage »Es tut mir leid, wenn ich Sie langweile, aber . . .« erklären Sie den totalen Bankrott. Sie zeigen, daß Sie das Problem nicht lösen können, obwohl Sie es erkannt haben, und machen den paar vielleicht noch Interessierten klar, daß es sich um eine langweilige Veranstaltung handelt.

Das Wichtigste aus diesem Kapitel:

- Rechnen Sie mit einem Absinken der Aufmerksamkeit – niemand kann ununterbrochen gespannt zuhören.
- Bauen Sie »Attention getters« ein: Am besten etwas Neues für die Augen. Seien Sie ruhig mutig – Ihre Zuhörer verzeihen fast alles – außer Langeweile!
- Hüten Sie sich vor Vampiren! Auch Ihr bestes visuelles Hilfsmittel kann ablenken, wenn es zu früh kommt oder zu lange sichtbar bleibt.

Kapitel 26

Hilfe, eine Panne!!! – Verhindern Sie, daß aus Vorfällen Katastrophen werden!

Vorurteil 1: »Pannen sind höhere Gewalt – da kann man nichts machen!«

Vorurteil 2: »Einem guten Vortragenden passieren keine Pannen.«

Sie werden es hoffentlich nicht brauchen – aber beschäftigen wir uns doch sicherheitshalber mit diesem Thema!

- Pannen passieren, Katastrophen werden gemacht;
- warum das Publikum Ihr bester Verbündeter bei einer Panne ist;
- wie Sie sich bei offensichtlichen Pannen verhalten.

Was ist eine Panne?

Eine Panne bedeutet, daß etwas nicht so läuft, wie Sie das geplant haben. Daraus folgt, daß umso mehr schiefgehen kann, je mehr geplant wurde. Bedeutet das nun, daß planloses, chaotisches Vorgehen vor Pannen schützt?
Die Vortragssituation ist durch den zwangsläufig strukturierten Inhalt und die Verwendung visueller Hilfsmittel geradezu ein magischer Anziehungspunkt für Pannen aller Art. Das reicht von der verkehrt liegenden Folie oder dem verdrehten Dia bis zum Geräteausfall und schließt natürlich alle »gewöhnlichen« rhetorischen Mißgeschicke ein: etwas vergessen, den Faden verlieren usw.

Und dann gibt es noch die vorhersehbaren und die nicht vorhersehbaren Pannen: Solange ein Telefon im Vortragsraum steht, kann dieses plötzlich zu läuten beginnen; eine Projektionslampe kann durchbrennen – das sind vorhersehbare Pannen. Ein totaler Stromausfall oder der Kollaps eines Teilnehmers ist nicht vorhersehbar, das fällt unter höhere Gewalt.

Vorbereitung – Notfallplanung

Die weitaus meisten Pannen können Sie mit einer normalen, guten Vorbereitung verhindern: Sie werden wenig vergessen, Sie wissen, wo Ihre Unterlagen sind, Sie haben die Routinechecks mit den Geräten durchgeführt. Mit richtig bildhaften visuellen Hilfsmitteln sind Sie sicher vor einer Mattscheibe, und dank eines echten Probelaufes wissen Sie auch, wo Sie wann was aufhängen, ablegen usw.

Was aber, wenn wirklich der Strom total ausfällt, ein Projektor seinen Geist aufgibt, der Computer streikt?

Sicher, je nach der Bedeutung des Anlaßfalles werden Sie Ersatzgeräte vorbereitet haben, aber auch die müssen erst aufgebaut werden. Gehen wir von einem Normalfall aus: Die »Technik« läßt Sie im Stich, es gibt keine Ersatzgeräte, und ein Vertagen kommt nicht in Betracht.
So unglaublich es im Zeitalter der Raumfahrt und des Computers klingt: **Auf diesen Fall müssen Sie vorbereitet sein!** Sehr oft brauchen Sie nichts weiter zu tun, als kurz darüber nachzudenken, was Sie in dieser Situation tun würden, wenn sie an verschiedenen Stellen Ihres Vortrages auftritt. Abhängig davon und von der Art Ihrer visuellen Hilfsmittel sollten Sie sich vorher überlegen, welche der folgenden Möglichkeiten für Sie in Betracht kommt:
Die Präsentation abbrechen. Das werden Sie immer dann tun, wenn Ihre Bilder zentrale Informationen beinhalten: z. B. Mikroskopaufnahmen, Beispiele für Umweltschäden, prägnante Car-

toons. Lassen Sie sich nicht dazu drängen, »in kurzen Worten den Inhalt zu skizzieren«!

Weichen Sie auf ein traditionelles Medium aus: auf Flipchart oder Tafel! Vorausgesetzt, Sie haben Ihre Bilder im Kopf, dann können Sie mit einfachen Mitteln sehr viel »zaubern«. Und Ihre Zuhörer werden beeindruckt sein, wie souverän Sie agieren.

Wenn noch nicht feststeht, ob und wann die Technik wieder funktioniert:

Ziehen Sie eine Diskussionsrunde vor! Dazu rekapitulieren Sie kurz den letzten Abschnitt (der »Schock« über die Panne verhindert bei den Zuhörern meist, daß das knapp davor Gesagte in das Langzeitgedächtnis übernommen wird!).

Machen Sie einfach eine Pause!

Neben dieser »geistigen Mobilmachung« sollten Sie auch einen kleinen **»Notfallkoffer«** vorbereiten, der folgende Dinge enthält:

- eine Rolle Klebeband;
- eine Schere oder ein Taschenmesser;
- wasserfeste Folienschreiber (4 Farben);
- breite Filzstifte (4 Farben);
- einen Boardmarker (für weiße Flächen);
- eine Reservelampe (falls nicht eingebaut).

Das Publikum will keine Pannen

Diese (selbstverständlich klingende) Feststellung ist sehr wichtig für Sie: Das Publikum ist tatsächlich mehr als bereit, jeden Vorfall zuerst einmal als »geplantes Ereignis« zu interpretieren und nicht als Panne. Das kommt daher, daß jeder normale (das heißt nicht ausgesprochen sadistisch veranlagte) Mensch mitleidet, wenn ein anderer in eine peinliche Lage gerät. Deshalb wollen Ihre Zuhörer auch allfällige Pannen so schnell wie möglich vergessen und nicht mehr daran erinnert werden. Diese Tendenz machen Sie sich zunutze.

Bild ⑨⑦: Alles ist geplant!!! Ihr »Geständnis« (links) hilft niemandem, aber die Ankündigung (rechts) bringt neue Aufmerksamkeit. Und: außer Ihnen kennt keiner die geplante Reihenfolge . . .

1. Die verdeckten Pannen

Üblicherweise wissen nur Sie selbst, was an welcher Stelle zu passieren hat und was nicht. Wenn etwas nicht nach (Ihrem!) Plan geht, so weiß das momentan außer Ihnen selbst niemand. Beschließen Sie deshalb, daß für Ihre Vorträge grundsätzlich gilt:

Alles ist geplant!

Das betrifft einen Punkt, den Sie vergessen haben genauso wie ein Bild, das zu früh oder zu spät auftaucht. Besonders geistesgegenwärtige Vortragende drehen das Mißgeschick zu einem spektakulären Ereignis um: »Sie werden sich fragen, was dieses Bild aus Abschnitt B hier zu suchen hat. Es soll uns daran erinnern, daß . . .«

Bild 98: Wenn Ihnen wirklich etwas »passiert«: Betteln Sie nicht um Verständnis oder Absolution! Ihr Publikum will Sie »gut« sehen, deshalb: reparieren, weitermachen!

Oder: »Dieses Dia steht auf dem Kopf. Damit sind wir nicht von Texten abgelenkt und können uns ganz auf die Struktur der Teilchenverteilung konzentrieren.« – Aber das ist meist überhaupt nicht notwendig; erklären Sie das Bild einfach so, als ob es die selbstverständlichste Sache der Welt wäre. Ich bin immer wieder verblüfft, wie viele meiner eigenen »Pannen« nicht auffallen.

2. Offensichtliche Pannen

Versuchen Sie nicht, jedes Vorkommnis zum dramaturgischen Einfall hochzustilisieren – ein umgefallenes Flipchart ist nun einmal eine Panne. Für viele Pannen gilt das Prinzip:

Schweigend reparieren – weitermachen!

Nachdem nun einmal etwas passiert ist, wollen wir den unerfreuli-

chen Zustand so rasch wie möglich beseitigen und verhindern, daß er sich einprägt. Wir stellen das Flipchart auf, stellen die unterbrochene Kabelverbindung wieder her, legen die verkehrt plazierte Folie richtig auf den Projektor . . . ohne dabei zu sprechen. Widerstehen Sie dem Bedürfnis, die »Reparaturzeit« dadurch zu überbrücken, daß Sie weitersprechen, als ob nichts geschehen wäre! Diese Worte würden ohne Blickkontakt gesprochen und durch die (viel interessanteren) Reparaturbewegungen überlagert sein, und Sie selbst würden beim zügigen Arbeiten gehindert werden.
Was Sie auf keinen Fall tun sollten, ist, sich zu entschuldigen. Dagegen spricht nämlich das eiserne Gesetz über die Verantwortung des Vortragenden:

§ 1: Der Vortragende ist an allen Dingen selbst schuld.
§ 2: Wenn er genau erklären kann, warum er selbst nicht schuld ist, tritt automatisch § 1 in Kraft.

Sparen Sie sich also alle Erklärungen, warum das eigentlich nicht hätte passieren dürfen und was Sie alles unternommen haben, um es zu verhindern. Bestenfalls ernten Sie Mitleid – und Mitleid ist ein schlechter Verbündeter für den Vortragenden. Auch Schuldzuweisungen wie in der Politik helfen Ihnen nicht: »Der Organisator hat mir zugesagt, daß die Fenster schalldicht sind.« Stellen Sie sich auf die Situation ein, machen Sie das Beste daraus (das kann im Notfall auch ein energischer Abbruch sein!), aber beklagen Sie nicht Ihr Schicksal.
Wärmen Sie auch Pannen niemals auf! Wenn Sie es als Vortragender geschafft haben, ein kleines Mißgeschick zu reparieren – dann erinnern Sie Ihre Zuschauer nicht am Ende Ihrer Präsentation noch einmal daran: ». . . und es war mir wirklich sehr unangenehm, daß diese beiden wichtigen Dias verkehrt kamen!«

Das Wichtigste aus diesem Kapitel:

- Nicht alles, was nicht nach Plan läuft, ist eine Panne – SIE bestimmen, ob das ein unbedeutender Vorfall bleibt oder ob SIE eine Katastrophe daraus machen.
- Ihr Publikum ist auf Ihrer Seite: Es will, daß alles gutgeht, und akzeptiert vieles, außer Entschuldigungen und Selbstbezichtigungen.
- Wenn wirklich eine »echte« Panne passiert: schweigend reparieren, weitermachen – NICHT aufwärmen!

Kapitel 27

Fragen und Einwände – wie Sie durch eine starke Diskussionsleitung Ihren Erfolg absichern

Vorurteil: »Wer sein Sachgebiet beherrscht, ist auch für Fragen bestens gerüstet.«

Die Frage-(Viertel-)stunde nach einem Vortrag kann einen positiven Gesamteindruck abrunden – oder zerstören. Mit verhältnismäßig wenig zusätzlichem Aufwand können Sie dieser kritischen Phase beruhigt entgegensehen:

- Welche Fragen Sie schon vor der Präsentation klären sollten;
- welche Strategie Sie für Ihre Diskussionsleitung wählen;
- mit welchen Rezepten Sie diese Diskussion sicher leiten;
- was Sie in schwierigen Situationen tun.

Fünf einfache Fragen zur Vorbereitung

1. Was will ich sagen oder wiederholen?

Routinierte Vortragende – insbesondere Politiker – zerbrechen sich nicht so sehr den Kopf darüber, wer was fragen könnte: sie sehen die Fragestunde als Möglichkeit, wichtige Aussagen zu wiederholen. Motto: »Egal, was ich gefragt werde, ich sage auf jeden Fall . . .«

Diskussionsgestaltung

bei:	bei:
kleineren Gruppen **klaren Schlüsselfiguren** **sachlicher Orientierung**	**größerem Publikum** **ohne klare Schlüsselfiguren** **emotionaler Atmosphäre**

Ihre Zielsetzung

Aufklärung aller Unklarheiten, Beantwortung aller Fragen volle Befriedigung der Entscheidungsträger fachlich überzeugen	Einbindung aller Zuhörer Beantwortung der wichtigsten Fragen keine Blöße geben persönlich überzeugen

Hauptprobleme

mangelnde Wortdisziplin Offene Fragen »unter den Teppich«	mangelnde Wortdisziplin zu lange Beiträge abgleiten in Nebenbereiche

Strategien

Teilnehmer ausdrücklich zum Fragen ermuntern Ausufernde Beiträge zum Thema zurückführen Fragen zwecks Zeitgewinn wiederholen Erfolg der Antwort überprüfen, nachfragen lassen	Diskussion eingrenzen Straffe Kontrolle der Wortmeldungen Lange Beiträge abschneiden Fragen »für alle« wiederholen Fragen durch Neuformulierung entschärfen Fragesteller vom Weiterfragen abhalten

Bild (99): Ihre Zielsetzung, die Publikumsanalyse und der Präsentationstyp helfen Ihnen, eine wirksame Strategie für die Diskussion zu entwickeln.

Es ist tatsächlich eine gute Praxis, sich vor der Beantwortung der folgenden drei Punkte die zentralen Botschaften oder Aussagen nochmals – wörtlich! – aufzuschreiben, damit Sie alle folgenden Überlegungen in diese Richtung treffen können.

2. Was interessiert wen?

Eine ordentliche Publikumsanalyse macht sich jetzt nochmals bezahlt: Ich schätze, daß 90% alle Fragen grundsätzlich vorhersehbar sind! An drei wichtige Bedürfniskategorien sollten Sie trotzdem denken, wenn Sie sich auf diese Frage vorbereiten:

Funktionale Bedürfnisse (Funktioniert der Vorschlag? Erbringt das Gerät die Leistung, die der Betrieb braucht? Wie soll die Maßnahme durchgezogen werden? Stimmt die Qualität des Produktes?)

Finanzielle Bedürfnisse (Ist das Preis-Leistungs-Verhältnis in Ordnung? Gibt es keine billigeren Lösungen? Aus welchen Quellen wird es finanziert? Wie hoch ist das finanzielle Risiko? Wie vergleicht sich das Ergebnis mit anderen finanziellen Kennzahlen?)

Sicherheitsbedürfnisse (Kann ich mich darauf verlassen? Gibt es Erfahrungswerte dazu? Wer garantiert für den Erfolg? Wie können wir das Risiko begrenzen?)

3. Welche Fragen will ich vorwegnehmen?

Es gibt zwei gute Gründe und einen schlechten, Fragen im Vortrag vorwegzunehmen:
Wenn Teilnehmer durch eine offene Frage geistig blockiert sind; wer an etwas für ihn Wichtigem herumrätselt, kann weiteren Argumentationen nicht folgen bzw. neigt dazu, die Dinge aufgrund seiner (angenommenen) Erklärung zu interpretieren.
Wenn Sie einen Punkt in besonderer Weise oder besonders kurz abhandeln wollen. Gelegentlich ist es besser, »den Stier bei den Hörnern zu packen« und einen Einwand gleich in der Präsentation vorwegzunehmen: »Ein auf den ersten Blick plausibler Einwand gegen unseren Vorschlag ist die Überlegung ...«

Ein ganz schlechter Grund für den Einbau in den Vortrag ist die Zwangsvorstellung, ALLES sagen zu wollen. Genau diese fixe Idee ist das Erfolgsrezept aller chronischen Langweiler ...

4. Wann möchte ich die Fragen haben?

In vielen Präsentationssituationen stellt sich diese Frage gar nicht: In einem sehr kleinen, informellen Kreis wird zwischendurch ganz einfach gefragt, bei einem Fachvortrag vor 100 Leuten wäre das undenkbar. In jeder Situation haben Sie aber zumindest etwas Gestaltungsspielraum – und den sollten Sie nützen.
Frage-Antwort oder Diskussion? Unter »Diskussion« verstehen wir meistens einen Prozeß, bei dem es kreuz und quer geht. Versuchen Sie, auch dabei stets im Mittelpunkt zu bleiben: Fragen sollten an Sie gerichtet und von Ihnen beantwortet werden! Nützen Sie jede Gelegenheit, regelnd einzugreifen: »Einen Moment noch, Herr Weingessel – Frau Schwab ist mit Ihrem Beitrag noch nicht zu Ende!« – Hier im Text verwenden wir »Diskussion« als Überbegriff für alle Frage- und Antwortsituationen.

5. Wie steige ich in die Diskussion ein?

Ihre »Brücke« vom Vortrag zur Diskussion ist ein kritischer Punkt: Mit Ihrer Körperhaltung, Ihrer Stimme und Ihren Worten stimulieren oder bremsen Sie Fragesteller. »Gibt es Fragen?« ist weniger einladend als »Welche Fragen interessieren Sie noch?« ein freundliches Gesicht und eine offene Handhaltung stimuliert eher als ein abgewendeter Blick, begleitet von einem Zurückweichen hinter das Rednerpult.
Je nach Art Ihrer Veranstaltung (Publikumsgröße, Zielsetzung des Vortrages usw) ergeben sich andere Probleme und andere Strategien für die Diskussionsleitung (siehe die Gegenüberstellung »Diskussionsgestaltung«).

- Tip: **Fragemodus klären.** Das gehört in die Einleitung Ihres Vortrages: Ob Sie einen Diskussionsblock vorgesehen haben oder abschnittsweise Fragen erbitten oder ob Sie z. B. Verständnisfragen zwischendurch zulassen.

- Tip: **Zustimmung einholen.** Zu diesem frühen Zeitpunkt ist es meist einfach, eine formelle Zustimmung der Teilnehmer zu diesem prozeduralen Vorschlag zu erhalten; das ist deshalb wichtig, weil Sie damit undisziplinierte Fragesteller unter Hinweis auf einen Gruppenbeschluß einbremsen können.

- Tip: **Diskussion eingrenzen.** Bei Ihrer Überleitung (Brücke) in die Diskussionsphase spezifizieren Sie, auf welche Punkte sich die Diskussion beschränken soll oder in welcher Reihenfolge die Themen »zerpflückt« werden sollen.

- Tip: **Wortdisziplin fordern.** Sie sind selten in einer Autoritätsposition wie der Lehrer in der Schule; arbeiten Sie non-verbal, aber konsequent. Dazu begleiten Sie Ihre Einladung »Ich bitte jetzt um Ihre Fragen!« mit einer typischen Wortmeldungsgeste, nämlich der erhobenen Hand. Damit signalisieren Sie, in welcher Form Sie Wortmeldungen erwarten und akzeptieren werden.
  Natürlich müssen Sie – besonders am Beginn der Diskussion – äußerst konsequent sein: Erteilen Sie ausschließlich das Wort an Personen, die sich entsprechend zu Wort melden. Beiträge ohne die von Ihnen »verordnete« Wortmeldung lehnen Sie höflich, aber bestimmt ab: »Entschuldigen Sie, Herr Wagner, aber dort hinten war eine Wortmeldung!« – und dazu wiederholen Sie Ihre Wortmeldungsgeste.

- Tip: **Fragen stimulieren.** Stellen Sie eine Frage an sich selbst, um die Diskussion in Schwung zu bringen (»Ein für Sie interessanter Punkt ist der folgende: . . .«).
  In einer kleinen Runde können Sie einen Teilnehmer direkt ansprechen, der üblicherweise positiv und konstruktiv reagiert: »Herr Ingenieur Binder, wie beurteilen Sie diesen Vorschlag aus Sicht der Technik?«

- Tip: **Kein Lob für Fragesteller!** »Das ist eine ausgezeichnete Frage.« – Dieses Lob steht Ihnen einerseits oft überhaupt nicht zu, andererseits frustriert es alle anderen Fragesteller: Waren deren Fragen schlechter? (Bild (100)) Wenn Sie hingegen alle Fragen konsequent loben, dann haben Sie sich erst recht als Heuchler demaskiert.

Bild (100): Wenn Sie den Frager loben, gewinnen Sie zwar Zeit – aber Sie frustrieren andere Fragesteller, die offensichtlich »nicht intelligent« gefragt haben.

Vermeiden Sie es, Fragen zu werten – aber anerkennen Sie Beiträge mit einer entsprechenden Begründung: »Diese Frage verrät eine Menge Fachwissen.« Oder: »Diese Frage bringt uns zu einem Punkt, der oft vernachlässigt wird.«

- Tip: **Namen verwenden.** Die Ansprache mit dem Namen ist immer ein Zeichen der Wertschätzung und stimmt positiv – ein uraltes Erfolgsrezept der Verkäufer. Aber Vorsicht: Sie müssen dieses Rezept durchhalten, sonst frustrieren Sie den nicht namentlich Angesprochenen! (»Und nach Herrn Dr. Scheibel jetzt bitte der Herr da in der dritten Reihe!«)
- Tip: **Gleichmäßige Abdeckung.** Lassen Sie sich nicht durch einen besonders aktiven Teil des Publikums dazu verführen, einen anderen Bereich zu vernachlässigen; beziehen Sie alle Teile Ihres Auditoriums gleichmäßig ein.

Wunderdroge »Neuformulierung«

Wie Sie negative Beiträge	**entschärfen neutralisieren**	**oder »umdrehen«**
Ihr Produkt ist ungeeignet!	Wie entspricht unser Produkt den Anforderungen?	Wieso glaube ich, daß unser Produkt geeignet ist?
Diese Lösung ist unverhältnismäßig teuer!	Wie begründen wir den finanziellen Aufwand?	Welche Leistungen rechtfertigen diesen Preis?
Sind Sie zu so einer Aussage qualifiziert?	Was qualifiziert mich zu dieser Aussage?	Welche Erfahrungen/Informationen bringe ich mit?
Konnten Sie kein besseres Ergebnis aushandeln?	Was war unser Ziel/unsere Strategie bei der Verhandlung?	Was macht unsere Verhandlung zu einem beachtlichen Erfolg?

Bild (101): Nicht alles können und sollen Sie »umdrehen«; aber schon die Neutralisierung bringt viel – auf jeden Fall Zeit zum Nachdenken!

- Tip: **Fragen wiederholen.** Die Wiederholung von Fragen hat in unterschiedlichen Situationen verschiedene Aufgaben (Bild (101)):

  - Bei einem großen Publikum stellen Sie sicher, daß alle Teilnehmer die Frage verstehen – akustisch und inhaltlich.
  - In einer kleinen Gruppe werten Sie den Fragesteller auf bzw. zollen ihm besondere Zuwendung.
  - In einer kritisch-feindseligen Atmosphäre benutzen Sie die Wiederholung, um eine negative Frage zu entschärfen (»Die Qualität Ihrer Produkte ist skandalös. Wann tun Sie endlich etwas dagegen?« – »Was tun wir für unsere Produktqualität?«)
  - In einer heiklen Situation, oder wenn Sie spontan keine Antwort wissen, gibt Ihnen die Wiederholung zumindest Zeit zum Nachdenken.

- Tip: **Nur gezielt wiederholen!** Machen Sie es sich nicht zur Routine, automatisch jede Frage zu wiederholen. Insbesondere in kleinen, informellen Gruppen erwarten alle als Regelfall eine sofortige, präzise Antwort.

- Tip: **Dialoge vermeiden.** Bei einem größeren Publikum sind Sie dafür verantwortlich, daß ALLE von der Diskussion gleichmäßig viel profitieren. Lassen Sie sich deshalb nicht von einem besonders begierigen Zuhörer zu einem Dialog verleiten. Akzeptieren Sie maximal EINE »Zusatzfrage«!

- Tip: **Bewußte Blickkontrolle.** Signalisieren Sie mit Ihren Augen, wer gerade wichtig ist für Sie: Während eine Frage gestellt wird, ist es ausschließlich der Fragesteller, dem Sie aktiv zuhören. Während der Wiederholung der Frage sind ALLE für Sie wichtig – Ihr Blick geht zu verschiedenen Stellen im Publikum. Die Antwort wiederum ist für ALLE – natürlich auch für den Fragesteller selbst. Kritisch ist Ihr letzter Blick: Bleiben Sie beim Fragesteller, wenn Sie sichergehen wollen, daß er mit der Antwort zufrieden ist. In allen anderen Fällen achten Sie darauf, daß Ihr letzter Blick NICHT bei der Person ist, die die Frage gestellt hat. Das wäre nämlich eine klare Aufforderung, weiter zu fragen.

- Tip: **Visuelle Hilfsmittel einsetzen.** Vielleicht haben Sie spezielle Hilfsmittel (Folien) vorbereitet, um erwartete Fragen in der Dis-

kussion zu beantworten; so etwas macht einen sehr gut vorbereiteten Eindruck!
Auf jeden Fall aber haben Sie alle die visuellen Hilfsmittel, die Sie in der Präsentation selbst schon gezeigt haben. Benützen Sie diese so oft wie möglich, um damit Ihre jeweilige Antwort zu unterstützen und dabei wesentliche Punkte zu wiederholen (Bild (102))!

- Tip: **Referenzmaterial entfernen.** Vergessen Sie nicht, ein visuelles Hilfsmittel auch in der Diskussion sofort wieder zu entfernen, wenn Sie es nicht mehr brauchen.

- Tip: **Beiträge notieren.** Offene Fragen und Anregungen notieren Sie für alle sichtbar auf einem zweiten Medium, z. B. am Flipchart. Das wertet den Fragesteller auf und demonstriert, wie wichtig Sie den Beitrag nehmen. Natürlich können Sie dabei etwas umformulieren – mit der Begründung, kürzen zu müssen.

- Tip: **Kompetent bleiben.** Bleiben Sie in Ihrem Fachbereich – Lassen Sie sich nicht zu Antworten verleiten, für die Sie nicht zu-

Bild (102): In der Fragestunde auf visuelle Hilfsmittel zurückgreifen.

ständig sind. Ein Verkäufer muß nicht alle Leistungskriterien kennen, ein Techniker nicht die Lieferfristen.
Notieren Sie die Frage und den Namen des Fragestellers, versprechen Sie Antwort. Laden Sie alle anderen an dieser Frage ebenfalls Interessierten ein, ihre Visitkarten abzugeben.

- Tip: **Positives Resümee.** Nützen Sie die Gelegenheit, am Ende der Fragestunde die Ergebnisse so zusammenzufassen, daß damit die zentrale Botschaft Ihrer Präsentation nochmals verstärkt wird.

Das Wichtigste aus diesem Kapitel:

- Publikumsanalyse und Zielsetzung beantworten die zwei wichtigsten Fragen, mit denen Sie sich vorbereiten: WER wird voraussichtlich WAS fragen? Und: WAS will ICH auf jeden Fall in der Diskussion verstärken?
- Nützen Sie die Chancen der Neuformulierung/Wiederholung zur Klarstellung, zur Entschärfung, zum Zeitgewinn!

Kapitel 28

Störenfriede und Quälgeister – schützen Sie sich gegen absichtliche und unabsichtliche Sabotage!

Vorurteil: »Angriff ist immer die beste Verteidigung.«

Das ist eine Fortsetzung des Kapitels »Fragen und Einwände« – ein Ratgeber für sehr kritische Momente, die während oder nach Ihrem Vortrag auftreten können. Wir behandeln:

- ein paar grundsätzliche Überlegungen zu »Störungen«;
- unterschiedliche Anti-Störungs-Strategien für unterschiedliche Präsentationssituationen;
- konkrete Rezepte für typische Störungen;
- Notbremsen für Notsituationen.

Nicht alles, was nach »Störung« riecht, ist schon ein Angriff!

Als Vortragende stehen wir unter Streß, fühlen uns verwundbar und angreifbar. Mit den in diesem Buch bisher empfohlenen Techniken wirken Sie jedoch ganz anders: locker, sicher, überzeugend. Starke Präsentatoren brauchen aber kein Mitgefühl und keine Schonung, man kann sie ruhig ein bißchen härter anfassen.
Dieser Unterschied zwischen Ihrem Gefühl und Ihrem Auftreten ist Ursache für Probleme in der Einwandbehandlung. Wir sind als

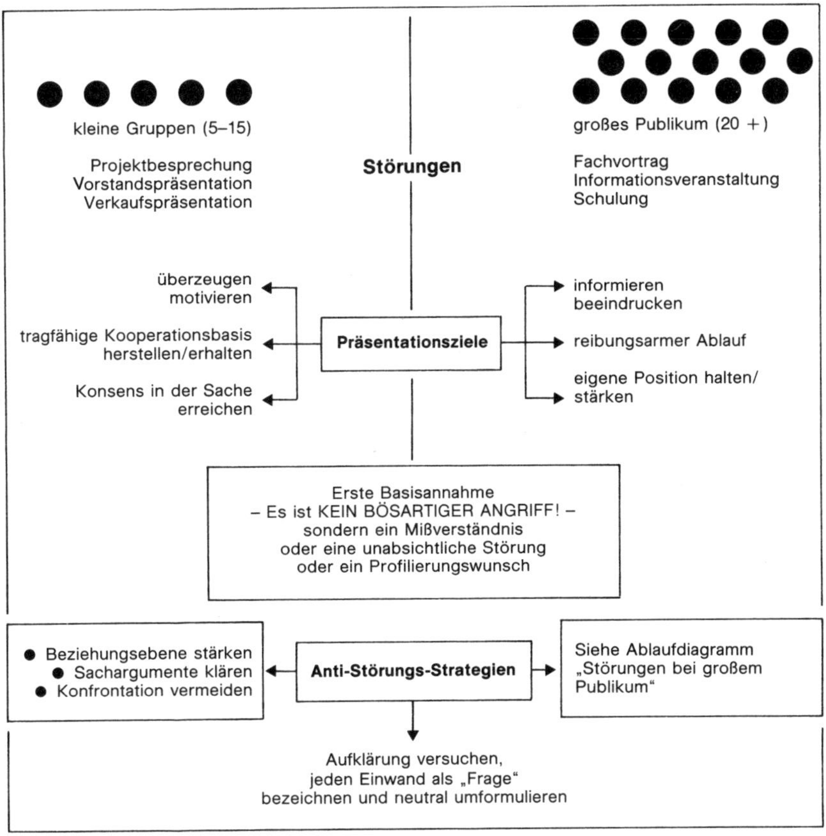

Bild (103)

Vortragende einfach viel zu empfindlich und interpretieren zu schnell irgendwelche Äußerungen als »feindselig«!

Welche Strategie planen Sie für den Störungsfall?

Wie Sie sich bei einer Störung verhalten, hängt ganz von der Präsentationssituation und Ihrem offiziellen und persönlichen Ziel ab; die beiden extremen Situationen finden Sie in der Aufstellung

»Störungen« (Bild (103)). Sie werden sich zwischen zwei unvereinbaren Alternativen entscheiden müssen: Geht es um

> die Verantwortung für den Großteil der Zuhörer und
> die Veranstaltung als Ganzes
> oder um
> die Befriedigung der Bedürfnisse einzelner, starker oder prominenter Zuhörer.

Störungen bei großem Publikum

Bei einer größeren Veranstaltung mit einem inhomogen zusammengesetzten Publikum sind Sie in erster Linie für die Veranstaltung verantwortlich, nicht für absolute Harmonie mit jedem einzelnen Teilnehmer. Dazu dürfen – und müssen! – Sie Ihre Autorität als Vortragender einsetzen. Aber Achtung: Wer diese Autorität zu früh ins Spiel bringt, wird zum »besserwissenden Schulmeister« und hat statt eines einzelnen Störenfriedes plötzlich das geschlossene Auditorium gegen sich.
Bei Störungen empfehle ich Ihnen deshalb ein schrittweises Vorgehen (Bild (104)). Der kritische Moment ist der, wenn Sie selbst zwar genau erkannt haben, daß hier jemand stört und Konfrontation sucht, der Rest der Zuhörer das aber noch nicht begriffen hat. Hier müssen Sie so lange gute Miene zum bösen Spiel machen, bis das Publikum bereit ist, sich mit Ihnen zu solidarisieren. Diesen Prozeß können Sie natürlich unterstützen:

> »Wer interessiert sich sonst noch für diese Frage?«
> »Wen betrifft dieses Problem sonst noch?«
> »Möchten Sie alle diesen Punkt näher diskutieren? Das bedeutet nämlich, daß wir für die Punkte x, y und z weniger Zeit haben / den Zeitplan überziehen / in die Pause arbeiten / eine Produktvorführung auslassen müssen.«

Störungen bei größerem Publikum

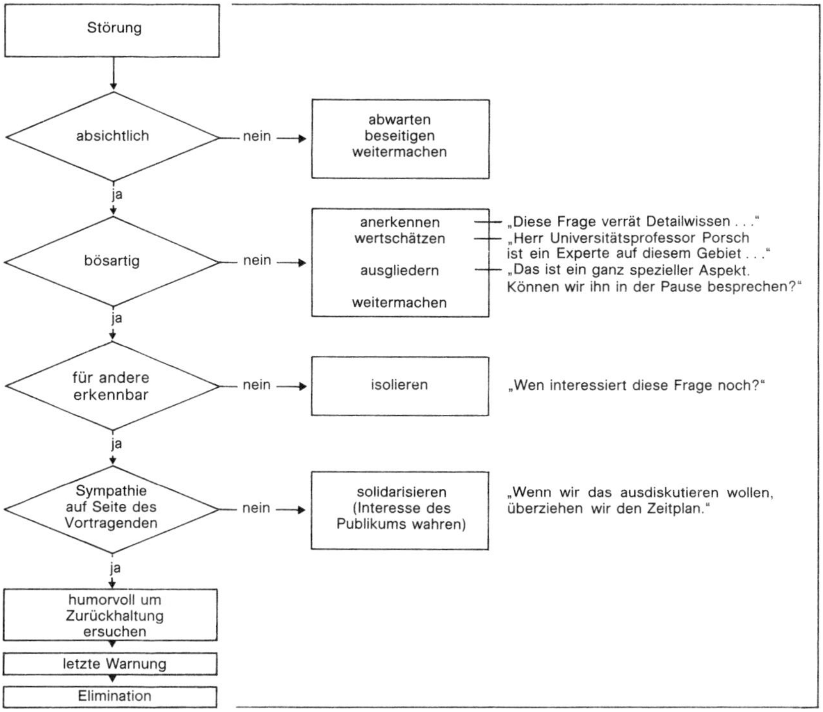

Bild (104): Sind Sie für den Erfolg einer größeren Veranstaltung verantwortlich? Dann müssen Sie notfalls hart durchgreifen – aber nicht sofort!

Was ist wenn – typische Störungsfälle

Drei Fragen auf einmal

Ein unfairer Akt gegen alle anderen Fragesteller! Nach der ersten Frage stoppen; wenn das nicht möglich ist: Beantworten Sie jene Frage, die Ihnen am sympathischsten ist.

Die endlose Frage

Eine Frage, die länger dauert als etwa 10 Sekunden, ist meist schon ein kleines »Co-Referat« und für die anderen Zuhörer ärgerlich. Freundlich, aber bestimmt unterbrechen: »Bitte, versuchen Sie Ihre Frage möglichst kurz zu fassen – es gibt noch so viele andere Wortmeldungen!«

»Ich habe eine ganz dumme Frage«

Vorsicht – besonders, wenn es sich um einen Fachmann handelt. Signalisieren Sie sofort Anerkennung: »Das ist natürlich überhaupt keine ›dumme‹ Frage, sondern ein sehr wichtiger Punkt.« Meist wird mit einer solchen Formulierung ein Angriff auf eine fundamentale Aussage eingeleitet. Versuchen Sie, durch eine kurze Wiederholung Ihrer Basisannahmen die Sache abzubiegen.

Der ungebetene Kommentar

Bei allem Verständnis für den Profilierungswunsch eines Teilnehmers: er darf nicht auf Ihre Kosten gehen. Wenn möglich unterbrechen: »Was ist bitte Ihre Frage?« Wenn eine Unterbrechung weder möglich noch sinnvoll ist, stellen Sie abschließend dazu fest: »Ich danke für den Kommentar«, und erteilen das Wort dem nächsten Fragesteller. Gehen Sie auf den Kommentar selbst nicht weiter ein – Sie werten ihn sonst noch zusätzlich auf.

Der hilfreiche Antwortgeber

Es mag gute Absicht sein, wenn ein Teilnehmer eine an Sie gerichtete Frage auf kurzem Weg beantwortet. Vorsicht, auch wenn er durchaus in Ihrem Sinn antwortet: Er nimmt Ihnen das Heft aus der Hand! Greifen Sie auf jeden Fall ein: entweder indem Sie zum Antwortgeber treten und ihn überschatten, oder indem Sie seine Antwort umformulieren und wiederholen. Sanktionieren Sie die Antwort im nachhinein durch Lob: »Herr Ingenieur Wagner hat große Erfahrung bei Pipelineprojekten – seine Ergänzungen sind immer hilfreich.«

Die Privatdiskussion

Sobald eine solche Diskussion für einen erheblichen Teil Ihrer Zuhörer merkbar wird, müssen Sie etwas tun. Ihr Eingriff darf aber keinen disziplinierenden Charakter haben (»Schulmeister«), muß aber trotzdem bestimmt sein. Sprechen Sie einen der beiden Teilnehmer mit dem Namen an, und ersuchen Sie ihn, die Diskussion allgemein zugänglich zu machen; in einem kleineren Kreis können Sie zusätzlich zu den Diskutierenden hinzutreten und damit Ihre Anrede verstärken. Ansonsten bleibt nur die Möglichkeit, den Vortrag oder die Beantwortung einer anderen Frage zu unterbrechen und so lange zu warten, bis die Nächstsitzenden für Sie die Diskussion der beiden beenden.

Fakten werden bezweifelt

Wer das tut, muß Ihnen noch nicht unbedingt eine Lüge oder schlampige Vorbereitung vorwerfen: Vielleicht hat er oder sie einfach andere Zahlen und möchte wissen, wieso diese voneinander abweichen. Bevor Sie Ihre Zahlen verteidigen, lassen Sie sich zuerst die (behaupteten) abweichenden Daten und deren Quellen nennen. Oft klärt sich dann bereits der Sachverhalt.
Beharrt Ihr Kritiker auf der Unstimmigkeit, dann müssen Sie Ihr Zahlenmaterial verteidigen, besonders, wenn es sich um ein Fundament Ihrer Argumentation handelt. Ist das sofort möglich, dann tun Sie es. Wenn nicht, dann versprechen Sie die (schriftliche) Aufklärung. Tun Sie so, als ob damit die Angelegenheit erledigt wäre, blicken Sie freundlich in einen anderen Teil des Saales, und nehmen Sie die nächste Frage.

»Wenn ich Sie richtig verstanden habe ...«

Wer seine Frage so einleitet, ist vielleicht dabei, Ihnen etwas zu unterschieben. Ist das der Fall, dann korrigieren Sie die Formulierung, und wiederholen Sie bei dieser Gelegenheit Ihren Standpunkt bzw. Ihre Informationen. Gehen Sie nicht auf die unterschobene Formulierung ein!

Bild (105): Identifizieren Sie Störenfriede und Quälgeister – damit den Zuhörern klar wird, WER hier die Veranstaltung gefährdet!

Die absurde oder peinlich-dumme Frage

Nach zwei Stunden Vortrag über elektronische Bürokommunikation, vernetzte Telefonsysteme und integrierte Dienstleistungen fragt ein Teilnehmer: »Was heißt ›Telefon‹?« Zwischen Lachen und Weinen fühlen Sie sich versucht, diesen Ignoranten aus dem Saal zu weisen. Außerdem können Sie damit rechnen, daß die meisten anderen Zuhörer genauso fassungslos sind wie Sie selbst.
Unterlassen Sie alles, was zu einem Gesichtsverlust des Fragestellers führen könnte; statt dessen formulieren Sie die Frage völlig neu um, sodaß sie Ihnen ins Konzept paßt: »Welcher Art von Telefonsystem gehört die Zukunft? Ich denke, daß analoge Systeme völlig der Vergangenheit angehören . . .« Oder: »Was fällt in diesem Zusammenhang alles unter den Begriff ›Telefon‹? – Wir meinen hier ausschließlich jene Vorrichtungen, die zur Übermittlung

des gesprochenen Wortes geeignet sind, unabhängig davon, ob sie sich auch noch für andere Einsatzzwecke eignen.«
Ein wirklich »dummer« Fragesteller wird sich geschmeichelt fühlen, daß Sie ihm so eine intelligente Frage zugetraut haben; er wird Sie sicher nicht korrigieren, und das restliche Publikum atmet erleichtert auf. – War die Frage tatsächlich sehr intelligent (und haben bloß Sie es nicht begriffen), dann ist auch nichts passiert: Der Fragesteller wird seine Frage neu formulieren. Ohne sich von Ihnen angegriffen gefühlt zu haben.

Frage außerhalb der Fragestunde

Jetzt macht es sich bezahlt, wenn Sie zu Beginn Ihres Vortrages Einverständnis darüber erzielt haben, daß nicht zwischendurch, sondern z. B. blockweise gefragt wird. Auf dieses Einverständnis können Sie jetzt verweisen und die Frage zurückstellen. Verständnisfragen (»Was bedeutet ›expanded memory‹?«) sollten Sie aber jederzeit zulassen.

Überlebensrezepte für Notsituationen

Wenn Sie sich wirklich nicht mehr anders zu helfen wissen, dann können Sie eines der folgenden Rezepte ausprobieren:

- Tip: **Themawechsel.** In Abwandlung eines uralten Schülerwitzes antworten Sie auf die Frage nach dem sozialen Verhalten der Elefanten (über das Sie nichts wissen): »Die Elefanten haben einen wurmartigen Schwanz. Die Würmer teilt man in folgende Klassen. . .« Und nun legen Sie abermals Ihre Folie mit der Klasseneinteilung der Würmer auf den Overheadprojektor.
- Tip: **Delegieren.** »Eine interessante Frage. Wer hat dazu Erfahrungen / Anregungen / Informationen?« Aller Voraussicht nach findet sich jemand, der gerne seine Meinung verkündet. Und Sie gewinnen zumindest Zeit.

• Tip: **Sieben goldene Gegenfragen:**

Wie meinen Sie das?
Wie soll ich das verstehen?
Worauf genau beziehen Sie Ihre Frage?
Wie denken Sie selbst darüber?
Welche Antwort erwarten Sie von mir?
Aus welchen Gründen fragen Sie mich das?
Was verstehen Sie in diesem Zusammenhang unter . . .?

Gegenfragen sind eine heikle Angelegenheit, die auf den Fragesteller oft aggressiv wirken. Achten Sie deshalb besonders auf begleitende positive Signale: in Ihrer Stimme (freundlich!), in der Körperhaltung (neigen, zuwenden!), im Gesichtsausdruck (fragend, interessiert, verbindlich).

Das Wichtigste aus diesem Kapitel:

- Nicht alles, was SIE als Störung empfinden, ist tatsächlich ein Angriff – versuchen Sie daher, jeden Beitrag positiv zu sehen und dementsprechend zu reagieren.
- Solidarisieren Sie sich mit dem Publikum – vermeiden Sie dazu alles, was nach Mißbrauch der Vortragenden-Autorität riecht.
- Bereiten Sie »Notbremsen« vor, z. B. Gegenfragen.

Kapitel 29

Regie und Checklisten für einen sicheren Ablauf

Dr. Murphy: »Was schieflaufen kann, läuft sicher schief.«

In diesem letzten Kapitel finden Sie alle jene Tips, die nirgends anders gepaßt haben – und die Ihnen helfen, mit wenig Vorbereitung ein Maximum an reibungslosem Ablauf zu erzielen:

- Wie Sie Ihre »Bühne« einrichten;
- wozu Sie »Spontanmedien« brauchen;
- Checklisten für den Vortragsraum, Geräte und Materialien;
- Hinweise, wie Sie Störquellen ausschalten;
- Rezepte zur genaueren Zeitplanung und -kontrolle.

Ihr Vortragskonzept definiert das Mobiliar.

Sie brauchen keine komplizierten Vorschläge für Sitzpläne – ein klares Präsentationsziel und gesunder Menschenverstand reichen hier völlig: Wer im Mittelpunkt stehen will, wählt frontal ausgerichtete Sitzreihen; eine U-Tafel stimuliert demgegenüber die Interaktion zwischen den Teilnehmern.
Entscheidend ist jedenfalls, daß Ihre visuellen Hilfsmittel von überall sichtbar sind. Und bedenken Sie: Sie selbst sind das wichtigste visuelle Hilfsmittel – SIE müssen DIE zentrale Position einnehmen.

Positionierung des Rednerpultes

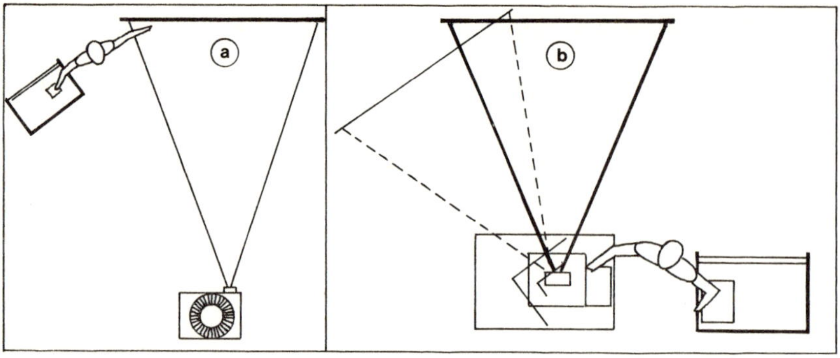

Bild (106): Bei der Diaprojektion (a) befestigen Sie auf dem Pult die Fernsteuerung, bei der Overheadprojektion (b) dient es nur als Manuskriptablage (für die Einleitung). In beiden Fällen treten Sie sobald wie möglich neben das Pult; ziehen Sie sich dahinter zurück, wenn Sie »Distanz« signalisieren wollen.

Das Rednerpult und andere Barrieren

Das Rednerpult hat offensichtliche und versteckte Funktionen:

- Ablageort für Ihre Unterlagen;
- Stütze und Haltegriff für unsichere Hände;
- Versteck für nervöse Beine;
- Distanzsignal für vorwitzige Zwischenfrager.

Bild (106) »Positionierung des Rednerpultes« gibt Ihnen Hinweise dazu. Beachten Sie in jedem Fall, daß die Existenz eines solchen Pultes und Ihr Standort (dahinter oder daneben?) starke Signale auf der Beziehungsebene darstellen.

Spontan-Medien

Das sind Hilfsmittel, auf denen Sie während Ihres Vortrages Gedanken (zusätzlich) skizzieren oder Fragen notieren. Oder in der anschließenden Besprechung den Aktionsplan festhalten (wer tut wann was?).
Im geschäftlichen Bereich ist das Flipchart das wichtigste dieser Medien, im wissenschaftlichen und im Lehrbereich die Wandtafel. Exquisiter und exklusiver Neuankömmling ist das Copyboard, eine mit einer beschreib- und löschbaren Endlosrolle ausgestattete Tafel, deren Inhalt sofort automatisch auf A4-Papier kopiert wird. Damit können Sie jeden Teilnehmer sofort mit einem Protokoll ausstatten – ohne die Probleme bei der Übertragung (Irrtum, Vertraulichkeit, Zeitverlust).
Aus einem ganz anderen Grund sollten Sie aber stets ein Spontanmedium zu Hand haben:

Die Tafel kann Ihre Präsentation retten!

Denken Sie an einen Stromausfall, an ein rettungsloses Verklemmen des Diaprojektors oder an die fehlende Reservelampe beim Overhead. Vom Versagen der Datenprojektion ganz zu schweigen. Und was tun Sie, wenn eine wichtige Folie fehlt? – In allen diesen Fällen bietet Ihnen Ihr Spontanmedium einen – respektablen! – Ausweg.
Übrigens: Ein Flipchart ohne breite Stifte ist schlimmer als gar nichts. Ein Vortragender, der sich mit seinem Kugelschreiber am Flipchart abmüht, wirkt unsäglich hilflos ...
Den Inhalt eines Flipcharts oder den Text einer Tafel halten Sie am einfachsten mit einer Sofortbildkamera fest. Die Bilder vergrößern Sie im Kopiergerät – und verteilen Kopien als Protokoll.

Vortragsraum und Einrichtung

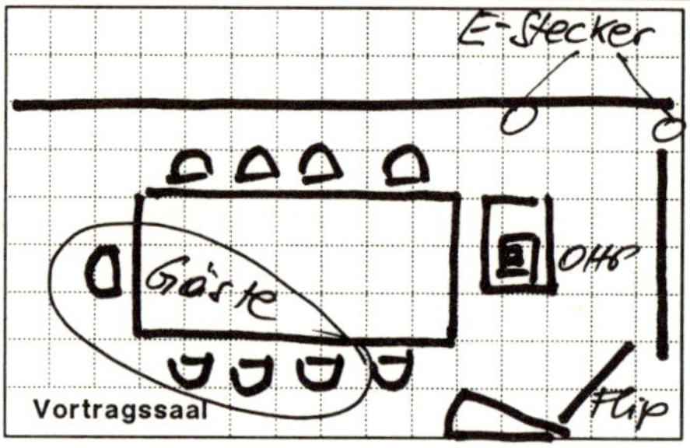

Thema: Hygiene-Problem
Datum: 24. 9.
Zeit: 11³⁰
Ort: Konf. Raum B
Vortragende: Selbst
Dipl. Ing. Pichler
Dr. Vogl
Teilnehmer: Techn. Direktor
3 Behördenvertreter

	OK	0	!	Anmerkungen	24 h	5/12
Sessel	✓					
Tische	✓					
Steckdosen	✓					
Beleuchtung			O	2 Glühbirnen tauschen	O	
Verdunkelung		—				
Ventillation			O	Geräusch! Schalter?		O
Heizung		—				
Mikrophon		—				
Vortragspult		—				
Aschenbecher	✓					
Papier+Stifte			O	Frl Müller!		
Namenskärtchen		—				
Sitzordnung			O	mit tech. Dir absprechen		
Hinweisschilder		—				
Dekoration		—				
"Nicht stören"			O	Schild mitnehmen		O
Telefon			O	Wegschalten		
				veranlassen!		O
Mineralwasser			O	Frl Müller!		O

OK = zufriedenstellend, vorhanden
0 = wird nicht benötigt
! = besorgen, erledigen

24h = 1 Tag vorher checken
5/12 = unmittelbar vor Beginn checken

Bild (107): Eine einfache Checkliste macht sich rasch bezahlt: Damit Sie Ihren Erfolg nicht durch Kleinigkeiten gefährden!

Checklisten

Viele Erfahrungen muß man selber machen, deshalb entwickeln Sie ruhig Ihre eigene Checkliste. Bis dahin hilft Ihnen die am Ende dieses Kapitels abgedruckte Vorlage, in der sich meine persönlichen schmerzlichen Erlebnisse niedergeschlagen haben.
Die drei linken freien Spalten »OK«, »0 – nicht mehr nötig« und »! – besorgen, erledigen« helfen Ihnen in der ersten Phase der Vorbereitung. Alles, was irgendwelche Maßnahmen erfordert, erhält einen Kreis in der Spalte »!«. Mit den entsprechenden Anmerkungen versehen, können Sie die Liste kopieren und an jemanden weitergeben, der Ihnen bei der Vorbereitung hilft (Bild (107)).
Die beiden rechten Spalten »24h – einen Tag vorher checken« und »5/12 – unmittelbar vor Beginn checken« helfen Ihnen, zeitgerecht zu planen, was Sie kurz vor dem Vortrag noch überprüfen wollen. Bei größeren Veranstaltungen vergeht nämlich erfahrungsgemäß sehr viel Zeit zwischen der ersten Planung des Vortragsraumes und dem eigentlichen Ereignis.

Störungsquellen

- Tip: **Telefon blockieren.** Sorgen Sie dafür, daß das Telefon unter keinen Umständen läutet – verläßlicher als alle Umschalttechnik ist nach wie vor die Demontage. Investieren Sie jedenfalls ein paar Minuten in ein Gespräch mit der Telefonistin, und machen Sie sie persönlich dafür verantwortlich, daß der Wecker stumm bleibt.

- Tip: **Nachrichten abfangen.** Organisieren Sie eine Pinwand für außerhalb des Vortragsraumes. Veranlassen Sie, daß alle Nachrichten für Vortragsteilnehmer dort auf Kärtchen angebracht werden und daß niemand mit einer »dringenden Nachricht« in den Saal kommt. – Für diese Maßnahme brauchen Sie natürlich die Zustimmung der Teilnehmer.

- Tip: **Niemals Material »durchgehen lassen«!** Es ist grober Unfug, Fotos, Muster oder ähnliches von Hand zu Hand weiterge-

Bild (108): Multi-Media-Vorträge wirken dynamisch und interessant – aber nur wenn Sie alles »im Griff haben«. Sonst heißt es: »Laokoon lebt – aber nicht mehr lange!«

ben zu lassen. Wer gerade das Ding in Händen hält, paßt auf Ihre Worte nicht auf, und die es noch nicht gesehen haben, wissen nicht, worum es geht. Einzige Ausnahme: Anwesenheitslisten oder andere rein administrative (und daher nicht besonders interessante) Schriftstücke.

Schriftliche Unterlagen

Eine besondere Form von Störungsquellen können schriftliche Unterlagen sein. Das bekannte Dilemma lautet:

> Vorher ausgeteilte Unterlagen ersparen den Teilnehmern das Mitschreiben, helfen ihnen, sich mit den Un-

terlagen vertraut zu machen – reizen aber zum Voraus-
lesen und nehmen damit Wesentliches vorweg.
Oder
Ohne schriftliche Unterlagen müssen die Teilnehmer besser aufpassen, sich eigene Notizen machen und bei der Sache bleiben – allerdings besteht die Gefahr, daß sie durch das Mitschreiben Dinge überhören und Wesentliches nicht mitnehmen können.

Auch hier kommt es ganz auf die Präsentationssituation an; wählen Sie dementsprechend aus den folgenden Rezepten:

- Tip: **Unterlagen vorweg senden.** Eine häufige Praxis bei sehr konzentrierten Management-Präsentationen, die überwiegend aus Textbildern und Tabellen bestehen. Die Teilnehmer können sich dann bereits Fragen zu einzelnen Punkten notieren bzw. exakte Werte nachsehen, während Sie ein Diagramm zeigen.

- Tip: **Unterlagen ankündigen, nachher verteilen.** Kündigen Sie aber genau an, welche Art von Unterlagen die Teilnehmer erwarten können: Kopien jedes einzelnen gezeigten Bildes oder nur eine Zusammenfassung der wichtigsten Fakten? Vorteil dieser Methode: Keine Ablenkung, Nachteil: »kalte Unterlagen« – Blätter ohne Ihre persönlichen Vermerke haben weniger Erinnerungswert.

- Tip: **Halbfertige Unterlagen verwenden.** Besonders bei Schulungs- und Informationsveranstaltungen hat sich diese Technik bewährt: Sie verwenden Kopien der von Ihnen gezeigten Bilder, allerdings fehlen wesentliche Teile (Zahlen, Beschriftungen, Verbindungspfeile . . .). Die Teilnehmer müssen die fehlenden Elemente selbst ergänzen und passen daher besonders gut auf. Selbstgeschriebenes wird besser gemerkt, und das »persönliche« Skriptum ist beim Nachsehen nützlicher.

- Tip: **Vorsicht beim Folienkopieren!** Bei Folienpräsentationen ist die Versuchung groß, einfach »einen Satz Kopien« als Unterlagen zu verteilen. Das ist gefährlich, denn nach der Präsentation haben Sie selbst keinen Einfluß mehr darauf, wer die Unterlagen ansieht und wie die Kommunikation abläuft! Und Sie erinnern sich: Gute Präsentationsunterlagen sind NICHT selbsterklärend, damit Raum für den Vortragenden bleibt!

Ein professionelles »Handout« gestalten Sie so:

1. **Deckblatt:** Titel der Präsentation, Datum, Namen der Teilnehmer (oder pauschal »Firma X«), Name(n) des(r) Präsentators (en).
2. **Übersicht** über die angeschlossenen Bilder (Struktur des Vortrages).
3. **Selektion:** Eliminieren Sie alles, was Anlaß zu Mißverständnissen geben könnte oder ein Sicherheitsrisiko darstellt.
4. **Ergänzung:** Fügen Sie – handschriftlich genügt – wesentliche Punkte ein, die Sie in der Präsentation ausgeführt haben.
5. **Informationen:** Auf einem Schlußblatt geben Sie Details zu den Präsentatoren an (das, was Sie in der Einleitung gesagt haben!) und an wen Rückfragen zu richten sind.

Zeitplanung und -kontrolle

> Der junge Pfarrer fragt vor seiner ersten Predigt den erfahrenen Kollegen: »Wie lange soll ich predigen?« – »Das ist ganz deine Entscheidung, mein Sohn. Aber ich glaube, daß wir nach 15 Minuten keine Seelen mehr retten!«

Wie kalkulieren Sie, wie lange Sie tatsächlich brauchen werden?

- Tip: **Worte zählen.** Haben Sie ein ausformuliertes Manuskript (Vorsicht: keine Schriftsprache, kurze Sätze!), dann kalkulieren Sie 100 Worte pro Minute.

- Tip: **Visuelle Hilfsmittel zählen.** Für ein mäßig komplexes Diagramm brauchen Sie 2 bis 3 Minuten, für ein Textbild mit drei bis fünf Stichworten 1 Minute. Da Sie für Einleitung und Schluß meist keine visuellen Hilfsmittel haben werden, gilt als Faustregel: ein Bild pro Minute gesamte Sprechzeit.

- Tip: **Probedurchlauf.** Keine Kalkulation kann eine laut gesprochene Probe ersetzen – mit allen notwendigen Handgriffen. – Addieren Sie zu Ihrer Probezeit 10% für den echten Auftritt; präsentieren Sie in einer Fremdsprache, dann sollten Sie nochmals 10% dazugeben.

Bedenken Sie bitte stets:

Zeitüberschreitung frustriert die Zuhörer und ruiniert Ihren Vortrag!

Das gilt auch für hochinteressante Themen, denn: »Auf mich wartet schon der nächste Termin, und dieser Kerl hört nicht auf!«

Pufferzonen für Anfang und Schluß

- Tip: **Rechnen Sie mit Störungen** durch Zuspätkommende während der ersten Minuten (das gilt besonders für »große« Vorträge)! Bringen Sie in dieser Zeit noch keine zu komplexen Gedankengänge, bauen Sie ruhig etwas Redundanz ein.

- Tip: **Planen Sie Streichungen.** Was tun Sie, wenn Ihre Redezeit um 10 oder 20% reduziert wird? Schneller sprechen oder die Diskussion beschneiden sind gefährliche Auswege. Überlegen Sie rechtzeitig, welche Blöcke Sie bei Bedarf komplett weglassen können – und wie Sie diese Lücken überbrücken!

- Tip: **Zeitkontrolle während des Vortrages:** Markieren Sie das Ende des ersten und des zweiten Drittels in Ihren Unterlagen (Folien, Manuskript). Wie wissen Sie nun, ob Sie im Zeitplan lie-

gen, wenn Sie während des Vortrages diese Markierung erreichen? Markieren Sie ganz einfach Ihre Armbanduhr mit wasserfestem Folienschreiber.
Ein Beispiel: Geplanter Vortragsbeginn: 10 Uhr, geplante Sprechzeit: 15 Minuten. Effektiver Beginn (das können Sie eine Minute vorher recht genau abschätzen – und länger brauchen Sie für die Vorbereitung nicht): 10 Uhr 08. Folienstriche daher am Uhrglas bei 10 Uhr 13, 10 Uhr 18 und 10 Uhr 23. – Damit wissen Sie ohne komplizierte Rechenoperationen jederzeit, ob Sie beschleunigen müssen oder noch Reserven haben.

Das Wichtigste aus diesem Kapitel:

- Mit der Einrichtung Ihrer »Bühne« drücken Sie bereits eine Menge aus – entspricht der Vortragsraum und seine Einrichtung Ihrem gesetzten Ziel?
- Sichern Sie sich ungeteilte Aufmerksamkeit! Schalten Sie fremde Störungsquellen (Telefon!) und eigene Vampire (schriftliche Unterlagen) aus.
- Halten Sie keinen Vortrag ohne Netz: Bestehen Sie auf einem »Spontanmedium« (Flipchart oder Tafel).
- Halten Sie Ihr »Versprechen« betreffend die Dauer Ihrer Präsentation! Dazu brauchen Sie Probeläufe und Zeitpuffer.

Vortragssaal

Thema: ______________________

Datum: ______________________

Zeit: ______________________

Ort: ______________________

Vortragende: ______________________

____

____

Teilnehmer: ______________________

____

	OK	0	!	Anmerkungen	24 h	5/12
Sessel						
Tische						
Steckdosen						
Beleuchtung						
Verdunkelung						
Ventillation						
Heizung						
Mikrophon						
Vortragspult						
Aschenbecher						
Papier+Stifte						
Namenskärtchen						
Sitzordnung						
Hinweisschilder						
Dekoration						
"Nicht stören"						
Telefon						

OK = zufriedenstellend, vorhanden
0 = wird nicht benötigt
! = besorgen, erledigen

24h = 1 Tag vorher checken
5/12 = unmittelbar vor Beginn checken

CHECKL_ 1.DRW

Bild (109): Checkliste Vortragsraum und Einrichtung (1).

		OK	0	!	Anmerkungen	24 h	5/12
Overhead-/Tageslichtproj.	**Projektor**						
	Reservelampe						
	Schalter/Funktion						
	Anschluß/Kabel						
	Sauberkeit/Linse						
	Einstellung						
	Stifte/Farben						
	Zeiger						
	Abdeckung						
	Proj.-Wand						
Diaprojektion	**Projektor**						
	Reservelampe						
	Anschluß/Kabel						
	Fernbedienung						
	Einstellung						
	(Licht-)Zeiger						
	Proj.-Wand						
Andere Medien							
Eigenes Material	**Folien**						
	Diapositive						
	Plakate						
	Manuskript						
Zuhörer	**Einladung**						
	Erinnerung						
	Vorweg-Info						
	Unterlagen						

CHECKL_2.DRW

Bild (110): Checkliste Vortragsraum und Einrichtung (2).

Anhang 1

12 Ge-/Verbote

Gebote	Verbote
Sprechen Sie die Interessen und Bedürfnisse der Zuschauer an!!	Reden Sie nicht von Ihren eigenen Problemen und Anliegen!
Selektieren Sie Ihr Material und Ihre Argumente – bringen Sie wenig und nur Wichtiges!	Lassen Sie alles weg, was nicht unbedingt zum Thema gehört!
Bringen Sie Bilder – gezeichnete und gesprochene!	Vermeiden Sie abstrakte, unanschauliche Argumente!
Halten Sie Ihre Grafiken einfach und gut leserlich!	Bringen Sie nicht zu viel – besonders keinen kleinen Text!
Stehen Sie ruhig, und gebrauchen Sie Ihre Arme und Hände für belebende, bildhafte Gesten!	Laufen Sie nicht unkontrolliert herum – mit blockierten oder versteckten Händen!
Sprechen Sie MIT Ihren Zuhörern – ein Gedanke pro Augenkontakt!	Lassen Sie Ihren Blick nicht über, unter und auch nicht DURCH das Publikum schweifen!
Zeigen Sie sich ruhig und überlegen – machen Sie häufig kurze Pausen!	Sprechen Sie nicht schnell und nicht während Ihrer Bewegungen!
Führen Sie Ihre Zuschauer durch Ihre visuellen Hilfsmittel!	Beginnen Sie nicht mit der geplanten Aussage, bevor Ihr Publikum sich orientiert hat!

Setzen Sie Belebungstechniken ein: Überlegerfolien beim Overhead, Aufbaudias, Medienwechsel . . .!	Überfordern Sie sich nicht durch zu viel Manipulationen!
Halten Sie Ihre Gedankenfolge einfach und transparent!	Vermeiden Sie Ratespiele und zusammenhanglose Informationsfolgen!
Experimentieren Sie, um Ihren Vortrag interessant und lebhaft zu gestalten!	Vermeiden Sie gewaltsame Showeffekte, Witze und Effekthascherei!
Überprüfen Sie Material und Geräte. Proben Sie!	Verlassen Sie sich nicht darauf, daß alles funktioniert!

Anhang 2

Publikumsanalyse

Für einen wichtigen Vortrag zahlt sich eine genauere Analyse aus – Sie hilft Ihnen unter anderem

– bei der Materialsuche,

– bei der Wahl des Vortragsmediums,

– bei der Vorbereitung auf Fragen.

Die folgenden Punkte der beiden Checklisten sind für Sie besonders wichtig:

Publikum/Zielpersonen:

Für das Publikum genügt eine Kurzbeschreibung, z. B. »Geschäftsleitung plus Hauptabteilungsleiter«, »Firmenchef Meyer, seine Frau und der Buchhalter«, »20 Rechtsanwälte und Notare«, »Verkaufsaußen- und -innendienst«, »12 Wirtschaftsjournalisten«, »10 bis 30 Fachärzte für Neurochirurgie«. – »Zielpersonen« sind die für Sie persönlich besonders wichtigen Schlüsselfiguren – das ist besonders bei inhomogenen oder größeren Gruppen eine für die Präsentation entscheidende Frage. Welche Personen sind Entscheider oder Meinungsführer? Wer beeinflußt wen? Notieren Sie hier Namen oder Funktion. Am besten arbeiten Sie, wenn Sie sich eine konkrete Zielperson vorstellen, an die Sie präsentieren – wie diese Person reagiert, was sie interessieren würde. Im Zweifel nehmen Sie dafür gleich eine Schlüsselfigur.

Spezielle Analyse (für eine bestimmte Präsentation)

Wissensstand:

Eine Fehleinschätzung in diesem Bereich bedeutet gelangweilte Experten oder überforderte Laien. Die richtige Abstimmung Ihrer Präsentation bewahrt die Zuhörer vor Empörung oder Frustration – und spart Ihnen Arbeit! Wie Sie sich dabei helfen können, erfahren Sie ein Stückchen weiter unten.

Einstellung zu Thema, Präsentator, Organisation:

Eine realistische Einschätzung hilft Ihnen, den richtigen Ton und die richtigen Argumente zu finden. In einer ablehnend-feindseligen Atmosphäre wären emotionale Appelle unangebracht, da »ziehen« eher sachliche Argumente wie z. B. anerkannte Experten. – Wenn Sie selbst zwar als Person akzeptiert sind, Ihre Organisation (Unternehmen, Partei, Institut, Religion, Behörde . . .) aber kein gutes Image bei Ihren Zuhörern hat, dann werden Sie versuchen, Ihre Aussagen losgelöst von der Organisation vorzutragen.

Gründe für die Teilnahme:

Viele Vorträge finden vor einem mäßig interessierten, unkonzentrierten und ungeduldigen Publikum statt. Warum? Weil es sich um Pflichtveranstaltungen handelt, um lähmende Routine oder um »befohlene Teilnahme« oder um die Einlösung eines abgerungenen Teilnahmeversprechens. – Das Teilnahmemotiv kann daher die Grundeinstellung des Teilnehmers zum Vortrag (und zu Ihnen!) stark beeinflussen. Illusionen darüber sind gefährlich, die richtige Einschätzung dagegen birgt Chancen, z. B. für einen lockeren, persönlichen Einstieg in die Präsentation (das »befohlene«, distanzierte, desinteressierte Publikum fühlt sich verstanden und wird aufmerksam auf den, der es in dieser Lage versteht).

Titel:
Publikum:
Zielpersonen:

Spezielle Analyse (für eine bestimmte Präsentation)

Wissensstand der Zielpersonen

zu diesem Thema:	☐ Experte	☐ hoch	☐ mittel	☐ gering	☐ Null	☐ ?

Einstellung der Zielpersonen

zu	positiv		neutral		negativ
Thema	☐	☐	☐	☐	☐
Präsentator	☐	☐	☐	☐	☐
Organisation	☐	☐	☐	☐	☐

Gründe für die Teilnahme:

Konsequenzen: Vorteile Nachteile

Vorurteile, fixe Ideen, Ängste:

Fehlende Informationen:

Bild (111): Checkliste Publikumsanalyse (1)

Publikum:

Zielpersonen:

Allgemeine Informationen

Fachlicher Hintergrund

- [ ] Allgemeinbildung
- [ ] Betriebswirtsch.
- [ ] Politik
- [ ] Management
- [ ] Finanzwesen
- [ ] ____________
- [ ] Technik/EDV
- [ ] Naturwissensch.
- [ ] ____________

Flexibilität

☐	☐	☐	☐	☐	☐
lern-begierig	aufge-schlossen	neutral	skeptisch	ablehnend negativ	?

Bevorzugte und akzeptierte Präsentationsmittel

- [ ] hochtechn. Info
- [ ] Schemata, Skizzen
- [ ] Anekdoten, Witze
- [ ] Zahlen, Tabellen
- [ ] Cartoons
- [ ] Demonstrationen
- [ ] Diagramme
- [ ] ____________
- [ ] ____________
- [ ] Textbilder
- [ ] ____________
- [ ] ____________

Erwarteter Präsentationsstandard

☐ ◄——————————————► ☐

perfekt — einfach

Problematische Mittel und Techniken

Tabus und heikle Themen

Lieblingsthemen

Bild (112): Checkliste Publikumsanalyse (2)

Konsequenzen für die Zielpersonen:

Dieser Punkt enthält die Essenz Ihrer Schnittstellenanalyse und die Antwort auf die Frage: »Was bedeutet das Ganze für mich?«

Vorurteile, fixe Ideen, Ängste:

Haben Sie vor, ein »uraltes Problem« in einer Präsentation zu analysieren? Oder einen Weg vorzuschlagen, der »schon als ungangbar bewiesen« wurde? Dann sind Vorurteile enorm wichtig für Sie. Vorurteile und fixe Ideen lassen sich nämlich nicht einfach beiseite schieben, ignorieren oder gar als »Blödsinn« abqualifizieren. Damit ärgern Sie höchstens das Publikum, das bisher recht gemütlich damit gelebt hat. Vorgefaßte Meinungen wirken auch als Wahrnehmungsfilter: »unpassende Argumente« werden entweder ausgeschieden oder so mißverstanden, daß sie wieder zur eigenen Ansicht passen. Darauf sollten Sie achten, wenn Sie solche »unpassenden Argumente« vortragen. Bedenken Sie jedenfalls:

Bedürfnisse, Ängste, Vorurteile und alle Arten der Emotion sind reale Gegebenheiten – urteilen Sie nicht darüber, sondern berücksichtigen Sie sie einfach.

Allgemeine Informationen

Fachlicher Hintergrund:

Aus »welcher Ecke« kommen Ihre wichtigen Zuhörer? Welches Vokabular können/müssen Sie selbst daher verwenden? (Fachausdrücke, Jargon, Abkürzungen) und: Welche allgemeinen Fachinformationen können Sie als bekannt voraussetzen? (gängige Meinungen in Fachzeitschriften, Lehrbüchern, Experten).

Flexibilität:

Eine Präsentation ohne neue Information ist langweilig – Zeitverschwendung für das Publikum. Ein neuer Gedanke, eine Frage, eine unbekannte Tatsache sind interessant, willkommen – aber nur so lange, wie sie in die Vorstellungswelt der Zuschauer passen. Je fester gefügt diese Welten sind, je weniger die neuen Informationen hineinpassen, desto schwieriger ist Ihre Überzeugungsaufgabe. – Verwechseln Sie nicht Flexibilität mit Nachgiebigkeit oder mit dem Mangel einer klaren persönlichen Linie! Einen Wankelmütigen überzeugen Sie sicherlich sehr leicht – aber für wie lange?

Bevorzugte und akzeptierte Informationsmittel:

Erkundigen Sie sich nach den »üblichen« Präsentationsmitteln. Das legt Sie in keiner Weise fest, hilft Ihnen aber zu einer bewußten und begründeten Entscheidung, wenn Sie z. B. bei einer Gruppe tabellengewohnter Finanzfachleute einen Cartoon oder eine Strichmännleinskizze einschieben. Personen, die nichts anderes kennen als langweilige Textpräsentationen, erwarten auch nichts anderes. Sie reagieren aber stark – und meist positiv – auf bunte Bilder.

Erwarteter Präsentationsstandard:

Hier geht es um den Grad der Perfektion, der »Schönheit«. In Organisationen mit ausgeprägter Präsentationskultur gibt es ganz konkrete Erwartungen, welche Präsentationsmittel zu welchem Zweck eingesetzt werden. Wenn Sie z. B. handgeschriebene Folien verwenden, obwohl das Publikum einen professionell gestalteten Diavortrag erwartet (oder umgekehrt), wird das zunächst einmal irritieren. Das kann durchaus positiv sein – denn jedenfalls steigt die Aufmerksamkeit. Es ist Ihre Entscheidung, sich entweder anzupassen oder bewußt etwas Ungewöhnliches zu tun.

Problematische Informationsmittel und -techniken:

Manche Leute schalten bereits ab, wenn sie einen Tageslichtprojektor auch nur sehen (»Folienklatscher!«). Ein kostenbewußter Controller hält vielleicht bunte Bilder im Geschäftsleben überhaupt für eine unseriöse Geldverschwendung und könnte – ohne entsprechende Vorarbeit – sauer auf den Inhalt reagieren.

Tabus und heikle Themen:

Abgesehen von allgemeinen Tabuthemen könnte Ihr Zuhörerkreis besondere Tabus haben. Diese sind oft in Schlüsselworten versteckt, die wie Tretminen reagieren, wenn der ahnungslose Präsentator anstößt. Beispiele sind »Rationalisierung« (wenn ein Betrieb schlechte Erfahrungen mit sogenannten Rationalisierungsexperten gemacht hat) oder »Innovation« (wenn man gerade jetzt mit einer solchen Schiffbruch erlitten hat).
Lieblingsthemen sind zweischneidige Schwerter: Sie sichern Ihnen in Ihrem Vortrag zwar ungeteilte Aufmerksamkeit und Wohlwollen, lenken aber stark von anderen Inhalten ab. Sie sollten Lieblingsthemen kennen, um sie zu vermeiden oder bewußt und sorgfältig zu Ihrem Nutzen einzusetzen.

Fehlende Informationen:

Wenn Sie bei zu vielen Fragen passen mußten, dann können Sie natürlich die ganze Analyse beiseite schieben und Ihre Präsentation ausarbeiten. Sie sind dann aber in akuter Gefahr, an Ihrem Publikum vorbeizuproduzieren oder ins Fettnäpfchen zu treten. Zapfen Sie noch Ihre Informationsquellen an, bevor Sie weitermachen! Solche Informationsquellen sind:

- Kollegen, die bereits an dieses Publikum präsentiert haben;
- Personen aus dem Publikum, die Sie näher kennen;
- Informationsmaterial aller Art: Firmenzeitungen, Jahresberichte, Werbeaussagen;
- Ihr Auftraggeber bzw. der, der Sie zu diesem Vortrag eingeladen oder abkommandiert hat.

Anhang 3

Literaturverzeichnis

Fleischer G.
Dia-Vorträge
Georg Thieme Verlag, Stuttgart, 1986

Gaede W.
Vom Wort zum Bild
Wirtschaftsverlag Langen-Müller/Herbig, 1981

Gross G. F.
Checklist Kommunikation
Verlag Moderne Industrie, 1986

Huff D.
How To Lie With Statistics
Penguin Paperback, 1973

Jeffries J. R. & Bates J. D.
The Executive's Guide to Meetings, Conferences & Audiovisual Presentations
McGraw-Hill Paperback, 1983

LeRoux Paul
Selling to a Group – Presentation Strategies
Barnes & Noble Books/Harper & Row, 1984

Matkowski B.
Steps to Effective Business Graphics
Hewlett-Packard, Eigenverlag, 1983

Meuse Leonard F. jr.
Succeeding at Business Technical Presentations
John Wiley & Sons, 1988

Morrisey G. L.
Effective Business and Technical Presentations
Addison-Wesley Publishing Company, 1984

Peoples David A.
Presentations Plus
John Wiley & Sons, 1988

Schmatzer H./Hardt-Mautner G.
How to Master Meetings, Negotiations, Presentations
Service-Fachverlag, Wien, 1989

Tufte E. R.
The Visual Display of Quantitative Information
Graphics Press, Cheshire, Conn., USA, 1986

Watzlawick P. u. a.
Menschliche Kommunikation
Verlag Hans Huber, Bern-Stuttgart-Wien, 1985

Zelazny G.
Wie aus Zahlen Bilder werden
Grabler, 1986

3M Meeting Management Team
How to Run Better Business Meetings
McGraw-Hill Inc., 1987

Anhang 4

Bezugsquellen für Präsentationsmittel

Kodak

(Dia- und Overheadprojektoren)

Deutschland:
Kodak AG
Hedelfingerstr.
D-7000 Stuttgart 60
Tel. 0711-40-60

Österreich:
Kodak GesmbH
A.-Schweitzer-G. 4
A-1148 Wien
Tel. 0222-97-01

Schweiz:
Kodak SA
50, Avenue de Rhodanie
CH-1007 Lausanne 101
Tel. 0217-10-961

Neuland

(Pinwände, Konferenzraumeinrichtung, Präsentations- und Moderationsmaterialien)

Deutschland:
Neuland GesmbH
Industriepark Rhön
Am Kreuzacker 7
D-6405 Eichenzell/OT Welkers
Tel. 006659-8803

Österreich:
Neuland GmbH
Valentingasse 16
A-1238 Wien
Tel. 0222-88-84-51

Schweiz:
Neuland GmbH
Siehbruggstraße 105
CH-6340 Baar
Tel. 04-23-10-414

Polaroid

(Präsentationskopierer, Bildrecorder Palette Plus, Overheadprojektoren, Sofortbildfilme für Dias und Pocket-Folien)

Deutschland:
Polaroid AB
Sprendlinger Landstr. 109
D-6050 Offenbach 1
Tel. 069-84041

Österreich:
Polaroid GmbH
Eitnergasse 5A
A-1233 Wien
Tel. 0222-86-86-27

Schweiz:
Polaroid AG
Hardturmstr. 133
CH-8037 Zürich
Tel. 01-44-72-72

Presentation Services

(Flip-Flap Projektorklappe, Present-a-Mouse)

Österreich:
Presentation Services
Fillenbaumg. 41
A-1210 Wien
Tel. 0222-39-61-13

Schwanhäußer

(Material zur Folienherstellung)

Deutschland:
Schwanhäußer KG
Maxfeldstr.
D-8500 Nürnberg
Tel. 0911-36-091

Österreich:
Schwanhäußer KG
Postfach 39
A-1051 Wien
Tel. 0222-55-83-66

Staedtler

(Material zur Folienherstellung)

Deutschland:
Staedtler GmbH
Moosäckerstr. 1–3
D-8500 Nürnberg
Tel. 0911-30-80-0

Österreich:
Staedtler GmbH
Puchgasse 10
A-1222 Wien
Tel. 0222-25-45-20

Schweiz:
Rudolf Baumgartner-Heim & Co. AG
Pfingstweidstr. 31B
CH-8031 Zürich

3M

(Overheadprojektoren, LC-Datendisplays, Material zur Folienherstellung, Flip Frames)

Deutschland:
3M Deutschland GmbH
Postfach 100422
D-4040 Neuss
Tel. 02101-140

Österreich:
3M Österreich GmbH
Postfach 611, Brunner Feldstr. 63
A-2380 Perchtholdsdorf
Tel. 0222-86-66

Schweiz:
3M Schweiz AG
Eggstr. 93, Postfach
CH-8803 Rueschlikon
Tel. 01-724-9090

Computer-Präsentationsgrafik-Programme

Freelance Plus

Deutschland:
Lotus Development
Bayerbrunner Str. 35
D-8000 München 70
Tel. 089-724-440

Österreich:
Softexpress GmbH
Edelsinnstr. 16
A-1120 Wien
Tel. 0222-83-15-36

Schweiz:
Lotus Development
Usteristr. 11
CH-8001 Zürich
Tel. 01-21-98-280

Harvard Graphics

Deutschland:
RHV Software Systeme GmbH
Georg-Glock 3
D-4000 Düsseldorf 30
Tel. 0211-458-0204

Österreich:
Polaroid GmbH, siehe oben
Softexpress, siehe oben

Schweiz:
Polaroid AG, siehe oben

35 mm Express:

Deutschland, Österreich, Schweiz:
Polaroid AG, siehe oben